彪悍南北朝之铁血双雄会

增订版

云淡心远 —— 作品

中国出版集团　现代出版社

图书在版编目（CIP）数据

彪悍南北朝之铁血双雄会 / 云淡心远著. -- 增订本. -- 北京：现代出版社，2024.7
ISBN 978-7-5231-0897-0

Ⅰ. ①彪… Ⅱ. ①云… Ⅲ. ①中国历史－南北朝时代－通俗读物 Ⅳ. ①K239.09

中国国家版本馆CIP数据核字(2024)第106790号

彪悍南北朝之铁血双雄会（增订版）

著　　者　云淡心远

出 版 人　乔先彪
策划编辑　张　霆
责任编辑　张　瑾
责任印制　贾子珍
出版发行　现代出版社
地　　址　北京市安定门外安华里504号
邮政编码　100011
电　　话　(010) 64267325
传　　真　(010) 64245264
网　　址　www.1980xd.com
印　　刷　固安兰星球彩色印刷有限公司
开　　本　710mm×1000mm　1/16
印　　张　18.25
字　　数　327千字
版　　次　2024年7月第1版　2024年7月第1次印刷
书　　号　ISBN 978-7-5231-0897-0
定　　价　52.00元

版权所有，翻印必究；未经许可，不得转载

历史背景

　　三国后期，权臣司马懿掌握了魏国的军政大权。

　　司马懿死后，其子司马师、司马昭相继执政，并于公元263年灭掉蜀汉。

　　公元265年，司马昭之子司马炎代魏自立，国号晋，是为西晋，随后在公元280年攻灭东吴，完成统一。

　　但司马炎死后不久即爆发了著名的八王之乱，北方少数民族乘机兴起。

　　公元316年，匈奴人刘曜攻占长安，西晋灭亡。北方地区从此成为以匈奴、鲜卑、羯、氐、羌五个民族为代表的各游牧民族的逐鹿之地，史称十六国。

　　公元317年琅邪王司马睿在建康（今江苏南京）重建晋廷，占有中国南方地区，史称东晋。

　　公元420年，东晋大将刘裕废晋恭帝自立，建国宋，史称南朝宋。

　　公元439年，鲜卑拓跋部建立的北魏统一了中国北方。

　　中国从此进入了南北对峙的南北朝时期。

　　此后南朝又经历了公元479年萧道成建齐代宋、公元502年萧衍建梁代齐两次改朝换代。

　　而在北方，公元五世纪后期，北魏在孝文帝的带领下大举进行汉化改革，都城也由平城（今山西大同）迁到了中原的洛阳（今河南洛阳）。

　　时间进入公元六世纪初。

　　此时南方为梁朝，梁武帝萧衍在位。

　　北方为北魏，孝文帝之子宣武帝元恪在位。

主要人物

北 魏

孝明帝（510—528），名元诩，宣武帝元恪之子，北魏第十位皇帝，公元515—528年在位，在此期间北魏爆发六镇起义，后因对其母胡太后专擅朝政不满而被胡太后毒死。

胡太后（？—528），宣武帝元恪之妃，孝明帝元诩生母。孝明帝登基后因其年幼，由胡太后临朝听政，对北魏的衰落和动乱负有不可推卸的责任，后被军阀尔朱荣丢入黄河溺死。死后谥灵皇后，故也称灵太后。

孝庄帝（507—531），名元子攸，北魏第十一位皇帝，公元528—530年在位，孝文帝元宏之弟彭城王元勰(xié)之子，尔朱荣入京后将其立为皇帝，但他不满尔朱荣的暴政，先发制人将其刺杀，后尔朱荣之侄尔朱兆率部攻破洛阳将其拘禁，不久被勒死。

孝武帝（510—534），名元脩，北魏最后一位皇帝，公元532—534年在位，孝文帝元宏之孙，广平王元怀之子。公元534年与高欢决裂，入关中投奔宇文泰，当年年底被宇文泰毒死。

尔朱荣（493—530），北魏末年将领、权臣，契胡人，部落贵族出身，靠镇压六镇起义起家，后入京诛杀胡太后，控制朝政。公元530年十一月被他所立的孝庄帝刺杀。

尔朱兆（？—533），北魏末年将领，尔朱荣堂侄，尔朱荣死后他率部攻入京城，擒杀孝庄帝。后为高欢所败，被迫自杀。

贺拔岳（？—534），北魏末年名将，鲜卑人，初随父兄参与镇压六镇起义，后投奔尔朱荣，与尔朱荣堂侄尔朱天光一起收复关中，孝武帝时任关中大行台，深为高欢所忌，公元534年被高欢设计刺杀。

南 梁

梁武帝（464—549），名萧衍，南梁开国皇帝，公元502—549年在位，公元502年代齐称帝，早期励精图治，后期佞佛昏庸，公元547年接纳北齐叛将侯景，不久侯景发动叛乱，攻入建康，梁武帝在台城被饿死。

陈庆之（484—539），南梁名将，原为梁武帝萧衍随从，中年开始带兵，公元528年奉命率七千人护送原北魏北海王元颢（hào）北归，长驱千里，所向披靡，攻入北魏都城洛阳，但不久就被迫退出，回程中因遭山洪全军覆灭，只身逃回。

东 魏

高 欢（496—547），鲜卑化汉人，东魏权臣，北齐帝国奠基人。祖籍渤海蓨（tiáo）县（今河北景县），生于怀朔镇（今内蒙古固阳），早年参加六镇起义，后归顺尔朱荣，尔朱荣死后得到尔朱兆信任，收编六镇余部，公元532年在河北起兵，击败尔朱氏，迎立孝武帝，以大丞相身份控制北魏朝政。公元534年孝武帝西奔投奔关中宇文泰，他另立元善见为帝，迁都邺城，史称东魏。之后他专擅东魏朝政，与关中宇文泰控制的西魏政权连年作战，互有胜负，公元547年在晋阳（今山西太原西南）病逝。公元550年，其次子高洋建立北齐后，被追尊为神武帝。

高 澄（521—549），高欢长子，十五岁入朝辅政，高欢死后顺利接班，随后平定侯景叛乱，巩固了东魏政权，公元549年遇刺身亡，时年仅二十九岁。北齐建立后，被追尊为文襄帝。

娄昭君（501—562），出身于鲜卑大族，高欢结发妻子。北齐建立后，被尊为太后。

侯 景（503—552），羯族，怀朔镇人，年轻时是高欢的同乡好友。早年投靠尔朱荣，高欢控制朝政后改投高欢，成为东魏大将，高欢死后因与高澄不和，起兵叛乱，失败后投奔南梁，不久叛梁，发兵攻入都城建康，后称帝，改国号为"汉"。公元552年兵败被杀。

高敖曹（491—538），出身于河北汉人大族渤海高氏，年轻时横行乡里，以勇力闻名，孝庄帝遇害后，与其兄高乾等人在河北起兵反抗尔朱氏，后归附高欢，成为东魏著名勇将，屡建功勋，公元538年在与西魏军队作战时战死。

斛（hú）律金（488—567），敕勒人，部落贵族出身，早年投靠尔朱荣，后追随高欢，成为东魏、北齐政权的开国元勋，公元567年病逝，其子斛律光为北齐名将。

西 魏

宇文泰（507—556），鲜卑人，西魏权臣，北周帝国奠基人。出生于代北武川（今内蒙古武川），曾随父兄参与六镇起义，后投靠尔朱荣，随贺拔岳入定关陇，贺拔岳死后继统其众。公元534年北魏孝武帝西奔长安，投靠宇文泰，他被授为大丞相，同年十二月宇文泰杀孝武帝，立元宝炬为帝，是为西魏，都长安。之后他专擅西魏朝政，与关东高欢控制的东魏政权连年作战，互有胜负，公元556年病逝。北周建立后被追尊为文帝。

贺拔胜（？—544），鲜卑人，北魏、西魏名将，贺拔岳之兄，初随父参与镇压六镇起义，后投奔尔朱荣，屡建战功，孝武帝时曾任荆州刺史，公元534年被东魏大将侯景击败，投奔南梁，数年后回归西魏。

李 虎（？—551），代北武川（今内蒙古武川）人，追随同乡贺拔岳入定关中，后成为宇文泰麾下大将，西魏八柱国之一，公元551年病逝，北周建立后追封为唐国公，其孙李渊后来建立唐朝。

李 弼（494—557），辽东人，西魏大将，八柱国之一。公元557年病逝。

独孤信（502—557），代北武川人，西魏、北周大将，八柱国之一。北周建立后封卫国公，不久被权臣宇文护逼令自尽。

于 谨（493—568），河南洛阳人，出身于鲜卑贵族，西魏、北周名将，八柱国之一。

赵 贵（？—557），出生于代北武川，西魏、北周大将，八柱国之一。

北周建立后封楚国公，不久被权臣宇文护处死。

杨　忠（507—568），出生于代北武川，西魏、北周大将，十二大将军之一，隋文帝杨坚之父，公元559年被封为随国公，公元568年病逝。其子杨坚建立隋朝后，追尊其为武元帝。

苏　绰（498—546），出身于关中大族，西魏名臣，深得宇文泰信任，是其在内政上的主要谋臣。

目　录

引　子 / 1

第一章　被颜值改变的命运 / 4
大兵奇缘 / 4
胸怀大志 / 8

第二章　倾国才女 / 13
玉女还是欲女 / 13
六镇乱起 / 16

第三章　武川梦之队 / 20
三朝皇族的故乡 / 20
烽火连天 / 22

第四章　乱世教主尔朱荣 / 25
轰轰烈烈才是真 / 25
末世疯狂 / 26
自毁长城 / 28
群雄荟萃 / 33

第五章　政治白痴的军事天才 / 39
洗洗更健康 / 39
河阴之变 / 45
一战平葛荣 / 51
乱世孤儿 / 54

- **第六章　陈庆之，不世名将还是网络泡沫** / 58
  - 白袍将军陈庆之 / 58
  - 千军万马避白袍 / 62
  - 如梦亦如幻 / 70
  - 气壮山河 / 77

- **第七章　枭雄的覆灭** / 79
  - 平定关中 / 79
  - 皇帝杀手 / 86
  - 卷土重来 / 92

- **第八章　人生如戏，全靠演技** / 99
  - 没有演技，哪来实力 / 99
  - 分道扬镳 / 103
  - 民怨沸腾 / 107

- **第九章　好风凭全借力，送我上青云** / 112
  - 挺进河北 / 112
  - 信都起兵 / 121
  - 反间计 / 124
  - 韩陵大战 / 128
  - 树倒猢狲散 / 131

- **第十章　树欲静而风不止** / 136
  - 宜将剩勇追穷寇 / 136
  - 钩心斗角 / 138
  - 双雄初会 / 144

- **第十一章　危难时刻显身手** / 147
  - 可以不聪明，但不能不小心 / 147
  - 迎难而上 / 151
  - 威震西北 / 156

目 录

- **第十二章　才出虎穴，又入狼窟** / 162
  君臣决裂 / 162
  皇帝出走 / 167
  明争暗斗 / 170
  奇才苏绰 / 175
  乱伦家族 / 176

- **第十三章　出其不意，智战小关** / 181
  声东击西 / 181
  铁血硬汉 / 185
  霸气高敖曹 / 187

- **第十四章　破釜沉舟，死战沙苑** / 191
  挺进弘农 / 191
  宁可浪费，也要让你报废 / 193
  沙苑大战 / 196
  骄兵必败 / 202

- **第十五章　浑水摸鱼，乱战河桥** / 205
  争夺河东 / 205
  河南烽火 / 207
  死里逃生 / 210
  猛将之死 / 214
  乱中取胜 / 217
  祸不单行 / 222

- **第十六章　暴风雨前的平静** / 225
  外交风波 / 225
  少年辅臣 / 227
  大统改制 / 228
  初战玉壁 / 230

- **第十七章　瞬息万变，决战邙山** / 232
  美女引发的战争 / 232
  杀气和傻气 / 235
  九死一生 / 241
  尘埃落定 / 245

- **第十八章　改变中国历史的关陇集团** / 250
  高澄打老虎 / 250
  八柱国十二大将军 / 255

- **第十九章　应变无穷，巧战玉壁** / 262
  孤注一掷 / 262
  史上最精彩的城防战 / 264
  不是干得不好，是对手干得太好 / 271

- **第二十章　壮志未酬，英雄末路** / 274
  敕勒歌 / 274
  铺平道路 / 275
  值得尊敬的男人 / 278

　　尾　声 / 279

引 子

话说自"民族融合杯"公元六世纪最牛人物评选活动开展以来,得到了全国观众的广泛支持。目前,各奖项均已名花有主。

下面由主持人,也就是笔者,致颁奖词。

在中国历史上,公元六世纪是一个十分重要的时代,是一个凤凰涅槃的时代,是一个浴火重生的时代,是一个从大乱到大治的时代。

它是一座桥梁,一端连着四分五裂、天下大乱的魏晋南北朝,一端连着统一繁荣、兴旺发达的隋唐盛世。

它是一个最重要的时代,隋唐盛世在此时孕育,百年分裂在此时结束,中华民族在此时重生。

它是一个最精彩的时代,高欢和宇文泰双雄争霸,斗智斗勇;传奇将军陈庆之一往无前,无坚不摧;未来将主宰中国命运三百年之久的关陇贵族集团横空出世,英才辈出。

它又是一个最神秘的时代,被隋唐的光芒所掩盖,隐藏在历史的深处,鲜为人知。

在公元六世纪,分裂了273年之久的中国重新归于统一。

在公元六世纪,主宰北中国数百年的鲜卑人、羯人、敕勒人、匈奴人等游牧民族彻底融入汉族,从此消失在历史舞台。

在公元六世纪,南北两地的豪杰,各少数民族与汉族的英雄,各领风骚,上演了一幕幕高潮迭起的精彩大戏,诞生了一大批牛人。

获奖名单如下:

最牛皇帝:

杨坚,隋文帝,南北朝的终结者,也是自西晋灭亡后长达273年的大分裂时代的终结者,其功绩之大在中国数千年历史上罕有其匹。

最牛皇帝提名:

高欢,北齐帝国奠基人,后被追尊为神武帝。

宇文泰，北周帝国奠基人，后被追尊为文帝。
陈霸先，陈武帝，南陈帝国首任皇帝。
宇文邕，北周武帝，灭北齐，统一中国北方。

最牛岳父：
独孤信，北周、隋、唐三朝国丈，长女为北周明帝宇文毓之妻明敬皇后；四女为唐高祖李渊之母，后追封为元贞皇后；七女独孤伽罗为隋文帝之妻文献皇后。史称：三代外戚，何其盛哉！

最牛母亲：
娄昭君四个儿子都是北齐的皇帝，分别是长子高澄（追尊）、次子高洋、第六子高演、第九子高湛，两个女儿分别是北魏孝武帝和东魏孝静帝的皇后。

最牛集体：
西魏帝国第一代领导集体以八柱国十二大将军为核心的关陇军事贵族集团，北周、隋、唐三代皇族都出自这一集团。

重度精神分裂症患者：
高洋，北齐文宣帝，集天才和魔鬼于一身，既英明神武又精神错乱，除了他，试问还有谁能做到？

最快皇帝杀手：
宇文护手持屠龙刀，连续杀死西魏恭帝元廓、北周孝闵帝宇文觉、北周明帝宇文毓三个皇帝，仅用了三年多的时间就完成了空前绝后的弑君帽子戏法。

最大破坏者：
侯景以区区八百残兵起家，横扫江南大地，使南朝的经济文化遭受惨重损失，使原本人口稠密的江南地区变成了"千里烟绝，人迹罕见，白骨成聚，如丘陇焉"的人间地狱。

最长寿开国皇帝：
萧衍梁武帝，活到了八十六岁，居然还是非正常死亡，但也正是因为他的长寿毁了他的一世英名，留下了"自我得之，自我失之，亦复何恨"的悲叹。如果把他的事迹拍成电视剧，主题曲估计不会是电视剧《康熙王朝》里的"我真的还想再活五百年"而应该是"我真的很想少活二十年"。

最传奇名将：
陈庆之，率七千人长途奔袭，攻无不克，攻占千里之外的敌国首都，如梦幻般让人难以置信。

最帅男人：
高长恭，北齐兰陵王，宗室名将，网传中国古代四大美男之一，史载其"貌柔心壮，音容皆美"，传说他因相貌过于柔美，在战场上经常戴面具作战。
独孤信，西魏、北周名将，网传中国古代十大美男之一，留下了"侧帽风流"的著名典故。
韩子高，南陈名将，网传中国古代十大美男之一，野史中陈文帝陈蒨的男皇后。

最败家男人：
高纬，北齐后主，著名亡国君主。
宇文赟，北周宣帝，著名暴君。
陈叔宝，陈后主，著名亡国君主。

特别贡献奖：
于谨　王思政　王琳　韦孝宽　尔朱荣　李虎　杨忠　侯安都
贺拔岳　贺拔胜　高敖曹　斛律光　慕容绍宗（排名不分先后，以姓氏笔画为序）

笔者认为，这个名单是最客观、最公正、最正确的排名，绝对没有任何潜规则，也没有收任何赞助费（就是想收，也没办法收得到啊）……
诸位，有不同意见吗？
那么，请与笔者一起，走进这段历史。
历史是最公正的。

第一章　被颜值改变的命运

大兵奇缘

"敕勒川，阴山下。天似穹庐，笼盖四野。天苍苍，野茫茫，风吹草低见牛羊。"

这首北朝民歌大气磅礴，粗犷雄放，描绘了在一望无垠的大草原上，满眼的青翠，无边无际的天宇，如同毡帐一般笼盖草原，微风吹拂，健硕的牛羊从丰茂的草丛中显露出来，波澜壮阔的场面充满了蓬勃的生机。让人读来心胸开阔，情绪酣畅，油然涌出一股豪迈之气。

我听到这首诗歌，就想到一望无际的草原，心情无比的豪放。

然而晚年的高欢听到这首诗歌，却涕泪横流，心情无比的悲凉。

因为他想起了自己的家乡，生他养他的怀朔镇（今内蒙古固阳县百灵淖乡城库伦村），边防六镇之首。

所谓六镇，乃是北魏王朝为了防范来自柔然的威胁而在阴山以北设置的六个边防重镇。从西到东分别是：沃野镇（今内蒙古五原县）、怀朔镇、武川镇（今内蒙古武川县）、抚冥镇（今内蒙古四子王旗）、柔玄镇（今内蒙古兴和县与河北省尚义县交界处）、怀荒镇（今河北省张北县）。

这其中，在历史长河中刻下深刻印记的是怀朔镇和武川镇。

谁也不会想到，在这两个边陲重镇，会诞生那么多的名人，那么多的英雄。

在这里诞生了北齐、北周两个王朝的创建者，诞生了隋、唐两个王朝的先祖。如果在五世纪末六世纪初出生在这两个地方，那可真是祖坟冒青烟了，其成才的比例比现在的清华北大哈佛耶鲁不知要高多少倍。

笔者有诗赞曰：武川怀朔，群星闪烁。生于武川，稳操胜券。长在怀朔，成功在握。

幸运的是，高欢就出生在怀朔镇。

不幸的是，高欢家里很穷，穷得出类拔萃。

他不仅是真正的贫二代，而且还是罪三代——罪犯的孙子。

按照正史的说法，高欢的祖父高谧出身于河北著名的汉人高门士族"渤海高氏"，曾经担任过侍御史，后来因为犯法，被流放到怀朔镇。

高欢的父亲叫高树生，是个不务正业、游手好闲的家伙，每天除了赌博就是在外面躲债，根本不管家里人死活。

父亲如此不成器，母亲呢？

高欢对他的母亲完全没有印象，因为他出生时其母韩氏就死于难产。

有妈的孩子像块宝，没妈的孩子像根草，没妈而且老爹又不靠谱的孩子像根烂稻草。

高欢的童年很苦，他能够长大成人，其实主要靠的是他的姐姐和姐夫。姐夫尉景是个狱卒。

六镇地区是鲜卑人的地盘，由于几代人都在这里生活，从小受鲜卑文化的熏陶，高欢一家的生活习惯早已经鲜卑化了。

高欢也有个鲜卑名，叫贺六浑。

喝着边塞的西北风，高欢长大了。

养眼的风景往往出在穷乡僻壤，养眼的美男也往往来自寒门小户。

穷孩子高欢长成了一个帅哥，号称师奶杀手。

史书上多次提到他帅气的外表，具体地说，是目有精光（说明充满自信，眉宇间透出一股英武之气），长头高颧（长方脸，高颧骨），齿白如玉。

帅哥总是有女人缘的。

年轻的高欢也有了自己的初恋情人，是好朋友韩轨的妹妹。

可是帅有什么用？

帅能当饭吃吗？

那时候可没有男模、男演员、偶像明星这种职业。

韩小姐的父母挺现实，无情地拒绝了高欢。

说实在的，高欢的确太穷了，甚至连匹马都没有。

在广袤的草原上，马的重要性不亚于手机在现代社会的重要性。走亲访友，购物休闲，生产生活，都离不开马。

可是高欢家里根本就买不起马。

无奈的高欢看着势利的韩家父母，只能在心里默默地发誓：不管多久，总有一天，我要得到你。

君子报仇，十年不晚；猛男追女，二十年不迟。

多年以后，功成名就的高欢终于如愿以偿得到了韩氏这个他青梅竹马的女人，虽然那时他们都已不再年轻。

这是后话，暂且不提。

继续讲年轻时的高欢。

初恋是没法继续了，但生活还要继续。

为了谋生，和怀朔镇的大多数青年一样，高欢也光荣入伍，成了一名新兵，一名在城墙上站岗执勤的大头兵。

一个阳光灿烂的午后，这个面容英俊、器宇轩昂的小兵吸引了一个年轻女孩儿的注意。

高欢在城墙上看风景，看风景的她在城墙下看高欢。

她看呆了，像现在某些小女生看着自己仰慕已久的偶像明星一样，一边咽着口水，一边喃喃地对旁边的婢女说，这就是我要找的另一半！

她叫娄昭君，是鲜卑贵族娄内干的女儿。

娄昭君的祖父娄提，在北魏因功被封真定侯。父亲娄内干，没有当官，在家里享受生活，当然对外宣称的是：淡泊名利。

她家里太有钱了，据说仆人有数千人之多，牛马则多得数不胜数，要以山谷来计量。

而高欢家连一匹马都没有。

高家的财产和娄家相比，有如弹弓比原子弹，蚂蚁比大象，那差距实在是太大了。

作为鲜卑贵族的大家闺秀，来娄家提亲的人多的是，而且大都是和娄家门当户对的富二代或官二代。

可是这娄小姐呢，心比天高，一个也看不上。不过这次看见小兵高欢，心高气傲的娄小姐却心甘情愿拜倒在他的"石榴裙"下。

作为游牧民族的后代，娄昭君在性格上绝对不是那种扭扭捏捏的做派，其豪爽泼辣程度绝不让须眉。

心动，不如马上行动。

看准了就动手，动了手就不撒手。

对于娄昭君来说，看上高欢，不过是万里长征走出了第一步。要如愿以偿地嫁给心上人，绝不是件容易的事儿。

娄昭君先派婢女找到高欢，毕竟是个大家闺秀，总不能自己送上门去。

天上掉下个娄妹妹，高欢真是心花怒放。

想想自己小兵一个，平时经常被小排长呼来喝去的，有时还要给排长倒夜壶！我都混到这地步了，没想到居然还有女生看中我，而且是富家女，不仅是富家女，还是贵族女！

虽然心里很兴奋，但高欢还是不断提醒自己：一定要控制住自己的情绪！

他天生具有很高的情商，这种分寸拿捏得很好。

彬彬有礼，潇洒自如，婢女自然被征服了。

随后在婢女的安排下，两人私下见了面。卿卿我我，相见恨晚。

接下来的事，自然该高欢上门提亲了。

可是男方穷，给不起聘礼。

这个好办，娄家有钱，偷偷拿点出来给高欢就可以了。反正娄昭君已经下定决心，克服一切困难，扫平一切障碍，坚决要嫁给高欢。

老娄心里那个气呀，眼看着肚子就鼓起来了，老子我以为你眼光高，要求高，没想到只不过找了个穷光蛋姓高。

娄小姐早有准备，先打感情牌：爹你最疼我了。

其情也切切；

一看不灵，再眼中含泪：没有他我活不下去。

其态也可怜；

还不行，则大叫：爹你要是还不答应，我就死在你面前！

其势也汹汹……

万般无奈，老娄只能答应女儿的婚事。

有时候想想，高欢的运气实在是太好了。

对比一下西汉初年的名相陈平，同样是高大英俊的帅哥，同样是傍富婆，陈平找的是嫁过五次的寡妇，还为娶到这寡妇而费尽了心机；高欢呢，不仅娶的是如花似玉的大家闺秀，而且还让女方为了嫁给他而费尽心机。

这就是高欢的魅力！

胸怀大志

婚后的高欢，傍上了富家女，鸟枪换炮，他终于有了自己的马，也终于当上领导，成了队主（不知有没有动用岳父家的社会关系）。

一个吃软饭的穷小子，这是当时几乎所有人对高欢的印象。

只有一个人例外，那就是怀朔镇最高军事长官镇将段长，他觉得高欢非同凡人，经常拍着他肩膀鼓励他，说：小伙子，好好干。你有经天纬地之才，定能成大事。

这是那时除了娄昭君以外唯一欣赏高欢的人。

如果说娄昭君的欣赏出自女人的感性，段长的欣赏则是出自男人的理性，更加的珍贵。

这唯一的欣赏就像漫漫长夜中的一点烛光，照亮了高欢曾经黯淡的豪情壮志；就像茫茫沙漠中的一滴清水，滋润了高欢曾经干涸的勃勃雄心。

高欢没有忘记段长这珍贵的鼓励，后来在他发迹后，不仅追赠段长为司空，还提拔其儿子当了官。

正是由于段长的提拔，高欢当上了信使。

信使就是传递官府信件的官差，这可是个肥缺，可以经常去京城洛阳出差，有机会接触到达官贵人，见见世面。

到了京城才知道自己的官小，此话一点不假。

高欢在地方上也算是个有头有脸的人物了。可是在洛阳，却被当成卑贱的来自边远山区的乡巴佬。

高欢每次到洛阳都要和令史（相当于首长的秘书）麻祥联系。

有一天麻祥很开心，可能是打麻将赢钱了，像打发叫花子一样赏高欢吃肉。

高欢向来很注意形象，从来不站着吃东西，所以就坐了下来，心里在想，吃肉的时候嘴里可不能发出声音啊。

刚做完热身，还没正式开始吃呢，就听麻祥大喝一声：狗奴才，谁让你坐的？这位子你有资格坐吗？给我拖下去，打四十大板！

肉没吃到，自己屁股上的肉反而被打得少了好几块。

注意形象让他赢得了富家女的欢心，也让他白挨了一顿打，真是有一利就有一弊啊。

遭受如此的奇耻大辱，高欢出人头地的愿望更加强烈了。

第一章　被颜值改变的命运

公元519年，京城发生了一件严重的打砸抢烧暴力事件，对高欢的触动很大。

事件源于知识分子和鲜卑武人的矛盾。

北魏是鲜卑人创建的政权，开始时朝中官员多是以军功提拔的鲜卑人。这些人多数文化水平很低，大字不识的也不少，执政水平很低。

孝文帝迁都洛阳以后，大力推行汉化政策，大量任用汉族或汉化鲜卑人中的知识分子出任高官。

知识分子认为自己是喝咖啡的，看不起吃大蒜的鲜卑武人；而鲜卑武人则认为天下是靠自己真刀真枪打出来的，看不上纸上谈兵耍嘴皮子的知识分子。

双方的矛盾越来越尖锐。

北魏征西将军张彝的儿子张仲瑀上书，要求限制武人，不能列入士大夫的清品，换句话说就是不能当大官。

按魏书的说法，张彝出身于汉人的高门大族清河张氏。他性格耿直，无所顾忌（"无所顾忌"这个成语最早就是出自他的传记），人称"张大炮"，估计张仲瑀上书很可能是代表张彝的意思。

这份奏折一出来，立刻引起了鲜卑武人的强烈不满。

这不是把鲜卑武人的升官之路给堵死了嘛。你们汉族士大夫走自己的路，却让我们鲜卑武人无路可走！

太过分了！是可忍，孰不可忍！

于是，他们开始抗议，扬言要屠灭张家。

张家父子却依然无所顾忌，对此完全不放在心上，当这些鲜卑武人是空气。

为了证明自己不是空气而是杀气，鲜卑武人开始行动了。

来自羽林军、虎贲等的一千多名鲜卑士兵，先去砸了尚书省的大门，接着攻入张家住宅，把张彝拖出来，尽情地痛打侮辱，随后又烧了张家的住房。

张家大儿子张始均本来已跳墙逃出，却又因救父亲而回来向这些人求情，这些正处于亢奋状态的鲜卑武人此时仿佛喝多了的酒鬼正缺下酒菜，张始均回来相当于送来一盘猪头肉，哪有浪费之理？

于是张始均被他们先狠狠地殴打了一顿，再投入火中活活烧死。

张彝本人则身受重伤，两天后不治身亡。

一时间，京城大震。

显然，这起针对朝廷重臣的严重打砸抢烧暴力事件，性质特别恶劣，手段特别残忍，影响特别巨大，必须从重从严从快查处，决不姑息。否则朝廷威信何在？法纪何在？

然而当时执政的胡太后，却本着"大事化小，小事化无"的和稀泥原则，为了避免激化矛盾，只杀了闹事的军人中的八个人，其余的人概不追究。过了不久，又用大赦来安抚他们。

北魏朝廷的腐朽无能就此暴露无遗。

二十四岁的高欢此时正在京城洛阳，目睹了事件的全过程。

回家以后，他开始一掷千金（反正是娄家的），广交各路豪杰，主要是有勇力的、有胆量的人，甚至亡命徒之类的。

岳父娄内干对此非常不解。

这家伙以前一直是个爱岗敬业的好青年，每年都被评为劳动模范的，而且是镇将段长的重点培养对象。怎么现在摇身一变，置升官发财的大好前途于不顾，天天与江湖上的问题青年混在一起，难道想当黑社会老大了？

更重要的是，这败家女婿烧钱如烧草纸，烧的是我娄家的钱！

老娄很生气，后果很严重。

老娄忍不住问他：贺六浑，你怎么啦？潜台词是：你小子神经是不是有问题啊？

高欢回答说：我在洛阳，看到羽林军烧杀朝廷重臣，朝廷居然不敢追查。我估计，这大魏朝的天下要乱了。如果动乱起来，这些钱有什么用呢？潜台词是：乱世就要开始了，想安分守己一步步往上爬，是不可能了；在乱世中，不安分的人才吃得开。要在乱世中有所作为，我就必须要有这样的一帮兄弟做自己的左膀右臂。

明者远见于未萌，智者避危于无形。

高欢就是这样的明者和智者。

接下来高欢说出了一句掷地有声的狠话：我立志要澄清天下！

见自己这个女婿有如此远大的志向，娄内干肚子里的气如同雪遇到热水一般瞬间就消失了，他情不自禁地拍了一下高欢的肩膀：小伙子，好好干！钱你尽管花，就当是我的风险投资吧！

风险投资的回报是若干年后老娄有了一个司徒的头衔,可惜是死后追封的,很不实惠。

当时与高欢交往最多、关系最好的铁哥们儿有七个,加上高欢本人,号称怀朔八兄弟,如果要打麻将的话,正好凑成两桌,玩起来也方便。

这七个人分别是:

司马子如,能言善辩,口才极佳,吹起牛来既不需要打草稿也不需要打腹稿就能把红茶说成红酒,黄瓜说成黄金,白菜说成白银,还让人不得不信。要是生活在当代,他肯定是年薪百万的名嘴。

刘贵,鲜卑化的匈奴人,性格刚猛,颇有军事才能。

贾显智,父亲是沃野镇长史,胆识过人,处事果断,与其大哥贾显度都有一定名气。

孙腾,当时在怀朔镇担任户曹史,是个民政部门的公务员,性情直率,足智多谋。

侯景,小名狗子,从这个俗气的名字就能看出他肯定出身于社会底层。他是鲜卑化的羯族人,在怀朔镇担任外兵史,也是个公务员。他少年时就顽劣异常,横行霸道,是著名的小混混。成年后身高不满七尺,只比武大郎稍高一点,而且因为左脚生了个肉瘤,所以走路有点跛,是货真价实的残疾人,可此人不仅善于骑射,骁勇有膂力,而且思维敏捷,诡计多端,绝对是身残志不残的自强典范。

蔡俊,性格豪爽,胆气过人。

尉景,在怀朔镇担任狱掾监狱办事员,为人厚道却极讲义气,他的另一个身份是高欢的姐夫。

雁群行进靠头雁,团伙发展靠首领。

高欢仗义疏财,深沉大度,有勇有谋,具有天生的领导才能,顺理成章地成了八人中的老大。

高欢交往的这七个人,后来都成了叱咤风云的人物。而且几乎都成了他的左膀右臂,或为他东征西讨,或为他出谋划策,或为他镇守要地,或为他摇旗呐喊,甚至为他调解纠纷。

反正这八个人没一个废物,没一个饭桶,用现在的话说,全都是国家的栋梁之材。

最重要的是,这些人(除贾显智外)对高欢都忠心耿耿,连桀骜不驯的侯景也是如此。

即使在高欢最落魄的时候,即使他们中的某些人混得比高欢好,他们也依然支持他,帮助他,像痴情女子不惜一切代价帮助自己的情人一样,无怨无悔。

他们甚至对高欢敬若神明,终高欢一生,无人背叛他。

什么是识人之明?这就是识人之明。

什么是个人魅力?这就是个人魅力。

高欢后来的成功不是偶然的。

任何人的成功都不是偶然的。

第二章 倾国才女

玉女还是欲女

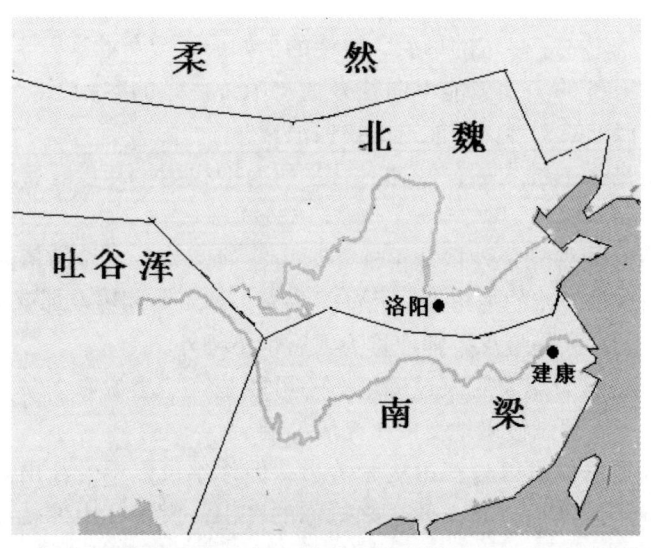

胡太后执政时期南北对峙形势示意图
（仅用于显示各政权的大致方位，不精确位置）

此时的北魏帝国，的确如高欢所说的那样，正处于大乱前夜。

大魏朝好像一艘豪华游轮，看起来依然是那么气派，那么奢华，可船舱底下却早已千疮百孔。不久的将来，这艘巨轮将会彻底倾覆、沉没，连同船上的这些乘客——那些王公贵族，包括掌舵的胡太后，一起沉入水底，万劫不复。

此时因孝明帝元诩年幼（宣武帝元恪于公元515年去世，元诩即位，时年五岁），胡太后临朝称制。

胡太后是个才貌双全的美女。

她天性聪明，熟读诗书。琴棋书画，无所不能。

她能文能武，箭术也非常高明，据说能射中针孔（叫如今的奥运射箭冠军情何以堪啊）。

她是个女文青，一首《杨白花》打动了许多人的心：阳春二三月，杨柳齐作花。春风一夜入闺闼，杨花飘荡落南家。含情出户脚无力，拾得杨花泪沾臆。秋来春还双燕子，愿衔杨花入窠里。

这首缠绵悱恻、荡气回肠的乐府诗被称为北朝文学的代表作，在中国文学史上有一定地位。

自古才女最多情，然而在二十多岁时，她的丈夫宣武帝元恪就去世了，从此皇帝的后妃成了皇帝的母后，美艳的少妇成了寂寞的寡妇。

但风情万种的美女怎能不向往爱情？千娇百媚的容颜怎能失去爱情的滋润？如花似玉的青春又怎能这么白白浪费？

身为至高无上的太后，她拥有几乎所有的权力，却没有普通寡妇所拥有的权利——再嫁。

老公不可能得到，爱情却不能不要。宣武帝死后，她的情人先后有杨白花（上面这首情诗的主角）、元怿等多人，至于绯闻男友那就更多了。

恋爱中的女人是傻瓜。即使贵为太后也不例外。

也许正是因为胡太后太过痴情——可能是言情小说看太多了吧，所以她的脑袋从充满智慧慢慢地变成了充满糨糊。

作为太后，你可以爱江山更爱美男；但你不可以不爱江山爱美男——因为如果你不爱江山，有人就会来抢你的江山；没了江山你就没命了，要美男又有何用？

作为太后，你可以滥情，但不能痴情；可以动感情，但不能感情用事；身体可以乱搞，朝政却绝对不能乱搞——武则天就是这样做的。

然而胡太后不是武则天，她是个痴情的人，感情用事的人，在身体乱搞的同时朝政也乱搞起来了。

在曾经的玉女如今的欲女胡太后的治理下，北魏的朝政越来越糟了。

有人说，女人都爱两朵花，有钱花和随便花。

所有的女人都有一个特点，那就是她们都是女人。

所以胡太后也是这样想的。

她就爱随便花钱。

她没有节制地赏赐身边的人，花钱无数，老百姓没有得到好处，国库却渐渐空虚。

胡太后还特别相信佛教，她没完没了地修建寺庙，最著名的是永宁寺，据说永宁寺塔高49丈，约相当于147米，一百里外都能看见。

它是中国古代最伟大的佛塔，可能也是全世界最早和最高的摩天大楼——可惜由于没装避雷针，在公元534年被雷电击中烧毁了。

就像某些做传销的人总喜欢说，好的东西要与别人分享，胡太后也喜欢与百姓分享佛教理念。

她下发诏书，要求全国各地大力修建五级佛塔。

修佛塔的钱自然是民脂民膏，百姓苦不堪言。

有出手如此阔绰的胡太后做榜样，王公大臣们当然也全都穷奢极欲，甚至争相斗富。

高阳王元雍（孝文帝之弟）号称全国首富，家里有六千名男仆，五百名女艺人，一顿饭要吃掉几万块钱。

和高阳王元雍并列排在全国富豪排行榜首位的是尚书令李崇，但这家伙和元雍的做派完全不同，他生性吝啬，是个铁公鸡，在接受媒体采访时对元雍的奢侈行为公开表达了自己的鄙视：高阳王一顿饭，等于我一千天的总花销。

河间王元琛，上进心非常强，总想取代元雍登上富豪排行榜首位，这家伙爱炫富，可惜那时既没有网络，也没有微博微信，不能玩自拍，也不能贴图发朋友圈，所以只好把各位王爷领进家门，参观他金碧辉煌的豪宅，然后对大家说，我只恨石崇看不见我。石崇是西晋的首富。

章武王元融听了很郁闷，京兆王元继就劝他，你的钱也不少，怎么不开心呢？

元融说，原先我以为只有高阳王比我富，没想到还有个河间王。本来我以为我是全国排名第二，没想到只能排第三。

元继戏谑道，你小子就像三国的袁术，孤陋寡闻，不知道世上除了曹操，还有个刘备啊。

元融听了只能苦笑。

笔者忍不住发出一声叹息：富豪榜又名杀猪榜，你们知道吗？石崇的下场是死于非命，你们忘记了吗？

公元520年七月，北魏政坛发生了一次大地震。

胡太后被软禁起来了。

害她的竟然是她最照顾的妹夫元义和她最宠爱的宦官刘腾！

是她亲手把元义提拔为侍中兼领军将军的，是她把刘腾提拔为侍中、开国公的！太监担任相当于宰相的侍中，也算是一大奇闻了。

事情的起因是元义和清河王元怿的矛盾。

元怿是宣武帝元恪的四弟，是胡太后的小叔子，也是她的情夫，尽管他生活作风有问题，但他才华横溢，处事公正，并且没什么架子，礼贤下士，在社会上的声望仍然很高。

而元义凭借太后妹夫的身份，贪赃枉法，无恶不作。元怿为人正直，经常按法律制裁他。

于是怀恨在心的元义便联合宦官刘腾诬陷元怿谋反，杀了元怿；接着因怕胡太后报复，干脆一不做，二不休，把胡太后囚禁在了北宫。可怜大美女从此独守空房达五年之久。

之后便是元义和刘腾两人联手掌握朝中大权。

刘腾是个文盲，又贪得无厌，喜欢索贿受贿。吃了原告吃被告，吃了被告吃诬告。

他就像天平，谁给的钱多，他就偏向谁。不仅如此，他还喜欢敲诈勒索，算得上是当时全国最大的黑社会头子。

元义呢，从小就喜欢吃喝玩乐，现在大权在握，更是沉迷于酒色，对于处理政事他没什么兴趣，唯一有兴趣的就是卖官，这是联合他的守财奴父亲（他父亲就是前面提到过的那个富豪榜上有名的京兆王元继）一起干的，任何人想当个郡、县小吏，都必须献财送货才能成功。

上行下效，各级官吏都变本加厉地贪污受贿，盘剥百姓。

在元义和刘腾这两人联合执政时期，吏治腐败，政事怠惰，纲纪不举。

朝政每况愈下，民怨越积越深，怒火在百姓心中燃烧。

六镇乱起

此时的大魏朝早已成了火药桶，只需要一点点火星就足以引起毁灭性的爆炸。

北部的边防六镇便是这个火药桶的引线。

前面说过,当年北魏为了防范北方的柔然,沿着边境线设置了沃野、怀朔、武川、抚冥、柔玄、怀荒六镇,鉴于那里地广人稀,朝廷便派遣鲜卑贵族的子弟前去居住和镇守,拱卫当时的首都平城(今山西大同)。

六镇距离首都不远,战略地位极为重要,大致相当于明清时期为拱卫北京设立的天津卫。

六镇地处鲜卑文化圈的中心,又受到首都经济圈的辐射,居民也大多身份显赫,提干、升官都属于优先考虑对象。

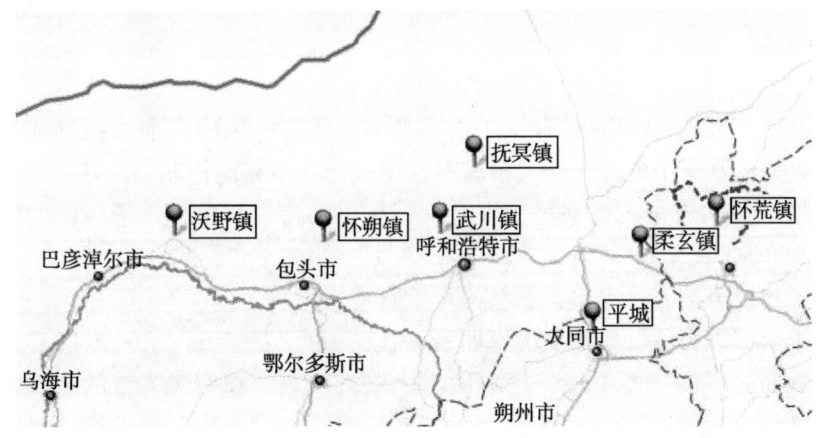

然而好景不长,公元五世纪后期,孝文帝元宏大力实行汉化改革,带着首都平城的鲜卑贵族,南迁到了洛阳。

从此以后,北方六镇一下子失去了拱卫首都的作用,从天子脚下的名城变成了天高皇帝远的偏远地区,从先进生产力的代表变成了落后生产力的代表,从先进文化的代表变成了落后文化的代表。

六镇的居民从此被称为府户,地位直线下降,朝廷甚至把六镇当成了罪犯的流放地——高欢的爷爷当年就是这么来的。

对六镇的居民来说,从贵族豪门变成了贫民寒门,从将军变成了奴隶,从凤凰变成了鸡,从发达国家沦落到了最不发达国家,这种落差实在太大了!

更要命的是,原来他们同族的很多子弟,却跟着朝廷一起到了洛阳,依然显赫,依然富贵,依然呼风唤雨。

南迁的哥哥是吃香的喝辣的,六镇的弟弟却只能喝西北风;南迁的哥哥是名车美女、高官厚禄,六镇的弟弟却是无名小卒、食不果腹;南迁的哥哥生活在人间天堂，六镇的弟弟却生长在人间地狱！

显然，相对于南迁的子弟来说，他们就是个屁，甚至连屁都不如——屁还有人会闻到，而他们，根本就没人能注意到！

失落写在六镇居民的脸上，仇恨刻在六镇居民的心里。
因为他们感到：这不公平！
孔子说，民不患寡而患不均。
美国独立宣言的第一句就是：人人生而平等。
显然，公平是人类社会的基本准则。
不得不说，没有对南迁鲜卑和六镇鲜卑公平对待是孝文帝汉化改革的一大败笔！

其实，北魏朝中不乏有识之士。尚书令李崇（也就是前面提到的那个小气鬼兼大富豪）的长史魏兰根就对李崇提出，希望能把北方六镇改为州，把六镇居民从府户改为平民，提升六镇居民的待遇，解决六镇居民的就业问题和升官问题。
此建议可谓一针见血，魏兰根可谓富有远见！
李崇深以为然，于是上奏孝明帝。
然而，烂泥扶不上墙，朽木做不成梁，以元义和刘腾为首的北魏朝廷根本就没有这样的见识，他们秉承"多一事不如少一事"的原则，对此置若罔闻，从而彻底失去了亡羊补牢的机会！

很快，报应就来了。
公元523年，六镇，这根火药桶上的引线被点燃了！
点燃火药桶的是怀荒镇的镇将于景。
于景出身于鲜卑一流贵族（鲜卑八大姓之一的勿忸于氏，孝文帝汉化后改为于氏），是曾经执掌朝政多年的尚书令于忠的弟弟。
因为反对元义，他被贬为了怀荒镇的镇将。
于景向来眼光甚高，自命不凡，此时的心情自然是非常郁闷。
想想自己从中央贬到边疆，从风花雪月的洛阳贬到荒凉偏僻的怀荒，从美女如云的首都到如今只能看到粗野的鲜卑村姑，这心理落差，实在是太大了，太受不了了。
这破地方，实在是太冷清了，就算在大街上裸奔都没几个人看！

这样的境遇怎能不令他感到伤感？

问君能有几多愁，恰似我在怀荒镇当冤大头。

  正好这时柔然入侵，大肆骚扰。城中百姓饥荒，于是纷纷要求于景开仓放粮。

  于景这人出身豪门，从小锦衣玉食，从来不知道体恤百姓，加上情绪本来就不好，于是便没好气地说：没看到老大我心里正烦着呢，告诉这些平民，没有国家命令，不能放粮。

  婴儿在饿极了的时候也会大哭大闹，何况是这些桀骜不驯的鲜卑人！

  饥民们群情激愤，忍无可忍，干脆冲到了于景家中，杀了于景夫妻，分了仓粮，起兵造反。

第三章　武川梦之队

三朝皇族的故乡

造反的浪潮迅速席卷了北魏大地。

继怀荒镇后，沃野镇的破六韩拔陵（姓破六韩名拔陵）也很快揭竿而起。

他聚众杀了镇将，改年号为"真王"——看这年号就感觉底气不足，颇有点此地无银三百两的意思。

四面八方的百姓纷纷响应，声势极为浩大。

破六韩拔陵派遣大将卫可孤攻打武川镇和怀朔镇，自己则率军南下。

此时的卫可孤人多势众、气势如虹，虽然怀朔镇镇将杨钧和他手下的贺拔度拔父子四人极为英勇，但武川、怀朔仍然相继陷落，杨钧战死，贺拔父子则全都被俘。

由于贺拔父子在地方上的影响很大，因此卫可孤也没有难为他们，他们得以平安返回了位于武川的老家。

然而，卫可孤的这种做法其实是妇人之仁，甚至可以说是玩火自焚。

因为不久以后，贺拔父子就联合了武川镇的其他豪杰宇文肱父子以及独孤信等人共同起事，干掉了卫可孤。

声名赫赫的武川豪杰从此登上历史舞台。

这是真正的全明星梦之队！

放眼中国五千年的历史长河，甚至放眼全世界，这都是绝无仅有的。

身为武川人，你要是不混上个柱国或者大将军，你都不好意思跟别人打招呼！

出生于武川的豪杰以及他们的后代，先后建立了西魏、北周、隋、唐四个朝代，开创了灿烂辉煌的隋唐盛世！

第三章 武川梦之队

至于名臣宿将，更是多如繁星！

此时，在武川风头最盛的当属贺拔度拔和他的三个儿子。

贺拔一家在尚武的六镇地区是最耀眼的明星。

贺拔度拔勇猛善战，三个儿子更是弓马娴熟，胆识过人，人称贺拔三剑客。江湖传言：不识贺拔三剑客，纵称英雄也胡扯！

长子贺拔允，字可泥。武艺高强，颇有胆略。不过，比起两个弟弟来，他似乎还是稍有逊色——这是客气话，其实笔者个人感觉是差太多了。

老二贺拔胜，字破胡，骁勇绝伦，有万夫不当之勇，尤其箭术冠绝当时，不仅可以百步穿杨，而且还能左右驰射——骑在马上左右开弓，难度比奥运会射击比赛打移动靶要高得多。

老三贺拔岳，字阿斗泥，不仅勇冠三军，和二哥一样能左右驰射，而且上过太学，富有韬略，可谓文武全才，智勇双全。

比贺拔家族名气略逊一筹的是武川另一大家族宇文肱及其四个儿子。

宇文肱出身鲜卑名门，是十六国时期东部鲜卑三大部之一的宇文部首领宇文逸豆归的五世孙，史称其"任侠有气干"，是个急公好义的好汉。

长子宇文颢，不仅英勇善战，而且还以孝顺父母而闻名。可惜在这次攻杀卫可孤的战斗中为掩护父亲而不幸阵亡。

老二宇文连，为人比较低调、厚道，但打仗十分勇猛。

老三宇文洛生，是宇文家族最耀眼的明星，属于天生的领袖人才。性格刚毅，处事果断，而且少有大志，轻财爱士，乐善好施，江湖人称"小孟尝"。

老四就是大名鼎鼎的宇文泰，本文的主角之一，此人字黑獭，据说是因出生时有黑气覆盖而得名，成年后身长八尺，垂手过膝（和三国时的刘备一样），脸色发紫（类似三国时的孙权），背上长着一大堆黑痣，而且盘成龙的形状（和汉高祖刘邦相似，只不过长的位置不同）。总的来说，就是刘邦、刘备和孙权的混合体。这就是史书上写的宇文泰的相貌，感觉像个怪物。不管你信不信，反正我是不信的。不过这一年他还不满十八周岁，属于未成年人，只能跟在老爸和哥哥屁股后面混，估计也就是打打酱油而已。

除贺拔、宇文两大家族，此时武川镇的知名鲜卑豪族还有独孤家族（代表人物独孤信）、侯莫陈家族（代表人物侯莫陈崇、侯莫陈顺）、若干家族（代表人物若干惠）、尉迟家族、贺兰家族等。

除了这些鲜卑英杰，出生于武川的重量级人物还有两个汉人，隋文帝杨坚之父杨忠和唐高祖李渊的祖父李虎。

尽管后来杨坚自称祖上出自关中汉人大族弘农杨氏，李渊则称祖上出自顶级士族之一的陇西李氏，但据后代史家考证，其实他们和这些高门之间的关系，并不比笔者和刘德华之间的关系近多少。

不过可以肯定的是，不管是李虎还是杨忠，至少在三代以前就已定居于武川，算得上是土生土长的武川人。

武川，是真正的藏龙卧虎之地。

贺拔父子从这里出发，仗剑走天涯，一战定关中；

宇文家族从这里出发，手提三尺剑，艰难建北周；

杨忠家族从这里出发，一统旧山河，壮志贯长虹；

李虎家族从这里出发，百战兴大唐，盛世冠全球！

华夏从这里复兴，隋唐在这里开创！

武川，一个令人神往的地方！

烽火连天

按下武川豪杰们不表。

话说北魏朝廷听说北方六镇发生叛乱后，不敢怠慢，马上派临淮王元彧担任总司令率兵讨伐破六韩拔陵。

元彧这个人容貌俊美、知识渊博，堪称才貌双全，但是让他去打仗，相当于让美貌的美羊羊去和凶残的灰太狼决斗。对灰太狼来说，我才不管你长得帅不帅，我只是把你当一盘菜。

于是美羊羊元彧在五原被灰太狼破六韩拔陵揍得鼻青脸肿，大败而归。

事态严重，朝廷随即召开会议紧急讨论平叛问题。

十四岁的小皇帝元诩说：去年李崇曾公开上表要求北方六镇改镇为州。考虑到国家法律是不能随便改的，所以我没有听从他的意见。然而老李的这个奏折后果十分严重，导致北方六镇的镇民有了非分之想，结果竟然引起今天的叛乱。考虑到老李你身为皇亲国戚（李崇是孝文帝的祖母文成元皇后之侄），朕也就宽大为怀，不追究你犯的错误了。现在我任命你担任总司令讨伐贼兵，将功赎罪。

提出亡羊补牢的正确建议，在小皇帝那里不但得不到认可，反而成了引发叛乱的罪臣，元诩的逻辑真是令人目瞪口呆——无论是福尔摩斯还是名侦探柯南，恐怕都无法分析他的思维模式。

我觉得他的脑袋不仅是进水还进水泥了，因为如果光进水的话肯定没这么浑。

李崇这个人虽然贪财，但也是身经百战的名将，外号是"卧虎"，只是当时他已经七十多岁了，早就过了退休年龄。

此刻他心里非常委屈，就好像看见老太跌倒后去扶老太却被诬陷的好心人一样的委屈。

但皇帝的命令理解要执行，不理解也要执行。

就这样，李崇出任北方军区总司令（北讨大都督），抚军将军崔暹（xiān）、镇军将军广阳王元渊（因为避唐高祖李渊讳，史书上通常称为元深，在这里笔者为他平反昭雪，恢复原名）两人担任副总司令，率军讨伐破六韩拔陵。

崔暹不听李崇指挥，孤军深入，与破六韩拔陵在白道（今内蒙古大青山）相遇，结果全军覆灭。

不过，尽管崔暹这人打仗水平不行，但逃跑水平很行，居然单枪匹马逃了回来。

此战之后，破六韩拔陵气势大盛，于是李崇只好率军退守云中（今内蒙古托克托县），与叛军相持。

崔暹抗命不遵而且临阵脱逃，皇帝元诩大为震怒，命令廷尉把他抓起来治罪，但崔暹用美女、房产等贿赂执政的元义，竟然被无罪释放。

吏治之坏，由此可见一斑。不过崔暹最终依然难逃一死——他的死刑事实上只不过改为缓期四年执行，四年后他将死于河阴之难。

而在前线，总指挥的人选也出现了变动。

广阳王元渊向皇帝打小报告，说李崇的亲信长史祖莹谎报军情、侵吞军款，于是祖莹被撤职查办，李崇也受牵连被免职。

元渊从此成为政府军在北方前线的最高领导者。

一波未平，一波又起。

此时的北魏帝国可谓风雨飘摇。

北边的破六韩拔陵气焰正盛、如日中天的时候，西北边境也出问题了。

先是高平镇（今宁夏固原）镇民赫连恩起兵造反，响应破六韩拔陵，随后推举敕勒酋长胡琛为高平王。

接着，秦州（今甘肃天水）人薛珍杀掉秦州刺史李彦起兵，并推举羌族人莫折大提为元帅，称秦王。

不过莫折大提很快就死了——估计老头子平时有高血压，不能太激动。

其子莫折念生的气魄明显比父亲大了好多，他自称天子，设百官，改元天建。

北魏朝廷赶紧再次开会讨论，随后任命吏部尚书元脩义担任西道行台（西北军区总司令），率军讨伐莫折念生。

然而，元总司令刚上任，仗还没打就突然得了重病——至于是真病还是装病我就不知道了。没办法，只能临阵易将。

取代他的，是个引进的外国人才——萧宝寅。

萧宝寅的经历颇为传奇。

他是南齐末代皇帝萧宝卷的弟弟，十六岁时因南齐灭亡而逃到了北魏，开创了中国历史上政治避难的先河。当时的北魏皇帝宣武帝元恪对这位流亡皇子颇为重视，把自己的姐姐南阳长公主嫁给了他。

萧宝寅也称得上是能征善战，怀着国仇家恨在与南梁的战争中屡立战功，这次再次被委以重任，负责率军讨伐莫折念生。

他的手下有一员大将叫崔延伯，骁勇无比，胆气过人，号称当世第一猛将。

在西北战场上，崔延伯身先士卒，奋勇冲杀，大胜莫折念生的军队，歼敌十万，首战告捷。

但随后崔延伯乘胜讨伐胡琛手下大将万俟（mò qí）丑奴，却因为轻敌而导致大败，自己也中箭身亡。

树欲静而风不止，猛将已死而叛乱未息，消息传到洛阳，朝野闻之大为惊恐。

第四章　乱世教主尔朱荣

轰轰烈烈才是真

几乎与此同时，秀容（今山西忻州）人乞伏莫于也杀掉太守，聚众造反。

接着，南秀容的牧民万于乞真又聚众杀了太仆卿（负责养马的最高长官，类似弼马温）陆延，响应乞伏莫于。

但是这两人没能掀起什么大浪，很快就兵败身亡。

因为他们的运气实在是太糟，就好像世界杯决赛抽到了下下签——分到了死亡之组。

他们的对手是不世出的军事天才尔朱荣。

尔朱荣家住在北秀容，世代都是契胡（史学界大多认为契胡人即为羯人，与十六国时期后赵的石勒、石虎同出一源）的酋长。

其高祖尔朱羽健曾率部随北魏开国皇帝拓跋珪征讨后燕，是北魏开国功臣；祖父尔朱代勤曾任肆州刺史，受赐爵位梁郡公；父亲尔朱新兴，不仅曾任散骑常侍、平北将军、秀容第一领民酋长等要职，还是个大慈善家，经常给朝廷捐助钱粮和马匹。

尔朱荣皮肤白皙，眉清目秀，是个大帅哥。他家里极其有钱，据说牛、羊、马、骆驼数量多得没法计算，只好以毛色分群，放养在山谷之中。

又帅又有钱还是世袭贵族，尔朱荣称得上是真正的高富帅。

他从小就聪明过人。据说他特别喜欢打猎，每次打猎时都像军事演习一样布阵，号令严明，计划周密，手下人都对他心悦诚服。

尔朱荣是个不甘平庸的人，对他来说，平平淡淡就是闷，轰轰烈烈才是真。

他并不满足仅仅做个富二代，他的目标是平定天下。

然而，这个志向实在是太大了，要想实现绝非易事，除了要有出众的能力，超人的实力，还需要合适的机会——这就和钓鱼一样，时机没到你再怎么使劲也没用，你能做的，只能是耐心地等待和用心地观察。

破六韩拔陵起兵造反导致天下大乱的时候，尔朱荣已经三十一岁。

他觉得这正是他期待已久的好机会。

他可以打着平叛的旗号，建立自己的武装，随后在战场上发展壮大，最终逐鹿中原，开创自己的大业！

说干就干，他马上广散家财，招募义勇，很快拉起了一支四千人的骑兵部队。

拉出队伍单干，最重要的，当然是资金和人才。

钱不是问题，凭借尔朱家多年来积累的财富，如今的尔朱荣堪称财大气粗，而且全是自有资金；但人才就必须要靠高薪招聘了，尔朱荣开出的年薪自然极有诱惑力，业绩好的话，可能年底还有高额奖金和大手笔的分红。

怀朔镇离尔朱荣所在的秀容川不远，得知这个招聘启事后，高欢的几个哥们儿都动心了，刘贵、司马子如、侯景以及高欢的连襟窦泰、贾显智的哥哥贾显度等人先后应聘来到了尔朱荣的旗下，这几个哥们儿的能力也都不错，全都得到了重用。

不过，高欢并没有加入尔朱荣的团队。

一方面，他向来做事谨慎，从不干没把握的事，想先看看形势再说；另一方面，也是主要的原因，他一直想当老大。

在别人手下干，领导说你是才你就是才，领导说你是柴你就是柴，做惯老大的高欢不喜欢看别人的脸色行事，他想要的是自己当家做主，组建自己的班底。

末世疯狂

几乎就在尔朱荣起兵的同一时间，洛阳城内再次发生了一次大变动——忍辱负重五年之久的胡太后咸鱼翻身，重新执掌了朝政！

此时，狡诈的刘腾已经去世，而元义这家伙又一直沉迷酒色，导致严重肾虚，精力不足，他的头脑老是迷迷糊糊的，对胡太后的监视也就有点放松了。

胡太后抓住了这个难得的机会，与小皇帝元诩偷偷见了面。

她一面哭诉元义的狠毒，一面讲述母子之情，自己当年如何冒着生命危险生下这个儿子（北魏前期一直有立子杀母的制度，胡太后是个特例），为了保护儿子不被嫉妒的高皇后杀掉又是如何吃尽苦头，然后又说自己已经心灰意懒，想去出家当尼姑，说得声情并茂，声泪俱下。

小皇帝脑子本来就不是太好使，母亲这一番情真意切的话让他深受感动，他本来坚硬如黄豆的心肠立即就变得绵软如豆腐，母子两人当场就定下了废除元义的计谋。

有了皇帝的旨意，废除元义就如同捏死一只蚂蚁。

而元义向来人缘不佳，他平时有了好处，一向喜欢独吞，关键时候自然没人愿意帮他。

正所谓：墙倒众人推，树倒猢狲散，朝臣们争先恐后地发扬痛打落水狗精神，元义想不死都不可能了。

结果是：元义被赐死，刘腾被戮尸，小皇帝无所事事，胡太后再次临朝称制。

此时北方叛乱频仍，到处民不聊生，大魏江山已经到了最危险的时候，但再次上台的胡太后对此视而不见，不管政局如何糜烂，她只想要自己的私生活糜烂！

独守空房了五年之久，她如今早已饥渴无比，如同干旱的大地渴望雨露滋润一样渴望男人的怀抱！

她的第一个情人是郑俨。

郑俨出身于北方著名的世家大族——荥阳郑氏，这个人其实是她的老相好。据说早年郑俨在胡太后父亲胡国珍手下当参军的时候，两人就已经有一腿了。

如今郑俨在西北军区司令萧宝寅手下干活，很快，十万里加急鸡毛信，一纸调令，把郑俨从抛头颅洒热血的战场上调到了太后龙床上，而且胡太后竟然不管国内外舆论如何哗然，硬是让郑俨昼夜待在宫中，其工作时间远远超过每周七天、每天八小时的标准。

不过胡太后偶尔也会给郑俨放一两天假，但郑俨每次回家，胡太后都派太监跟在他身后，全程跟踪，连撒泡尿都要提防有没有人监视，怎么可能和他老婆亲热？

郑俨虽然工作勤奋，但面对如狼似虎的胡太后，他还是逐渐感到精力不济，体力不支，有不能胜任的感觉，便引入了徐纥做他的替补。

徐纥是个见风使舵的高手。

他先靠拍权臣赵修的马屁起家；赵修被杀后，他又巴结投靠了清河王元怿；元怿死后他又成了元义的党羽，现在元义也倒台了，他又成功通过郑俨抱上了最高统治者胡太后的大腿。其马屁造诣之高，全国无人能敌，可惜他没有把这门绝世马屁功夫写成书传下来，否则一定能畅销全球。

不过呢，就像有些女人被说成是"克夫"，这家伙是"克主"，凡是被他的马屁灌饱的主人没有一个不是死于非命的。

胡太后是个痴情女子，对情人，她可以让自己低到尘埃里。

她任命郑俨为中书令、车骑将军；徐纥为中书舍人、黄门侍郎，总摄中书、门下之事（大致相当于现在的总理），所有军国诏令，都由徐纥负责。

和郑俨这个纯粹的花瓶不同，马屁专家徐纥其实还是有几把刷子的。

据说他口才极佳（否则怎么被称作马屁专家呢？），文才出众，可以同时对几个人口述诏书（这权力可真够大的）。而且他精力极为旺盛，整天处理事务，很少休息。

不过此人虽然有些小聪明，却根本没有安邦治国的大才。

此后，徐纥、郑俨两个人互为表里、权倾天下，号称"徐、郑"。

除了郑俨、徐纥两人，中书舍人李神轨也深受胡太后信任。人们怀疑他也和胡太后有某种不正当的关系，但是李神轨这人无愧于"神轨"这个名字，做事神神鬼鬼的，大家也没有充分的证据。

据说李神轨的儿子看上了散骑常侍卢义僖的女儿，卢义僖不答应，想把女儿嫁给别人。结果在卢义僖女儿出嫁前夜，李神轨的护"花"使者——胡太后，竟公然违约，派太监紧急前往卢家宣旨：停嫁。

为自己的情人连这种事都能干出来，笔者只能说：这个女人疯了！情欲之火已经彻底烧掉了她的理性、她的才华、她的羞耻之心！

要说豪放，什么武则天，什么赵飞燕，什么潘金莲，在胡太后面前，统统都是浮云！

自毁长城

不过，不得不说，胡太后的运气还算不错，尽管她在宫里花天酒地，北方战场的形势却出现了有利的变化。

之前一段时间，破六韩拔陵一直在围攻北魏政府军，政府军则在广阳

第四章 乱世教主尔朱荣

王元渊的率领下采取守势，两军势均力敌，谁也奈何不了谁。

元渊不仅颇有军事才能，也很善于用人，他最倚重的是参军（军事参谋）于谨，后来成为名震天下的一代战神。

于谨出身于鲜卑贵族，和被杀掉的那位倒霉蛋怀荒镇镇将于景来自同一个家族，他熟读兵书战策，尤其是《孙子兵法》，性格沉稳，足智多谋。

元渊慧眼识珠，特意请于谨出山，为他出谋划策，作为他的智囊。

这次，于谨给他出了个主意：老大啊，破六韩拔陵人数众多，光靠武力是不行的。三十六计中有一计……

元渊惊得眼珠子都快掉出来了：走为上计？

于谨连忙打住：非也。是反间计。当年秦末的项羽之所以失败，陈平的反间计起到了决定性作用，使项羽和军师范增、大将钟离昧、周殷等人互相猜忌、离心离德，其战斗力自然大大削弱。

笔者在这里插一句，咱们读历史书——当然包括笔者这本书在内，也得这样活学活用才行啊。

元渊是个聪明人，一点就通：这个主意不错，破六韩拔陵的部队可是多民族的大家庭啊，鲜卑人、匈奴人、敕勒人……内部矛盾很大。

可是派谁去呢？

当然是于谨去。

因为于谨是个国际化人才，会说几种不同民族的语言。

他单枪匹马来到反叛的胡人营地，说着胡话——胡人说的外语，对他们晓以利害，同时又奉上金银珠宝、美女美酒：一点薄礼，很成敬意，请笑纳。

西部敕勒酋长乜列河被说动了，不知是深明大义或者见钱眼开还是见色忘友，反正他愿意率所部三万余人前来投降。

元渊大喜，传令公关部，要求准备好仪仗队、礼仪小姐迎接敕勒人。

于谨却摇了摇头，又献上一计：破六韩拔陵这小子一定会派兵追击乜列河。咱们不如用乜列河做诱饵，设下埋伏，一定可以击败这支破军（破六韩拔陵的军队）。

元渊依计而行。

果然如于谨所料，破六韩拔陵被打得丢盔弃甲，大败而归。

于谨真是个了不起的人物，不仅懂理论，还会实践；不仅是策划人才，还是执行人才。

单刀赴会，仿佛关羽重生，可见其勇；神机妙算，仿佛诸葛亮再世，可见其智。而且其外语水平比诸葛亮高。

此战之后，破六韩拔陵元气大伤，士气低落，随后又遭到了北方柔然军队的攻击，无奈只能南撤。

在撤退途中，军心不稳的叛军又被元渊率部截击，再次大败。

破六韩拔陵从此不知所终，活不见人，死不见尸。这位六镇起义的先驱就这样成了先烈，"真王"就这样阵亡。

二十万六镇叛军群龙无首，只得向元渊投降。

原先的六镇因战乱几乎已被夷为平地，这二十万六镇流民如何处置是个大问题。

元渊给朝廷上了一封奏折：希望在恒州（今山西大同）以北设立郡县，安置来投降的六镇流民，因为这一带气候风俗与六镇相似。然后再对他们加以救济，让他们丰衣足食，以安抚他们受伤的心，防止再次叛乱。

元渊不愧是北魏皇室最有见识的一个人。

但以胡太后为核心的北魏朝廷，只能用一句话来形容，那就是"脑残无极限"。凡是正确的建议一定不会采纳，这次也不例外。

胡太后驳回了元渊的建议，随后出了一手昏招，一手关键的昏招，改变北魏帝国命运的昏招。

她命令把这二十万流民分散安置在河北的冀州（今河北冀州）、定州（今河北定州）、瀛洲（今河北河间）三个地方。

然而，这些地方多是汉族聚居区，风俗习惯与以鲜卑、敕勒等游牧民族为主的六镇流民很不相同。

六镇流民原先大多是放牧的，现在要去耕田，就好像让吃惯米饭的人天天吃汉堡一样，怎么可能过得惯？

但这还不是最大的问题。

最大的问题是一下子涌入这么多鲜卑人，哪里来这么多田让他们耕种？加上河北地区当时正好遭遇旱灾，原来这些本地的汉族百姓都吃不饱，何况那些外来的鲜卑人？加上政府又不闻不问，没有任何救济，你让这些六镇流民怎么办？

还能怎么办？造反吧。

被安置在上谷（今河北怀来）的原柔玄镇流民杜洛周首先揭竿而起，

聚众起事，改年号为"真王"——老破的山寨版，真没想到这破年号有什么好的。

此时距离这二十万流民投降不过短短几个月时间。

杜洛周并不是一个人在战斗，因为没过多久，又有鲜于修礼率领北镇流民在定州（今河北定州）起兵造反，改年号为"鲁兴"。

北魏朝廷委任长孙稚（唐太宗长孙皇后的高祖父）为大都督北讨诸军事，命令他与河间王元琛（就是那位爱炫富的王爷）共同讨伐鲜于修礼。

这两人素来不和，长孙稚不想出战，元琛却强迫他出战，自己又不去救援。

团结就是力量，不团结就会遭殃。政府军被鲜于修礼打得一败涂地，几乎全军覆灭。

没办法，胡太后只能再次请出"镇国之宝"广阳王元渊。命他为总司令（大都督），章武王元融（也是排行榜前列的大富豪）、裴衍为副总司令（左右都督），征讨鲜于修礼。

但这次元渊还能马到成功吗？

恐怕很难。

问题出在元渊的私生活上，他没能管住自己，和城阳王元徽的老婆于氏发生了不正当的男女关系。

偏偏元徽与郑俨关系极好。有了郑俨狂吹枕边风，元徽深受胡太后信任，担任了尚书令这一要职。

对于一个正常的男人来说，什么帽子都能戴，只有绿帽子不能戴；什么仇恨都能忘记，唯有夺妻之恨不能忘记。更何况元徽本来就是个小肚鸡肠，睚眦必报的男人！

元渊也不是白痴，他知道元徽与自己势不两立，出兵之前就向胡太后上书，希望能把元徽调到外州任职，这样他才能安心打仗。

如果按照用人不疑的原则，那么既然胡太后要利用元渊的军事能力，就应该答应元渊的要求，让元渊放手一搏，免除后顾之忧；如果不信任元渊，那就应该任命别人去北征鲜于修礼。

但胡太后走了一步最臭的棋。

她不但没有答应元渊的请求，还让章武王元融暗中监视元渊。

朝中有一个时刻想置自己于死地的对手，元渊还有心思打仗吗？

胜了，是功高盖主，难逃一死；败了，是罪不容赦，罪该万死。

曾经，他对自己的军事才能颇为自信。而现在，他的军功，既是他的通行证，也将是他的墓志铭。

元渊觉得前景如风沙漫天的大漠一般苍茫。

他进退两难，心无斗志。

于是他一直按兵不动。

就在这时，像很多黑帮片里经常看到的那样，叛军的内部发生了火并。

先是老大鲜于修礼被下属元洪业杀掉。接着怀朔镇人（高欢的老乡）葛荣又把元洪业干掉，当上了新的掌门人。

葛荣是个厉害角色，他突袭章武王元融，大获全胜，杀了元融这个曾经的富豪排行榜前三名，随后借着大胜之威，顺势称帝，国号齐。

元渊还是按兵不动。

果然有人密告胡太后，说元渊拥兵自重，有非分之想。

当时元渊驻军在定州。

定州刺史杨津怀疑元渊图谋不轨，遂派人去抓元渊。

毫无疑问，这肯定是出自胡太后或者元徽的授意，否则杨津绝对没有这样的权力和胆量。

元渊猝不及防，仓皇出逃，没想到碰到了葛荣手下的侦察兵，被抓获送到葛荣那里。

作为曾歼灭破六韩拔陵的名将，元渊在六镇流民中威望极高。

葛荣对他非常忌讳，马上就杀了他。

北魏最能打仗的王爷就这样糊里糊涂地死了。

元徽公报私仇，终于报了夺妻之仇。

元渊壮志未酬，没能战死在沙场，却死于自己人的阴谋。

笔者为元渊感到悲哀，更为胡太后感到悲哀。

真不知胡太后怎么想的，当年刘邦杀功臣，那是在平定天下之后，所谓"狡兔死，走狗烹"。她却好，天下大乱，正需要良将之际，把几乎是唯一忠于朝廷的大将元渊给害死了。

一个人做一件蠢事并不可怕，可怕的是像如今的胡太后这样一直做蠢事。

如果问她：你做过的最蠢的事是哪一个？她一定会回答：下一个。

真的难以相信，曾经如此睿智、如此聪颖的胡太后，竟然变得如此愚蠢。

一个优等生几年之内就沦落成了一个差生，唯一的解释是心理出了问题。

胡太后就是这样，五年的软禁生涯扭曲了她的心灵，她觉得人生无常，需及时行乐，于是她开始自暴自弃，沉醉于情欲中不能自拔。

她的人生格言是：今朝有酒今朝醉，哪怕明天要受罪。

在治国上，她懒得花心思或者说她已经彻底失去信心。于是她成了最差的差等生，几乎每一个题目都是答错的。

胡太后自毁长城，等于自毁前程，很快她就品尝到了苦果。

在擒斩北魏第一名将广阳王元渊后，葛荣声名大噪。

随后他挟大胜之余威，先后攻占殷州（今河北隆尧东）、冀州（今河北冀州）；接着又率军十万，在阳平（今山东莘县）击败前来讨伐的北魏政府军，政府军总指挥源子邕和副总指挥裴衍都兵败被杀。

之后，他又击杀了杜洛周，吞并其部众。

此时的葛荣坐拥几十万大军，纵横河北，如入无人之境，意气风发，踌躇满志：问天下谁是英雄？举目望唯我葛荣。

究竟谁才能对付得了葛荣呢？

胡太后很头疼。

好在有人自告奋勇，愿意为朝廷分忧。

谁呢？

尔朱荣。

尔朱荣给胡太后上表：小小寰球，有几个苍蝇在飞，怕什么？有我呢。

尔朱荣何以口气这么大？

群雄荟萃

与捉襟见肘、焦头烂额的北魏朝廷相比，经过几年的苦心经营，尔朱荣现在是兵多将广，春风得意。

其帐下堪称人才济济，名将辈出。

贺拔岳、贺拔胜、高欢、侯景等后来叱咤风云的人物此时都在他帐下听命。

有人要问了，贺拔兄弟不是在武川吗？高欢不是在怀朔吗？

这是怎么回事呢？

容笔者慢慢讲来。

原来，在贺拔度拔父子与宇文肱、独孤信等人联手干掉了镇守武川的卫可孤以后不久，依附于破六韩拔陵的敕勒人率大军来攻打，贺拔度拔不幸战死。

随后这些武川豪杰因群龙无首而被打散，宇文肱父子流落到了河北，贺拔允、贺拔岳则跑到了恒州（今山西大同）。

贺拔胜此时被派去朔州（今内蒙古和林格尔）告捷，还没等他返回，武川就已经陷落了。

朔州刺史费穆早就听说贺拔胜的威名，遂用厚礼留下了他。

当时广阳王元渊的部队被破六韩拔陵包围。贺拔胜亲率敢死队袭击破六韩拔陵的军队，在敌营中几度杀进杀出，如入无人之境，叛军惊若天神下凡，竟然退军数十里，广阳王元渊就此得以突围。

他的招牌动作是一边奋力冲杀，一边以高达120分贝的音量大声呼喊：贺拔破胡在此！

只要听到这句话，敌军就会像水浪遇到快艇一样迅速向两边散开，让出一条路来，谁也不想成为他的刀下之鬼。

贺拔胜的威名在代北一带广为传诵，号称"代北第一猛虎"。

因此，元渊每次撤军时都用贺拔胜殿后，敌军迫于贺拔胜的威名，根本不敢追击。

后来贺拔胜受命协助镇守恒州，终于与贺拔允、贺拔岳兄弟再次会合。

不久，恒州失陷，三兄弟再次失散，贺拔胜到了肆州（今山西忻州），贺拔允、贺拔岳则到秀容川投奔了尔朱荣。

公元526年八月，尔朱荣经过肆州，肆州刺史尉庆宾不让他入城，尔朱荣大怒，竟悍然率军攻打肆州，抓获了和他一样同为朝廷命官的尉庆宾，随后又自作主张，让他的堂叔尔朱羽生担任肆州刺史。

北魏朝廷哪里管得了桀骜不驯又实力强大的尔朱荣，只能听之任之。

攻下肆州的一大收获就是得到了贺拔胜这员猛将。

尔朱荣喜形于色：喝吧破壶（贺拔破胡，尔朱荣讲话带山西口音），你辛苦了。

贺拔胜倒有点不好意思，只好讪讪地回答：为百姓服务。

尔朱荣拍着贺拔胜的肩膀说：有你们兄弟在我手下，平定天下易如反掌！

随后尔朱荣任命贺拔胜为别将，贺拔岳为都督，将他们两人视为自己的左膀右臂。

与贺拔兄弟相比，高欢的经历则更加曲折。

在杜洛周起兵以后，高欢终于按捺不住了，他带着老朋友蔡俊、姐夫尉景，以及他的连襟段荣等人前去投奔。

不过，高欢的目的可不是在杜洛周手下当一名偏将，他的目的是干掉杜洛周，像他的怀朔老乡葛荣一样，最终实现以蛇吞象，借壳上市，自己当董事长，随后统领十万六镇流民横刀立马，逐鹿中原，称雄天下，岂不快哉！

理想虽然如此丰满，现实却是非常骨感。

年轻的高欢失败了，败得很惨，只好带着全家和几个哥们儿仓皇出逃，杜洛周派骑兵紧紧追赶。

当时高欢跑在前面，娄昭君抱着一子一女坐在牛背上，儿子高澄才五岁，几次从牛背上摔下来。

高欢实在忍受不了，竟然弯弓搭箭，想要射死这个烦人的儿子。幸亏段荣前来帮忙拦住了高欢，高澄才逃过一死。

娄昭君只能无语地注视着她亲自挑选的，这个信奉"老婆诚可贵，儿子价更高，若为权力故，二者皆可抛"的残酷无情的老公。

不知道她心里是什么滋味，估计也就是两个字："累"和"泪"。

这一幕也许很多人觉得似曾相识。

没错，以无赖闻名的汉高祖刘邦当年在逃亡途中，也曾上演过这样一幕戏，也许，这就是所谓的"英雄所做略同"吧。

不过，高欢最终还是摆脱了追兵，随后投奔怀朔老乡葛荣。

但凭他的眼力不久就看出，葛荣军纪败坏，到处烧杀抢掠，极其不得人心，跟着葛荣干显然是没有前途的。

怎么办？

高欢陷入了迷茫。

他曾经豪情满怀，那满满的激情就像汹涌的海浪，自以为无坚不摧。然而撞到海边坚固的岩石上却立即粉身碎骨，化为泡影。

高欢此时陷入了人生的最低谷。

青春的锋芒越磨越圆,既定的目标渐行渐远。

除了卑贱和潦倒,他现在什么都没有。
年近三十,不仅一无所成,还失去了原有的金钱和地位。
他后悔自己的选择吗?
不!
他决不放弃澄清天下的希望,哪怕这希望只是虚无缥缈的一点点亮光。
他决不放弃!
不修正目标,只修正方法。
方法错在哪里呢?
经过认真的反思和不断的复盘,他终于找到了问题所在:急躁轻进。
其实凭借自己的能力,取杜洛周而代之也不无可能,但必须先取得杜洛周的信任,成为手握重兵的大将之后才能成功,而不是像现在条件还没具备就操之过急。很显然自己锋芒毕露,求胜心切,这一步跨得太大,连底裤都被扯掉了,如今的自己已经输得一无所有。

吃一堑,长一智。
一番思考后,高欢觉得如今最现实的道路就是投奔尔朱荣,再等待机会,东山再起。
说干就干,高欢带着尉景等人前往尔朱荣的大营求见。
高欢的大名,尔朱荣早就听说了——高欢的铁哥们儿刘贵,现在在尔朱荣麾下担任骑兵参军(骑兵部队参谋长),就经常向尔朱荣推荐他。
不过这哥们儿的口才实在是不怎么样,史书上说他"盛言神武美",刘贵老是吹捧高欢长得帅,长得帅又怎么样?尔朱荣又不想找一个花瓶,即使真想找个花瓶也得是个女的。
等到见了高欢,尔朱荣颇为失望。
此时的高欢眼睛是红的,眼圈是黑的,脸色是黄的,胡子拉碴的,灰头土脸的,衣衫褴褛的,人还瘦得像只猴子——身高一米八,体重一百斤,平均每厘米不到六两重,整个一怪蜀黍(叔叔),哪里看得出长得有多帅啊。
因此尔朱荣对高欢很是不以为意。
这也难怪,高欢毕竟之前只是在怀朔镇的小圈子里有点名气,不像贺拔胜、贺拔岳兄弟早已名满天下。

第四章 乱世教主尔朱荣

第二天,刘贵为高欢更换了一身新衣服,头发也剃了,胡子也刮了,梳妆打扮了一番,不知道有没有涂点粉什么的。然后再次带着高欢去找尔朱荣,说昨天他看见的是毁容版的高欢,今天这个才是原装正版。

这次尔朱荣眼前一亮,小伙子眉清目秀,双目炯炯有神,印象分不错。

面试的题目呢,尔朱荣别出心裁,他找来一匹恶马,要高欢给这匹马剪毛。

高欢这人的特点是情商很高,洞察人心,善于搞人际关系,一般较少用强迫手段,喜欢以柔克刚,对于马,他也很人性化,不,应该是马性化,具体他是怎么搞的,因为史书缺载我并不清楚,只知道那匹恶马非常信任高欢,以至于高欢不加任何羁绊,不用任何暴力就轻松地完成了剪毛的任务。

剪完了,高欢摆了个很酷的造型,随后装着不经意地说出了一句总结:对付恶人,也应该像对付这匹恶马一样。

他的这番举动一下子折服了尔朱荣。

尔朱荣这个人迷信武力、暴力,喜欢以严刑峻法御下,如果让他给恶马剪毛,肯定会把马揍一顿再捆起来。他和宽厚大度、心机巧妙的高欢相比,两人一严,一宽;一刚,一柔;一个如烈火般无坚不摧,一个如流水般无孔不入;一个是硬桥硬马的少林拳,一个是借力打力的太极拳。

螺钉配螺母,萝卜炖排骨,两个人正好互补。

尔朱荣请高欢坐下,屏退左右:请赐教。

高欢对此早就胸有成竹,这场景在他脑子里不知过了多少遍了,马上开始背台词:如今天子愚弱,太后淫乱,朝政控制在徐纥、郑俨等奸诈小人手中,以老大您的雄才大略,若起兵讨伐郑俨、徐纥,肃清皇上身边的奸佞小人,趁机控制朝政,挟天子而令诸侯。那么您的霸业定能马到成功。

尔朱荣不由得大喜过望:你说的正合我意。

随后,宾主双方在亲切友好的气氛中,对国内国际局势和双方所关心的其他热点问题交换了看法,取得了充分的共识。会谈从中午一直持续到深夜,获得了圆满成功。

最后尔朱荣在秀容川国宾馆隆重地宴请了高欢一行。

此后,高欢深受尔朱荣的信任,被任命为都督(和贺拔岳等人平起平坐),军中大事尔朱荣都要与高欢商量。

不过,要说尔朱荣最信任的人,却并非高欢或者贺拔兄弟,而是元天穆。

元天穆是北魏皇室的远亲，其远祖拓跋孤是北魏开国皇帝道武帝拓跋珪的爷爷拓跋什翼犍之弟，和当今皇帝之间的血缘关系已经很疏远了，估计跟刘翔和刘德华之间的关系差不多。

此时他担任并州刺史，尔朱荣与他亲如兄弟，对他言听计从。

可以这么说，如果把尔朱荣看作总司令的话，元天穆则相当于副总司令，是名副其实的二把手。

除了元天穆，进入尔朱荣核心圈子的还有尔朱荣的表弟慕容绍宗。

慕容绍宗出身名门，是十六国时期前燕皇族名将慕容恪之后。此人虽然年纪尚轻（这时也就二十多岁），但足智多谋，对时局的判断十分精准，相当于尔朱荣的参谋长。

此时的尔朱荣麾下人才济济，兵强马壮，如同新组建的一支由超级球星组成的球队，正闲得发慌，急于找人热身呢。

恰好有两个不识抬举、属于没事找抽型的家伙——斛律洛阳和费也头牧子两个笨蛋先后起兵叛乱。

尔朱荣果断出手，只用一个手指头就把他们轻松搞定。

这场群殴实在是让各位怜香惜玉的人权卫士们看着上火，完全是赤裸裸的以强凌弱！尔朱荣辩解：不能叫以强凌弱，我打他们之前可真不知道他们这么弱啊。

因多次平叛之功，尔朱荣先后被北魏朝廷加封为征东将军、右卫将军、假车骑将军、都督并肆汾广云六州诸军事、大都督、金紫光禄大夫。

在尔朱荣的威慑下，并肆汾广云等六州（今山西、内蒙古一带）没人敢作乱了，不过尔朱荣对此并不满足，他的下一个目标是冲出山西，走向全国。

公元528年二月，他向胡太后上表，请求出兵河北，讨伐葛荣，为国分忧。

第五章　政治白痴的军事天才

洗洗更健康

胡太后了解尔朱荣的狼子野心，她知道即使尔朱荣除掉葛荣，也不过是除掉一只野狼，却引来一只饿虎，便婉拒了尔朱荣的请求。

但此时胡太后的日子确实很不好过。

她和她所控制的北魏政府，号令仅能到达首都洛阳周围方圆三百里的地方。

北面的山西、内蒙古地区，乃是尔朱荣的地盘；

东面则有葛荣纵横于河北、山东一带。

西面也就是西北地区的形势则更加变幻莫测，像一场乱七八糟的闹剧，让人眼花缭乱，可谓是：你方唱罢我登场，城头变幻大王旗。

先是胡琛被破六韩拔陵派人暗杀，其部将万俟丑奴接任老大，随后莫折念生也被部下干掉。

眼看形势对北魏政府极为有利，局势却突然发生了戏剧性的大逆转——手握重兵的政府军总司令萧宝寅居然起兵反叛。

不过萧宝寅对自己的能力显然过于高估，明明他只是虱子，偏要把自己当成狮子。

在北魏大将长孙稚的讨伐下，他很快被打成了猪头。作为曾经的政府军总司令，他的水平好像还不如对手胡琛和莫折念生，给北魏政府丢脸了。没办法，他只能到老对手万俟丑奴那里打工，被任命为太傅。

曾经击毙政府军猛将崔延伯的万俟丑奴，显然还是有两把刷子的。

他占领了关陇一带（今陕西、甘肃、宁夏部分地区），逐步坐大，并在高平（今宁夏固原）称帝，年号很奇特，叫"神兽"，如果按照明清皇帝的叫法，他或许可以被尊称为"神兽帝"。

如果把全国分成三个赛区的话，到现在，也就是公元528年，可以说，预选赛已基本结束。

三支出线队伍分别是：

河北赛区，葛荣，先后战胜鲜于修礼、杜洛周、元渊等风云人物，脱颖而出；

西北赛区，万俟丑奴，淘汰掉了胡琛、莫折念生、萧宝寅等强劲对手，艰难出线；

山西赛区，尔朱荣，先后干掉了乞伏莫于、万于乞真、费也头牧子、斛律洛阳等少数民族造反派，轻松出线。

如果论对手的成色，很明显是尔朱荣的含金量最高，别的不说，光看这些对手那些坑爹的非主流名字，就知道全都是虾兵蟹将一般的无名小辈，只能说这家伙抽签抽得好。

现在，他们将向河南赛区的冠军——胡太后及孝明帝发起挑战，争夺最后的荣誉——中国北方地区的统治权。

四个总决赛选手中，论兵力，葛荣最强，号称有百万大军；论人才，尔朱荣最多，元天穆、贺拔岳、高欢、贺拔胜、侯景、慕容绍宗等人都是精英中的精英，后来叱咤风云的人物。

无论哪个方面，胡太后和她所控制的北魏朝廷都不占优势，除了所谓的名分。

但这名分，不仅不实用，而且像一条金项链戴在年老体弱的老太太脖子上，更能引来强盗的虎视眈眈。

按说，对于国内形势的变化，胡太后和孝明帝不能忽视，更不能无视。大敌当前，他们应该有危机感了。

可是，胡太后和孝明帝母子二人之间的矛盾居然越来越大，甚至水火不容。

笔者真为他们感到可悲。他们就像两只野兽只知道互相争夺食物，却根本不知道猎人的枪口早已对准了他们。

此时孝明帝元诩已经逐渐长大，即将年满十八周岁，对母亲胡太后也越来越不满。

自己这皇帝当得太悲催了，名义上是皇帝，实际上不过是个高级囚徒，每天待在宫里，无所事事，用《水浒传》中李逵的话说就是：嘴里都淡出

第五章　政治白痴的军事天才

个鸟来了。

胡太后呢，对情人是春天般的温暖，对自己唯一的儿子，却是冬天一般冷酷无情。

她知道自己做的事情有伤风化，怕伤害儿子纯洁的心灵，就采用愚民政策——不让孝明帝知道外面发生的任何事情。

凡是孝明帝宠信的人，她都会想方设法除掉他们。

通直散骑常侍（皇帝的高级侍从）谷士恢和孝明帝关系很好，孝明帝想让他统领禁军，胡太后却要把他调到外地去，不识时务的谷士恢倚仗皇帝的宠信，投了反对票，胡太后马上罗织罪名把他杀了。

孝明帝还有个好朋友蜜多道人（笔者网上查了很久，也不知道这人的真名是什么），两个人经常在一起玩，胡太后派人暗杀了蜜多道人，然后再假惺惺地悬赏捉拿罪犯。

这样一来，明眼人都知道，谁受到孝明帝的宠信，谁就会遭遇不幸；谁跟皇帝做朋友，谁的脑袋就会没有。

于是大家都像避瘟神一样避开孝明帝。

有时实在避让不了，突然撞见孝明帝，大家也都老僧入定，眼观鼻，鼻观心，非礼勿言，非礼勿视。

孝明帝这个宅男非常郁闷：想想我也没有狐臭啊，怎么你们这些人一个个离我这么远？

他成了真正的孤家寡人。

没有权力，没有朋友，没有自由，除了一个皇帝的头衔，他什么都没有。

什么天子，天底下最可怜的儿子还差不多。

更重要的是这样无聊的日子跟无边落木、滚滚长江一样，一眼望不到头。

孝明帝感觉自己生活在水深火热之中。他想要推翻这一切，自己当家做主。

要自己当家做主，就需要一个大救星。

谁是他的大救星？

孝明帝只得开动他那不太好使的大脑——他的智商也就六十左右，勉强超过智障儿童的标准，这倒不是我诬陷他，因为史书上对他的评价就是"愚弱"。

想啊想，他想到了尔朱荣。

对，让兵强马壮的尔朱荣入京，把郑俨、徐纥等人抓起来，先坐老虎凳、灌辣椒水，再干掉。至于怎么弄死他们，喝水呛死，吃毒鼠强毒死，在马桶里淹死，在浴缸上吊死，别的不行，这个，我有的是创意，嘿嘿。

至于胡太后嘛，就饶她一命吧，毕竟连阿Q都知道，儿子不能打老子。

于是孝明帝秘密下诏给尔朱荣，要求他发兵京城。

其实，尔朱荣与元天穆、贺拔岳、高欢等亲信早就商量过，得出的结论是：有条件要发兵京城，没有条件创造条件也要发兵京城。

哥几个正在绞尽脑汁想着如何找借口，如何创造条件呢，居然意外得到孝明帝的诏书，就好像光棍想老婆，想得快发疯了，突然有个天仙美女主动投怀送抱一样，哪里还能把持住，真是心花怒放，心潮澎湃，欣喜若狂。

尔朱荣决定立即发兵。

他以高欢为先锋，率军向京城洛阳进发。

部队行到上党（今山西长治），忽然又接到孝明帝的密诏，要求尔朱荣停止进军。

尔朱荣正在犹豫，又传来了一个石破天惊的消息——孝明帝死了！

原来郑俨、徐纥眼看着孝明帝逐渐长大，脾气倔强，越来越不听话，竟然暗中与胡太后合谋，毒死了年仅十八岁的孝明帝元诩。

很显然胡太后毒死孝明帝并非心血来潮，而是蓄谋已久，因为在几个月前，孝明帝的宠妃潘充华生下女儿，胡太后就对外诈称是皇子。

孝明帝死的第二天，胡太后就立这位几个月大的皇女为帝，同时大赦天下。

大概是怕纸包不住火，毕竟宫里那么多人都知道孝明帝生的是女儿，而且找遍宫里的太医也没找着会做变性手术的，仅仅过了一天，胡太后又下诏说，经过大魏皇家医学院性别检测和染色体实验，最终确认潘充华所生的是女儿。临洮王元宝晖（孝文帝第三子元愉之子）的儿子元钊，是孝文帝的嫡系后代，宜登帝位。

随后她又匆匆忙忙地改立三岁的元钊为帝。

胡太后和郑俨、徐纥等一帮亲信实在是乱了方寸，把废立皇帝这样的大事做得如此随便。甚至连生的是皇子还是皇女都分不清，这不是侮辱天下人的智商吗？

拜托，有点技术含量行不行？

第五章　政治白痴的军事天才

尔朱荣得知这些情况后勃然大怒，马上向太后上书，要求率军入京清君侧。

随后他召开全军代表大会，发布檄文，义正词严：皇帝死得不明不白，国内外舆论认为孝明帝是被毒死的。太后先是以皇女为皇帝，上欺天地，下惑朝野；接着又立三岁的小儿为皇帝，目的是让奸竖专朝，隳乱纲纪，此何异于掩目捕雀，塞耳盗铃！如今天下大乱，盗贼蜂起，想用一个不会讲话的小孩儿来安定天下，不亦难乎！我尔朱荣，一心为国，将前往京城，查清皇帝死因，把郑俨、徐纥等人逮捕法办，在皇族中另选贤才做皇帝！

那到底该选谁做皇帝呢？

尔朱荣和元天穆等人商议，认定彭城王元勰的儿子元子攸根正苗红：他爸爸元勰是孝文帝的弟弟，也是公认的贤王，却被奸臣陷害而死，挣足了同情分，而且长得帅（女选民喜欢），还颇有名望（男选民也喜欢），是当之无愧的最佳人选。

主意已定，尔朱荣立刻派侄子尔朱天光和亲信奚毅秘密潜入京城，找到了元子攸。

当皇帝谁不想呢？二十一岁的小伙子元子攸毫不犹豫地答应了。

而尔朱荣此时却还有些拿不定主意。

怎么办？

问老天吧。

他命人给皇室中的每个主要成员铸铜像，结果只有元子攸的铜像铸成了。可见当时铸造技术不发达，现在这种占卜技术用不上了。不过让笔者不解的是，抛硬币不是更简单吗？

尔朱荣这才下定决心立元子攸为帝，随后下令全军出动，向洛阳进发。

尔朱荣的军队刚刚抵达黄河以北，元子攸就与他的哥哥元劭、弟弟元子正偷渡黄河，来到了尔朱荣的军中。

元子攸随即在军营中即皇帝位，史称孝庄帝。同时封其兄元劭为无上王，弟弟元子正为始平王，尔朱荣为侍中、都督中外诸军事、大将军、尚书令、领军将军，赐爵太原王。

接着尔朱荣挥军杀向洛阳。

此时的胡太后和她的北魏朝廷，缺兵少将，如同一个没牙的老人，如何能咬得动尔朱荣这颗坚硬的核桃？

养情人千日，用情人一时。

无人可用的胡太后只能硬着头皮请出她的老情人李神轨出任大都督，率军抵抗尔朱荣；郑季明、郑先护（另一个情人郑俨的堂兄弟）守卫河桥（当时黄河上的浮桥，位于今河南孟州市西南、孟津东北，是洛阳外围戍守要地），武卫将军费穆则被派去守卫小平津（今河南孟津东北，为古代黄河重要渡口）。

胡太后纵欲过度，导致肝肾受损，头昏眼花，视物不清。看看她任命的人选，不能不说她是有眼无珠！

郑先护是郑俨的堂兄弟不错，可他同时还是元子攸的发小；费穆曾跟随元渊征讨破六韩拔陵，是有丰富战争经验的老将，这也是事实，可他同时还是尔朱荣的多年老友！

四个主将里面居然有两个是敌方的卧底！

以前只听说自杀性袭击；看了胡太后的故事才知道，自杀性防守，更加历史悠久。

毫无意外，两个优秀的谍报人员、杰出的文物保护爱好者郑先护和费穆，为使古都洛阳不毁于战火，争先恐后地打开城门，迎接尔朱荣的军队。

尔朱荣不费一兵一卒，就攻下洛阳。

徐纥和郑俨两人早就准备好了退路。

不做护花使者，更不做护花死者。

听说洛阳失守，徐纥立即逃到兖州，郑俨则逃回了老家。后来，郑俨在老家被杀，算是被殉情；徐纥则联络了泰山郡太守羊侃一起投奔南梁，据说这个马屁高手在南梁混得还不错，他的传奇经历证明马屁学确实是一门实用的学问。

然而胡太后却没有逃，她另有妙计。

她把后宫嫔妃召集起来，全部削发为尼，自己也出了家，寄希望于佛祖的保佑。

可是，权倾天下的时候败家，穷途末路的时候拜佛，能行吗？

事实告诉我们，不行。

尔朱荣很快就派骑兵抓获了胡太后和三岁的小皇帝元钊。

胡太后求生欲望很强，苦苦求情。

她流着眼泪说，我现在只是个出家人。不是什么太后。以后绝不干政。

尔朱荣面无表情，一言不发。

她只得继续哀求：我佛慈悲，救人一命胜造七级浮屠。请将军饶命。

她一边哭得梨花带雨，一边偷偷用哀怜的眼神向尔朱荣放电——不过，因为剃了光头，没有长发飘飘做导体，放电效果大受影响。

尔朱荣是什么人？著名的铁石心肠，走的是硬汉路线，硬是一言不发。

胡太后觉得不说点实际的不行了：皇帝确实不是我毒死的，那都是不明真相的老百姓在捕风捉影啊。我真是跳进黄河也洗不清啊。

这下尔朱荣终于开口了：那就试试吧。

随后他拂袖而起，命人把胡太后及小皇帝沉入了混浊的黄河。

一代传奇艳后，同时也是北魏衰亡的第一"功臣"，就此香消玉殒。

可怜她的名字、她的年龄都没有流传下来，江湖上留下的，只有她的传说。

北方有佳人，绝世而独立。一顾倾人城，再顾倾人国。

胡太后，真正的倾国美女。

河阴之变

尔朱荣的时代开始了。

刚刚投靠尔朱荣的老将费穆立功心切，为他出了一个主意：老大啊，您此次入京的兵马人数并不多，而且您一直在边远地方任职，在朝廷中名望也并不算太高；洛阳的文武百官，大多是宗室贵族或者汉人豪门，势力强大，如果您不狠狠地杀掉一大批人，树立自己至高无上的威信，您要想长久把持朝政大权，我看，很难！

尔朱荣觉得很有道理。

他出生在秀容川，虽然家中属于世袭贵族，但毕竟从事的是农牧业，属于货真价实的乡下人。到了洛阳这个大都市，他就好像刘姥姥进大观园，或者秦俑穿越到现代一样，被这些开口闭口"之乎者也"的洛阳知识分子官僚看作土鳖一个。

尔朱荣喜欢讲实事，这帮人喜欢聊理念。

尔朱荣说话喜欢直来直去，这帮人说话喜欢模棱两可，开口闭口"大概或者也许是，恐怕仿佛不见得"。

尔朱荣感觉和这群达官贵族没有任何共同语言，早就看这些人不顺眼了。

两人商量出了一个史上最狠的解决方案，没有之一：在文武百官迎接新皇帝时，全部杀掉，不留一个活口。

慕容绍宗听说这个计划后，大为震惊，赶紧劝阻尔朱荣：太后荒淫无道，奸佞小人专权，你才兴义兵匡扶朝政。现在如果不分忠奸，把大臣全部杀掉，一定会让天下人大失所望。咱们还是要团结大多数啊。

然而，尔朱荣主意已定，反对无效：这帮王八蛋大臣，如果隔一个杀一个，肯定有漏网的。所以我的口号是，宁可错杀一千，也不放过一个。不狠狠进行诛杀，他们还以为我是软弱可欺的大傻瓜！

于是，尔朱荣号称要祭天，先把孝庄帝请到了河阴的陶渚（今河南孟津东），随后又把文武百官引领到皇帝行宫的西北。

时间定格在公元528年的农历四月。

此时正值春夏之交，是一年中最好的季节，不由得令人想起民国才女林徽因的诗：你是一树一树的花开，是燕在梁间呢喃，你是人间的四月天。

这一天，阳光不强不弱，温度不高不低，春风不疾不徐……

一切的一切，都刚刚好。

官员们的心情显然也不错，一个个都低着头绞尽脑汁，想着如何拍新皇帝的马屁。

猛一抬头却大吃一惊：天哪！自己居然被荷枪实弹的契胡骑兵包围了。

他们的脑子顿时一片空白，还没来得及问候尔朱荣的八辈祖宗，就听见了尔朱荣的厉声指责：你们这些人身为朝廷重臣，不能匡扶社稷，造成天下丧乱，其罪当诛！

一声令下，黄河以南的这片空地立马成了屠宰场。

哭声，喊声，刀枪声，声声凄厉；亲王，贵族，权贵，人人惨毙。

血流成河，尸横遍野。

丞相高阳王元雍（全国首富）、司空元钦、仪同三司义阳王元略以及胡太后的情夫李神轨等两千多名王公大臣，全部被杀，没有受伤送医院的，更没有幸存者，所有死者情绪稳定。

有一百多位官员很幸运地迟到了，尔朱荣又派骑兵包围了他们，对他们说：愿意帮我写一篇禅位文告的人，可以免死！

侍御史赵元则反应够快，第一个响应。

尔朱荣便让他起草禅让文告。

随后，尔朱荣又命令士兵大声呼喊：元氏既灭，尔朱氏兴！

接着，几十名士兵冲入孝庄帝行宫，先抱住了孝庄帝，然后又当着孝庄帝的面，杀死了他的两个兄弟无上王元劭和始平王元子正。

初掌政权的尔朱荣就此犯下了无法弥补的大错！

尔朱荣忘了，杀人可以立威，杀人也可以结仇。

这两千多人都是权倾天下的世家大族，党羽门生遍布全国，亲戚故旧盘根错节，屠杀事件后，不知有多少人对尔朱荣恨之入骨。

这次屠杀也使得尔朱荣成了洛阳豪门心中的恶魔，从此，他再也无法得到他们的支持。

这次大屠杀，史称"河阴之变"，其诛杀范围之广，手段之残忍，堪称"一直被模仿，从未被超越"。

尔朱荣一不小心制造了中国历史上屠杀大臣的最高纪录，后来唐朝末年的坏小子朱温也曾一次性屠杀朝臣三十余人，史称"白马之祸"。但与一次性屠杀两千余名大臣的"河阴之变"相比，简直可以说是天使般的仁慈。

这短短的几分钟让孝庄帝从天堂到了地狱。

这个二十一岁血气方刚的小伙子，亲眼看着文武百官像猪狗一样被屠杀，这里面有很多他的亲戚长辈；尤其是亲眼看着自己的亲兄弟惨死在自己面前，他却无能为力，只能一遍遍无奈地感叹：当傀儡皇帝的孩子啊你伤不起，不幸罹难的兄弟们啊真对不起……

那种感觉真是让人痛不欲生。

难道这就是至高无上的皇帝？有这样窝囊的皇帝吗？

怪只怪自己太傻太天真，居然把尔朱荣当成了栋梁臣！

本以为是天上掉馅饼，没想到掉下来的是铁饼！

心高气傲的孝庄帝哪里受得了这样的奇耻大辱，马上决定辞职，便派人给尔朱荣传话：这皇帝是你逼我干的，我不是受虐狂，不喜欢这种被虐的感觉，我不干了！你自己做皇帝吧。如果你实在不想，那麻烦你在元氏宗族里面另找贤明！

尔朱荣本来就想当皇帝，否则他也不会在"河阴之变"时让士兵大叫：尔朱氏兴！

现在看到孝庄帝这小伙子挺识相，愿意让位给自己，当然是欣喜若狂！

他赶紧召集一班亲信下属，开会讨论此事。

高欢的脑子转得飞快，如果尔朱荣称帝成功，那么自己是劝进的第一人，厥功至伟；如果尔朱荣失败，则自己正好浑水摸鱼，出头的机会就来了。

既然两头不吃亏，那就赶紧下注吧。

于是高欢首先发言劝进，意思是老大你英明神武，洪福齐天，鸟生鱼汤（引用韦小宝的名言），和刘邦比，你出身更高贵；和刘备比，你不爱哭；和曹操比，你爷爷不是太监。总之你实在是太优秀了。如果你不当皇帝，不光老天不会答应，就是兄弟们也不答应啊。

高欢的演技很好，入戏很深，说得声泪俱下，尔朱荣听得芳心大悦，左右的一帮马屁精则齐声附和。

然而，贺拔岳对此却有不同意见：老大，饭要一口一口吃，当皇帝要一步一步来，咱们中国人历来比较含蓄，不像后世的某些西方人，直接就声嘶力竭地喊，选俺当总统吧，俺更干更爽更安心。按照咱们老祖宗的规矩，必须要先做丞相，再加九锡，然后皇帝自愿禅位，你还得至少谦让三次。老大你现在刚进洛阳，就这么猴急地想当皇帝，恐怕难以服众，甚至会招来灾祸。

这话听起来好像也蛮有道理，尔朱荣又开始犹豫不决了。

怎么办？

还是老办法——铸像算命法。不过，这回他用的是黄金。

然而，结果是令人失望的——连续铸了四次，竟然一次都没有成功。

尔朱荣还是不死心，只好求助于著名算命先生——功曹参军刘灵助。

刘灵助人称刘半仙，是算命界的奇才，如果史书记载没错的话，他算命的准确率是百分之百，算命对他来说，就像做十以内的加减法一样简单。

刘灵助也认为天时和人事都不支持尔朱荣当皇帝，还说，只有长乐王元子攸符合天意。

这下尔朱荣彻底泄气了，感到精神恍惚，跟吃了迷幻药一样，全是幻觉，走路都飘起来了——封建迷信害死人哪。

他迷迷糊糊地对左右部下们说，我做错了这么多事，实在是对不起皇帝啊。

趁尔朱荣还处在半梦半醒之间，贺拔岳抓住机会，赶紧进言：老大，这些错事就是源于高欢这个黑嘴，这小子用心非常坏，说是为你考虑，其实是给你下套。老大你就是受了这黑嘴的蛊惑，才犯下这样的错误。现在的局面，总要有人负责。请您杀高欢以谢天下！

贺拔岳说得义正词严，仿佛满腔正气。

其实他是有自己的目的的，作为武川帮的领袖，他手下有寇洛、赵贵、李虎（唐高祖李渊的祖父）等一批马仔，对以高欢为首，侯景、刘贵、窦泰等为骨干的怀朔帮，早就心怀不满，现在正好可以借这个机会，除掉怀朔帮的老大高欢，以绝后患。

不过高欢善于交友，人缘还是很不错的。

关键时刻，有一大帮人为他求情，意思是高欢虽然犯了错误，但忠心可鉴。希望饶其不死，以观后效。

最终，高欢得了一个"留军察看"的处分，总算是涉险过关。

高欢与贺拔岳的第一次较量以贺拔岳大获全胜、高欢灰头土脸而告终。

不过，平心而论，贺拔岳的胜利来得似乎也有些侥幸。如果尔朱荣不那么迷信，或者半仙刘灵助支持尔朱荣称帝的话，贺拔岳恐怕就要吃不了兜着走了。

从此之后，高欢和贺拔岳结下了永远也解不开的深仇大恨。

再看尔朱荣。

经过反复的思想斗争，最终的结果是迷信战胜了野心，尔朱荣彻底打消了做皇帝的念头。

既然上苍选择了元子攸，那就相当于买房付了首期，炒股遇见ST，除了被深度套牢，除了认命，又能怎么办呢？

于是，尔朱荣又跑到孝庄帝那里磕头请罪，并亲自护送他进入洛阳城。

尔朱荣此举，在政治上确实极不成熟。

他杀了这么多王公大臣，连孝庄帝的亲兄弟都杀了，甚至连"元氏既灭，尔朱氏兴"这样自绝于朝廷的极其反动的口号都喊出来了，其狼子野心，怕是比司马昭之心更路人皆知了吧，现在又重新拥立孝庄帝，说自己想做忠臣，谁信？

婊子当了这么久，现在才想到立牌坊？

对不起，太迟了！

宁可相信一条毛毛虫，也不相信你尔朱荣！

搞政治斗争，要么不做，要么做绝。必须一条道走到黑，不撞南墙不回头，撞了南墙还是不回头！

这就好比过马路，看到有辆车开过来，要么快速过去，要么耐心等待，如果走到马路中间突然又往回退，这是最危险的，也是最愚蠢的。

尔朱荣就干了这样一件危险的蠢事。

家破人亡的孝庄帝终于在导致他家破人亡的仇人尔朱荣的拥戴下正式登基——登上太极殿，大赦天下，改年号为建义。

可是洛阳城内却依然人心惶惶，文武百官大多被杀，少数侥幸逃过一死的也不敢出来。

甚至还有一批王公大臣，像临淮王元彧（不久又回到北魏）、汝南王元悦、北海王元颢等人干脆叛变投敌，逃到北魏的敌国南方的梁朝去了，申请政治避难。

为了安定人心，孝庄帝下旨追封在河阴被杀的所有官员，文官加两级，武官加一级，并且让其子孙袭爵。

随后他又加封了一大批官员。两条腿的猫咪不好找，两条腿的官迷有的是，谁让那个时候中国人的两大理想就是"升官、发财"呢（升官排第一位）。

孝庄帝像假证贩子一样不停盖章，盖章盖到手抽筋，总算批量生产了一大批从平民到高官的暴发户。

乘此春风，尔朱荣的亲密战友元天穆也被封为太尉，上党王。

然而经历这一事件后，尔朱荣的心里还是有些不安，便特意到宫中向孝庄帝请罪。

孝庄帝可不是前任皇帝元诩那样的傻小子，这家伙聪明着呢，便拍着胸脯说，大将军，我对你是绝对信任的。来，喝酒。五十年陈酿，好酒。

孝庄帝不停地敬酒，不停地灌迷魂汤，不停地说黄段子，把尔朱荣给乐的，一高兴，喝得烂醉，沉睡如泥（敬酒是门大学问啊，估计孝庄帝在现代的官场也吃得开）。

看见仇人尔朱荣不省人事，孝庄帝的冲动指数一下子超过了理智指数，憋在肚子里的一团火立马从喉咙喷射而出：小的们，给我把尔朱荣剁了，我要拆了他的骨头熬汤喝，顺便再看看他有没有骨质增生。

左右随从们苦苦相劝，小不忍则乱大谋，孝庄帝这才勉强忍住没有动手。

尔朱荣醒来后，也惊出了一身冷汗：今天犯了大错误，差点走上不归路。好险，以后我就是喝洗脚水，也绝不能喝孝庄帝的好酒。切记切记！

据说他从此再也不敢在皇宫里过夜了，至于有没有从此戒酒，笔者就不知道了。

尔朱荣的女儿曾经是前任皇帝元诩的妃子,好像不是太得宠。为了更好地控制皇帝,尔朱荣决定让她下岗再就业,再立新功,梅开二度,嫁给孝庄帝,身兼皇后和间谍两大职务。

孝庄帝心里一万个不乐意,本打算推掉这门亲事,说这是乱伦,因为元诩在辈分上是她的堂侄。

可是左右大臣们都极力劝谏,他也只好答应下来。

而尔朱荣因为在河阴杀人太多,住在洛阳总觉得有点不安心。

想来想去,他决定回自己的老巢晋阳(今山西太原)。

临走之前,他把自己最信任的把兄弟元天穆任命为侍中、录尚书事、京畿大都督兼领军将军,留在洛阳,把持朝政。

按照咱们中国人的惯例,孝庄帝当然要坚决挽留尔朱荣,尔朱荣当然也按照惯例坚决不肯答应。当然按照惯例,最后孝庄帝还是同意了尔朱荣的要求,并加封他为柱国大将军。

尔朱荣终于离开了洛阳,孝庄帝也松了一口气。

前段时间天天与仇人在一起,他实在是压力山大。一方面心里恨之入骨,另一方面嘴里还得甜得发酥。要不是每天喝镇静药,非得被整成精神分裂不可。

现在他最大的愿望是能过上一段太平的日子。

然而北中国的广袤大地上,此时并不太平。

一战平葛荣

先是邢杲(gǎo)率河北汉族流民十几万户,在青州北海郡(今山东潍坊昌乐)起兵造反,自称汉王,改年号为天统。

接着葛荣又率军包围了邺城(今河北临漳西南),邺城是相州的州治所在地,也是当时北魏帝国著名的大城市,因此天下震动,百姓惊恐。

尔朱荣上表要求率军讨伐葛荣。

孝庄帝当即同意。

你们两荣相争,必有一伤。我来个坐山观"荣"斗。最好你们两荣都光荣牺牲,到时我再派人收拾残局,岂不妙哉?

尔朱荣决定让侄子尔朱天光留守自己的根据地晋阳,自己则亲率七千名精锐骑兵出征。这七千人都是精锐中的精锐,大致类似当今美国击毙拉登的海豹突击队。

此时的葛荣军人数众多，号称百万（估计至少有三十万人），而且在河北一带连战连胜，非常狂傲，听说尔朱荣军队才七千人，不免喜形于色，以为自己必胜。

大战之前，按照惯例要开动员会，葛荣出席并讲话：论兵力，我们有三十万之众，尔朱荣才七千；论资历，我葛荣曾灭掉过元渊、杜洛周、源子邕等名将，尔朱荣只不过击败了几个无名之辈。咱们人多力量大，一人放一个屁都能把他们熏死，尔朱荣必败无疑。大家等着瞧吧，姓尔朱的这小子要想赢我，相当于聋人听到哑者说盲人看到鬼——绝对不可能！

说完，葛荣忍不住自我仰视十秒。

前段时间不断的胜利让他的自我感觉非常好，他觉得，击败尔朱荣，推翻大魏朝，名垂青史，指日可待！

随后，他命令自己的部队在邺城以北，列阵数十里，摆成一个簸箕的形状（或者说饺子的形状，就想把尔朱荣给包了饺子吃掉），迎击尔朱荣。

摆这么长一个阵形，其实也是不得已而为之，因为太行山一共有八个出口（所谓太行八陉），谁知道尔朱荣会从哪个山谷冲出来？毕竟那时也没有飞机做空中侦察啊。

一直顺风顺水的葛荣实在是太轻敌了，兵力这么分散，态度这么傲慢。

要知道，以十分的准备迎接三分的工作并非浪费，而以三分的准备面对十分的工作，却注定会带来不可逆转的恶果。

再看他的对手尔朱荣。

尔朱荣搞政治的水平不怎么样，但他在军事上真是有天赋，那灵感就像水龙头一样，拧开就源源不绝。

先做思想政治工作，他说：老大我昨晚上出去散步，看见一件怪事。

大伙都很惊奇：什么怪事？

尔朱荣笑着说，路人甲要夺路人乙手里的一把刀。路人乙不肯，对甲说：我是大名鼎鼎的葛荣。

大伙都瞪大眼睛：老大你没吃错药吧。葛荣？怎么可能？

尔朱荣却一本正经：路人甲却道，我是道武帝拓跋珪（北魏开国皇帝，北魏人民心中永远的偶像），你小子敢不给？路人乙葛荣只好乖乖把刀送上，然后那路人甲把刀授给我尔朱荣。

大伙眼睛瞪得更大了：原来真有穿越这回事啊。

脑子短路了两分钟，才恢复正常供电。

再问：后来呢？

尔朱荣：后来就被尿给憋醒了。

居然是一个梦。

尔朱荣正色道：道武帝托梦给我，我军必胜葛荣，这是天意。

究竟有没有做这个梦，做的到底是什么梦。没人知道，也没法调查，因为所有证据、证人都在尔朱荣脑子里。

但效果是相当的好，古人都迷信，所以士气大振。

思想政治工作做好了，接下来要看具体措施了。

尔朱荣先派高欢潜入敌军中做策反工作。因为高欢不仅出身于六镇，还曾在葛荣手下干过一段时间，在那边认识不少人，而且胆大心细、善于交际。

高欢这个客串的卧底果然不辱使命，不动声色就策反了葛荣手下七个王爷和一万多人前来投降。

随后，尔朱荣命令把部队分成几百人一队，让他们故意在山谷中扬起沙尘暴，不断大声呐喊和敲锣打鼓，使葛荣军摸不清自己有多少人马。不过这个主意属于水平有限公司的产品，《三国演义》里就曾多次出现过这种场面。

而尔朱荣的下一个命令就让人摸不着头脑了。

他要求：和葛荣军作战，大家都不准用刀，只准用棍棒击打。

大伙心里想：老大你脑袋被门夹扁又被驴踢了吧？用刀或者用枪的话不是更致命吗？棍棒，好像不太容易打死人，只听说打架时用棍，没听说打仗时用的。

尔朱荣继续：我记得有首歌里面是这么唱的，枪挑一条线，棍扫一大片。这就说明，用棍棒和用刀枪相比，虽然不够致命，但杀伤范围更大，威慑力也更大。葛荣的军队人数虽多，但军纪不严，他这属于典型的粗放型经济，只求量，不求质。因此用棍棒大范围地驱散他们，更能瓦解葛荣军的斗志，然后我们集中兵力，擒贼先擒王，直取葛荣的中军。

大伙：老大，你可真有创意。——嘴巴上是这么说，不过，心里还是很慌张。

尔朱荣：葛荣死，棒威，不走寻常路。

后来的事实证明，这是关键的一招。

记得某部黑帮片里，有个黑社会的头目在群殴的时候也爱用棍，是那种可以伸缩的甩棍，威慑力很大而且还不算凶器，由此推算，尔朱荣可能也是个打群架的老手。

部署完毕，尔朱荣以侯景为前锋，快速向东进军，经太行山著名关口——滏（fǔ）口（太行八陉之一，今河北邯郸峰峰矿区），直逼葛荣的主力。

侯景从正面发起攻击，他自己则率军绕过葛荣军从后面突袭，与侯景军形成前后夹击之势。

尔朱荣一马当先，带头冲锋：组织上考验我们的时候到啦，跟我上！

在他的带领下，契胡骑兵像闪电一样冲入葛荣军，大棍乱飞，很快就把敌军的阵形彻底冲乱了。

葛荣的士兵真是窝火啊，头上挨了一棍，眼前先是一黑，随后是一片五光十色的万花筒；接着腰又被打得直不起来，好不容易才缓过气，想还手，这帮契胡骑兵又玩失踪了，葛荣的部队大多是步兵，哪里赶得上这些骑马的！

一时间葛荣军基本上被打蒙了。

葛荣坐镇中军，正在纳闷儿，尔朱荣究竟带来了多少人哪？怎么像潮水一样呼啸而来？这帮人打仗怎么拿棍棒不拿刀，跟打群架一样的？有这么玩的吗？

然而，还没等他想明白，突然看到敌军已经冲到自己面前了，葛荣的脑袋先是一片空白，随后就显示出一行字：游戏结束！

乱棍打死老师傅，身经百战的葛荣竟然一战被擒！

尔朱荣大获全胜。

乱世孤儿

几十万名被打蒙的六镇流民向尔朱荣投降。

如何处置这些降兵？

这些六镇流民人数众多，聚集在一起，说不准哪天又反了。反正又不是第一次，这帮人，别的工作经验不丰富，造反倒是轻车熟路。不过我觉得，好像投降也是轻车熟路啊。

尔朱荣很轻松地解决了这个难题。

他颁下大赦令：你们觉得哪个地方好，就到哪里去，老大我给你们开

第五章　政治白痴的军事天才

介绍信，免费安排工作。

降兵们听了自然很开心。

他们有的说要去农村落户，回归自然，远离闹市喧嚣，享受田园风光；有的说要去京城，坐拥城市繁华，紧邻中央商务区；有的说要去沿海地区，面朝大海，春暖花开，诗意地栖居。

身未动，心已远。

大家呼朋唤友，结伴而行。一天之内，就四散而尽。

没想到，走出了一两百里，到了各个检查站，他们就纷纷被截下来了。

停，检查身份证。

什么？

你有太原王尔朱荣的介绍信？

好，等的就是你，听我安排。

就这样，几十万降兵被分散到了东西南北各地，再妥善安排，没有引起任何恐慌，没有造成任何大规模群体事件。

随后尔朱荣又派人在降兵中进行考核，量才录用，从中提拔了一大批人安排到自己的军队中。

这些降兵中就有二十二岁的宇文泰和他哥哥宇文洛生。

宇文泰是个苦命的孩子。

这几年来，宇文泰和他的家人全都成了流民，颠沛流离，居无定所。

日子过得真是苦，水深火热，祸不单行，苦大仇深，家破人亡，暗无天日，惨无人道，黑暗的旧社会，反正怎么形容都不为过。

要比谁惨，什么白毛女、三毛、祥林嫂，恐怕都不是宇文泰的对手。

以后如果你觉得日子过得不如意，就想想年轻时的宇文泰吧。

宇文泰怎么到了葛荣那里的呢？

说来话长。

话说当年宇文肱和贺拔度拔等人在联手干掉卫可孤，占领武川镇后，没过多久他们就被敕勒人击败了，贺拔度拔战死沙场，宇文肱则带着三个儿子宇文连、宇文洛生、宇文泰一起流落到河北。

不久，一家人被生活所迫，无奈参加了鲜于修礼的叛军。

没办法，他爱大魏国，可是大魏国不爱他啊。生存的压力让宇文一家的政治立场来了个180度的大转弯，从攻击叛军的急先锋变成了叛军的急先锋。

55

之后不久，宇文肱和次子宇文连就在一场战事中不幸阵亡，而宇文泰和宇文洛生兄弟两人在鲜于修礼死后则留在葛荣军中为将。

两人觉得葛荣难成大器，正准备出走，可是他们的运气真是差，老是踩不准时代的节奏，还没来得及走就当了尔朱荣的俘虏。

宇文洛生这人在六镇流民中名气很大，而且他性格张扬，锋芒毕露，处事比较高调。如果生活在现代，估计是那种吃碗炸酱面都要左刀右叉配干红鱼子酱的人。

尔朱荣对他非常忌恨，就随便找了个借口把他杀了。

斩草要除根，尔朱荣还想杀掉宇文泰。

穷人的孩子早当家，苦命的孩子早成熟。

宇文泰不慌不忙地向尔朱荣陈述冤情，凭借他出众的口才，竟然把尔朱荣这个铁石心肠的人变成了爱哭的刘备，被感动得热泪盈眶，最后不但没杀宇文泰，还任命他为统军。

由于宇文家和贺拔家是世交，不久贺拔岳就把宇文泰纳入了自己的麾下，为人低调、做事高效的宇文泰深受贺拔岳的器重，很快就成了贺拔岳的心腹爱将。

经过一连串风雨的洗礼，年轻的宇文泰逐渐成熟了，他目睹了父兄一个个惨死，当年父子五人的大家庭，现在只剩下了他这一棵独苗。

面对残酷的现实，他只能忍耐，只能等待，但他会做好充分的准备，一旦机遇降临，他就会像猛虎捕食一样狠狠地扑上去。

隐忍不发装孙子，仿佛刘秀；坚持不懈等时机，有如司马懿；坚决果断出手狠，好像朱元璋。

忍、等、狠，这就是宇文泰。

他要等多久，才会有出头的机会？

没人知道。

但他会等。

不过，宇文泰的时代还远没有到来，现在中原大地上风头正劲的是尔朱荣。

他以区区七千人，一战而擒坐拥百万之众的葛荣，而且对于降兵处置得宜，这神话般的战绩让他威名远扬，声望如日中天！

第五章　政治白痴的军事天才

而这一切显然超出了孝庄帝的心理预期。

他大失所望，葛荣啊葛荣，你真是个饭桶，看上去牛哄哄，没想到只会起哄；看上去张牙舞爪如猛虎，没想到是外强中干的纸老虎。

怀着恨铁不成钢的心情，他赶紧把送到京城的葛荣斩首，同时慌忙给尔朱荣加官晋爵，加封他为大丞相、都督河北畿外诸军事。

虽然此时还有山东的邢杲、西北的万俟丑奴没有平定，但尔朱荣觉得这些对手都不够分量，不值得自己亲自出马。

他开开心心地回到晋阳打猎去了，劳逸结合嘛。

不过，他也过不了几天太平日子。

因为，就在尔朱荣击败葛荣后不久，有一路人马从南梁帝国首都建康（今江苏南京）出发了。

第六章　陈庆之，不世名将还是网络泡沫

白袍将军陈庆之

为首的是北魏的北海王元颢。

说起来，元颢是孝庄帝元子攸的堂兄弟——他的父亲元详和元子攸的父亲元勰都是孝文帝元宏的亲弟弟。

元颢袭父爵为北海王，曾被胡太后任命为相州刺史以抵抗葛荣。

走到半途，还没来得及上任，就听说尔朱荣进入洛阳，尽屠朝中的文武百官，他的很多亲戚朋友都被杀掉了，这个消息让他胆战心惊；而葛荣军力旺盛，早晚会攻击相州，去邺城上任也很危险。

洛阳是虎穴，邺城是狼窝，显然都去不得。

去哪里呢？他进退两难。

考虑再三，他决定叛变投敌，投奔敌国——南梁。

元颢是个有野心的人，他在梁武帝面前涕泣陈情，请求立自己为魏主，并愿意向梁朝称臣，希望能帮助自己杀回北方。

据笔者估计，他应该会提出一些优惠条件，反正是空头支票，而且崽卖爷田不心疼。比如愿意和梁朝签订不平等条约，割让点土地什么的，至于具体地点嘛，想要哪里点哪里，so easy（太简单了）！

梁武帝萧衍颇有些心动，但他还是犹豫不决。

他很清楚北魏帝国的实力。自己和北魏交战多年，一直没有占到什么便宜，即使在北魏国内大乱的这几年也不例外。

六十五岁的老皇帝如今一心吃斋念佛，年轻时的万丈雄心几乎丧失殆尽。就算有，也就和牛肉面里的牛肉一样，要仔细找才能找到那么一丁点。

梁武帝考虑了好几个月。

第六章 陈庆之,不世名将还是网络泡沫

最后他想清楚了,这是次赌博,虽然赢的可能性不大,但值得一赌。

赌赢了,那自己就可以一步登天。即使赌输了,也能让混乱的北魏乱上添乱,堵上添堵。你北魏水不是很浑吗?我再把它搅得更浑,然后我再来个浑水摸鱼。

既然你元颢这么强烈地要求,那么我就下点赌注,试试看吧。

他命令直阁将军陈庆之率军七千,护送元颢北上。

七千人?

这个赌注下得也太小了吧。

没办法,梁武帝到底年纪大了,不爱冒风险。

他只记得一句话:小赌怡情,大赌伤身。

那么,这支部队的主帅陈庆之又是何许人也?

陈庆之,字子云,义兴国山人(今江苏宜兴西南部,这里是江苏少有的山区,如今的招牌是溶洞和竹海)。

陈庆之的前半生非常普通,一点没有名将的影子。

他不仅出身寒门,还是个下人——按照清朝的说法叫奴才。

据说他从小就做了萧衍的书童——那时萧衍还没当上皇帝,萧衍特别爱下围棋,瘾头来的时候经常要下个通宵,别的随从都睡觉了,只有陈庆之特别敬业,即使是半夜三更,也是呼之即来,来之能战。因此,萧衍非常喜欢他。

等到萧衍称帝后,当然是一人得道,鸡犬升天,作为萧衍的贴身随从兼棋友,陈庆之被任命为主书(主管文书的官员),不过他显然不太喜欢这份工作,他更想要的是带兵出征。

但当时梁朝军队里人才济济,拥有韦睿、曹景宗、裴邃等名将,而陈庆之既不是将门世家,又没有任何相关工作经验,要当上将军谈何容易?

最大的难题是他出身寒门。

那个时代特别注重拼爹,而且不光拼爹,还要拼爷爷,拼外公,拼祖宗十八代,尤其梁武帝这个人门第观念特别重,那种所谓"龙生龙,凤生凤,老鼠生儿会打洞"的思想根深蒂固。

你一个寒门下人出身,下下棋、管管文书已经是你所能享受的最高待遇标准了,怎么可能让你带兵?

更何况,陈庆之天生文弱,手无缚鸡之力,史称其"射不穿札,马非所便",

59

说他射箭连小木片都射不穿，力气只比林黛玉稍微大一点；如果他是学生的话，铅球肯定不及格；骑马也不太会，估计他也就是勉强能上路。

像这样的人想做将军，那就相当于让迈克尔·杰克逊去打拳击，让拳王阿里去研究量子物理，连我都觉得不可行。

估计梁武帝也觉得这太不靠谱，所以陈庆之这哥们儿在年轻时都没上过战场，只能在心里满怀着"天生我材没有用"的惆怅。

当然他的日子过得还是挺小资的，用时下流行的话说叫小清新，风花雪月，风平浪静，每天抄抄文书看看书，听听音乐下下棋。

但陈庆之不喜欢小清新，偏爱重口味——他就是喜欢血肉横飞的战场。

他对自己的军事天赋有足够的信心，无论如何，他一定要试一试。

他相信自己是一只雄鹰，只是现在被关在笼子里，但总有一天，他一定会飞上蓝天，在波澜壮阔的战场上大放异彩！

机遇就和艳遇一样，总是在不经意中到来。

公元525年，北魏徐州（今江苏徐州）刺史元法僧投降南梁，梁武帝任命陈庆之为武威将军，与胡龙牙、成景俊等人率军前去迎接。

陈庆之终于过了一回带兵的瘾，然而这次没打成仗，纯粹只能算是战场一日游。不过，我估计梁武帝也是看着这次没仗打，才让陈庆之当个临时工，打打酱油过把瘾就算了。

这一年，陈庆之已经四十二岁了。

有了这么一次经历以后，陈庆之好像对带兵打仗更加上瘾了。

孔子说，吾未见好德如好色者也。

梁武帝说，除了陈庆之，吾未见好战如好色者也。

后来，梁武帝实在受不了陈庆之的软磨硬泡，只好再给他一个任务，派他率军两千，护送自己的次子萧综去徐州上任。

本以为这次应该也是公费旅游，没什么风险。

不料，此次北魏竟然派安丰王元延明、临淮王元彧率军两万前来救援徐州，元延明派别将丘大千构筑营垒阻挡梁军。

陈庆之非常兴奋。等了几十年，好不容易等到这样一个展现自己军事才能的机会，好像叫花子突然看见山珍海味，那叫一个垂涎三尺。

在陈庆之的字典里，"怕"这个字是不存在的。

不按常理出牌就是他的标志。

他出人意料地突然发起攻击,杀得魏军措手不及,居然旗开得胜。

此时的陈庆之信心十足,眼下形势大好,了却君王天下事,赢得生前身后名,建功立业,一战成名就在今朝!

他以为自己找到了通往名将之门的钥匙,然而他万万没想到的是:锁竟然被换掉了。

因为千年一遇的、超出所有好莱坞编剧甚至所有地球人想象力的怪事发生了。

主帅,也就是梁武帝的活宝儿子萧综,这小子吃饱了撑的,喜欢光屁股穿毛裤——找刺激,他竟然认为自己疑似是南齐末代皇帝萧宝卷的儿子,注意,仅仅是疑似!

在两军相持的关键时刻,萧综竟然毫无预兆地突然叛变,投奔北魏!

主帅而且是皇子,居然临阵投敌!

这个情节实在是太狗血、太刺激、太出乎意料了!

梁军当即被这个爆炸性的消息所秒杀,一片混乱,全军溃散。只有陈庆之的部队治军严明,纹丝不乱,从容退军。

虽然此次任务失败,但这和地震、火山爆发一样属于不可抗力因素。

是金子,总会发光的,梁武帝终于看到了陈庆之的军事才华。

当然,一个寒门庶族,做主帅是不行的。

公元527年,陈庆之作为偏将随曹仲宗、韦放等人率军攻击涡阳(今安徽涡阳),曹仲宗等人看到敌军势大,畏惧不前,想要撤军。

浑身是胆的陈庆之却率军主动出击,趁夜偷袭敌军,大获全胜,连破魏军四座营垒,魏军大败,梁军遂攻下了涡阳。

此战,陈庆之作为偏将竟然立下了头功!

涡阳之战以后,梁武帝十分兴奋,特别下诏书嘉奖陈庆之:本非将种,又非豪家,觖望风云,以至于此。开硃门而待宾,扬声名于竹帛,岂非大丈夫哉!

然而,仅由"本非将种,又非豪家"这一句,就可以看出梁武帝是有多么注重门第出身,像涡阳之战的主将曹仲宗是名将曹景宗之弟,韦放则是名将韦睿之子,总之,他的用人宗旨是:不看才能,不看本人,只看出身!

可见,陈庆之或者其他的寒门子弟又有多么难以出头!

千军万马避白袍

此次护送元颢北上，也是陈庆之第一次担任主帅。

公元528年农历十月，时值深秋，元颢、陈庆之正式率军出发，首战就攻克铚（zhì）城（今安徽淮北濉溪临涣）。

随后他驻军于此。

陈庆之此刻十分纠结。

一方面，人到中年，好不容易才有了做主将的机会，建功立业的心情比谁都迫切，就像积蓄了几十年上游来水的水库，突然开闸放水一样势不可当；另一方面，自己的部队兵力实在太少，区区七千人，怎么可能打到洛阳，把元颢这个北魏人民痛恨的叛徒送到洛阳当皇帝呢？

要知道，上一次南方军队进入洛阳城，还要追溯到一百多年前的刘裕北伐，但那时刘裕可是权倾天下，有举国之力支持！

自己的兵力和他比起来，相当于六袋苹果和苹果六代的区别，实在是太寒酸了，让人唏嘘不已。

更何况，在整个南北朝时期，北方的实力一直大于南方。

虽然近几年北魏内乱不已，但瘦死的骆驼比马大，北魏的军力仍然不容小觑。远的不说，就说现在吧，梁军曹义宗部围攻北魏的荆州城（今河南邓州），整整三年都没有攻下。

陈庆之的内心既充满激情，也充满理智。

他是个勇士，但他不想做烈士。

他没有盲目行动，而是在铚城操练兵马，静待时机，同时大力加强精神文明建设，做部队的思想政治工作。

陈庆之是一流的激励大师，他的演讲极有煽动性，每次都能让麾下的将士们听得热血沸腾。

笔者估计这也许有点类似前几年风行一时的成功学讲座，越听越感动，越听越激动，越听越冲动。不过这对于增强信心、鼓舞斗志、调整心态确实有很好的效果。

此后几个月，陈庆之一直驻军于铚城，作出随时准备进犯北魏的姿态。

北魏政府当然不会对陈庆之置之不理。

公元529年四月，北魏朝廷在洛阳召开中央军事工作会议，讨论如何对付元颢和山东邢杲的问题。

多数人认为（只有一人投反对票），元颢力量微弱，不值一提；当务之急是山东的邢杲，这小子动静闹得蛮大的，据说有十几万人。

全会就此通过决议，任命上党王元天穆为总司令，费穆为先锋，率魏军主力直趋山东，攻打邢杲，随后在回军时顺手干掉叛徒元颢。

当然，元颢也不能不防。

孝庄帝任命济阴王元晖业率部将丘大千等人驻军梁国（今河南商丘），防守元颢。

应该说用常人的眼光来看，北魏政府的这一步棋，完全没有问题。

但陈庆之不是一个常人。

他看到了机会，既是等待已久的机会，也是稍纵即逝的机会。

就像躲在草丛里耐心观察的狮子，终于看到了猎物的破绽。

他要像狮子一样，以雷霆万钧之势，一跃而起，一击致命！

此时正是春暖花开、万物复苏的季节。

蛰伏了整整一个冬季的麦子开始茁壮成长，蛰伏了整整一个冬季的陈庆之也开始了急风暴雨般的行动！

他让这七千人全部换上了白袍。

一袭白衣，飘然欲仙，够炫！

白袍是这支部队最明显的标志，这类似于现在的所谓企业形象识别系统，英文简称CI。

如此算来，陈庆之应该算是这个行业的鼻祖了。

其实这也是一种心理暗示，对北魏军队来说，不久的将来，只要看到梁军这一身白袍，他们就会联想到这是所向无敌的顶级战士，就像我们看到法拉利的奔马标志就会想到所向无前的顶级跑车一样。

陈庆之为自己设计的战术与"二战"时德军古德里安所创的闪击战模式有些相似，就是将奇袭、快攻集中在一起，并且采用集中兵力的战术，变整体劣势为局部优势，像闪电一样打击敌人，使敌人在突如其来的威胁之下丧失士气，从而在第一次巨大的打击之下立即崩溃。其三个要素即奇袭、集中和快速。

经过将近半年的魔鬼训练以及励志教育，这七千梁军已经变得如狼似虎，充满战斗欲望。

陈庆之首先突袭荥城（今河南商丘东），荥城守军毫无防备，被轻松拿下。

随后他又乘胜攻击梁国。

陈庆之北伐路线示意图

这次他的对手是丘大千。

其实丘大千应该改名叫"丘欠打"才对，因为他就是当年陈庆之处女战的手下败将。

丘大千部号称拥兵七万，不过，据笔者估计这里有很大的水分，作为一个魏书上没传的无名小辈，丘大千应该没权力带这么多兵。

他像摊大饼一样，在城外构筑了一条貌似固若金汤的丘大千防线九座城堡，拱卫梁国城。

此时的白袍军士气如虹，集中兵力攻其一点，从早晨到下午三点，连续攻破了丘大千的三座城堡。

"丘欠打"将军有一个特点：尿。

他没想到陈庆之敢于主动出击，以少打多，更没想到白袍军战力如此之强。

他被白袍军的气势吓破了胆，再加上当年被陈庆之击败的心理阴影一直没有消除，遂献城投降。

初战告捷，猴急的元颢就已经等不及了，他在梁国城南匆匆登基称帝，改年号为"孝基"。陈庆之被他封为使持节、镇北将军、护军、前军大都督。

而此时丘大千的顶头上司济阴王元晖业率领两万羽林军，正日夜兼程赶来驰援。听说梁国陷落，就进屯考城（今河南兰考）。

考城四面环水，易守难攻。

元晖业认为，你陈庆之再猛，我只要依托坚城，稳固防守，就能让你老猫吃乌龟，光流口水，却没地下嘴。而且我军毕竟是以多防少，只要坚持个把月，到时元天穆率主力回援，里应外合，梁军必将死无葬身之地。

这么一想，元晖业不免就有些轻敌，虽说我打仗水平不怎么样，不过做缩头乌龟，这可难不倒我，嘿嘿！

然而，在陈庆之和这七千梁军眼里，再结实的铁闸，都是豆腐渣。再坚固的防线，都是饺子馅。

在励志大师陈庆之的不断激励下，他们把这一切当成了打游戏闯关，越打越兴奋。

梁军一鼓作气，竟然一举攻克考城，生擒缩头乌龟元晖业。

随后，陈庆之率军一路向西，其进军路线大致类似现在的陇海铁路——从商丘经开封、荥阳直至洛阳，节节胜利，势如破竹，大梁（今河南开封西北）等地都望风归降。

元颢大喜过望，继续加封陈庆之为卫将军、徐州刺史、武都公。

眼看着梁军距离洛阳越来越近，孝庄帝终于感觉到了问题的严重性，匆忙派东南道大都督杨昱率军七万镇守荥阳（今河南荥阳），同时命尚书仆射尔朱世隆（尔朱荣的堂弟）镇守虎牢（今河南荥阳汜水镇），侍中尔朱世承（尔朱世隆的弟弟）镇守崿（è）阪（bǎn）（今河南偃师）。

荥阳的战略地位十分重要，东有鸿沟，北依邙山，南临索河连接嵩山，西经虎牢关直通洛阳、长安。相传战国末年秦灭韩国后，为加强对中原地区的控制，在荥阳储积大量粮食并派驻重兵，使荥阳一跃成为著名的军事重镇；秦末楚汉相争时荥阳就是双方争夺的中心，刘邦、项羽曾在此长期对峙，最终以鸿沟为界握手言和。

虎牢关则是著名险关，是《三国演义》中三英战吕布的发生地，后来唐朝初年，秦王李世民也曾在此大战窦建德。

一旦荥阳、虎牢失守，洛阳即门户洞开，无险可守。

此时孝庄帝也只能孤注一掷了，由于魏军的精锐部队基本都被元天穆带走了，他只能把他的宫廷卫队以及洛阳附近的所有部队全部拼凑在一起，勉强凑了七万人，这些人基本上都是这一年来孝庄帝为培植自己的势力而招募的新兵蛋子，孝庄帝把他们全部交给了杨昱。

这几乎是孝庄帝的全部家当了。

杨昱出身于北方著名的世家大族弘农杨氏。

弘农杨氏在北魏时期代出名臣，与其他汉人豪门不同的是，杨家还出了不少武将，如杨昱的父亲杨椿、伯父杨播、叔父杨津等人都身经百战，深受朝廷器重（后来的隋朝名将杨素也是出自这一家族）。

更重要的是，杨家人对北魏朝廷一直忠心耿耿，因此也被称为北魏杨家将。

如果有演义的话，这一家的故事可能比北宋杨家将更多，可惜结局也更惨。

而杨昱本人也曾在西北平叛和与南梁的战争中多次建功，因此这次才被孝庄帝委以重任。

杨昱果然没有辜负杨家将的名声和孝庄帝的重托，他顽强地阻挡住了白袍军前进的步伐。

由于荥阳城池坚固，地势险要，易守难攻，当年曹操就曾在此被据守荥阳的董卓部将徐荣所败；加上杨昱智勇兼备，又兵多粮足，一路高歌猛进的陈庆之在荥阳受阻，一时难以攻克。

元颢闲得都快憋出内伤来了，这回总算找到了表现自己的机会，他自告奋勇地说，杨昱曾经是我的同事，我派人去招降他——当年在西北战场上杨昱曾经是元颢的监军。

但元颢显然高估了自己的影响力，也低估了杨昱对孝庄帝的忠诚度，杨昱十分干脆地拒绝了元颢的招降。

而此时元天穆已经在济南击败邢杲，正火速率军赶回荥阳救驾。

他亲自率领前锋部队骠骑将军尔朱吐没儿（据考证：这个尔朱吐没儿，其实就是尔朱荣的侄子，著名勇将尔朱兆）的契胡骑兵五千，骑将鲁安的夏州（今陕西靖边）步骑九千，几天内就能赶到荥阳。

时间一分一秒地过去，元天穆的大军也离荥阳越来越近。

眼看梁军受挫，杨昱终于放松了紧张的情绪，嘴巴也从前几天的8点20变成了10点10分，他得意扬扬地对部下说，元天穆的大军即将到来，到时咱们两面夹击，把这帮白袍军从立体夹成平面，从3D夹成2D，嘿嘿。

魏军脑子里本来绷紧的弦也逐渐放松下来了。

此时的形势确实对陈庆之十分不利。

前有坚城挡路，后有即将到来的北魏主力元天穆大军，白袍军的将士们已经嗅到了死亡的味道，恐慌情绪像瘟疫一样不断蔓延。

关键时刻，励志大师陈庆之站了出来。

他十分镇定地解下马鞍，一边喂马，一边对梁军将士们发表演说：

一、吾至此以来，屠城略地，实为不少；君等杀人父兄，掠人子女，又为无算（可见梁军军纪不佳，陈庆之毕竟只是将才，而非帅才。或者说是战术大师而非战略家，没有弄个严明纪律来约束部下，唉）。

二、天穆之众，并是仇雠（投降是没有出路的）。

三、我等才有七千将士，虏众三十余万（这里有严重夸大成分，元天穆军应该没有这么多人，其目的大概是激起将士们的求生欲望）。

四、今日之事，义不图存。吾以虏骑不可争力平原，及未尽至前，须平其城垒，诸君无假狐疑，自贻屠脍（让大家看清形势，时间紧迫，唯有拼命才能保命，唯有在元天穆大军到来前攻下荥阳，才有可能避免被敌军两面夹击的灭顶之灾）。

讲完后，估计还可能会让大家高喊"不抛弃，不放弃""成功者绝不放弃，放弃者绝不成功"之类的口号，至于最后有没有合唱《真心英雄》或者《爱拼才会赢》，这个我就不知道了。

将士们的情绪很快被调动起来了，他们的眼睛里充满了求生的渴望和战斗的欲望。

他们要一往无前，以青春的热血，改变自己的命运，把不可能变成可能，创造战争史上的奇迹！

趁热打铁，陈庆之立即下令擂响战鼓，向荥阳城发起攻击。

在危机下被激发出来的人的潜力是无穷的，在强烈的求生欲望下被激发出来的人的力量更是无穷的！

白袍军将士们奋勇争先，群起攻城。

但见：

白袍压城城欲摧，甲光向日金鳞开。角声满天春色里，杀气动地硝烟密。

由于元天穆的援军即将赶到，荥阳城内的魏军精神已经松懈下来了，根本想不到梁军的攻势会这么猛烈，一时猝不及防，瞬间傻了眼，全都不知所措，乱作一团。

仅仅击了一次鼓，东阳（今浙江金华）人宋景休、义兴（今江苏宜兴）人鱼天愍就率先登城，大军随后鱼贯而入。由此可见白袍军主力应该是以陈庆之血脉相连的江南同乡为主体，难怪有如此强的凝聚力。

这座地势险要的荥阳城，这座坚若磐石的荥阳城，这座曾经让战神项羽望而却步的荥阳城，这座曾经让枭雄曹操大败而归的荥阳城，就这样被白袍军将士们踩在了脚下！

北魏大都督杨昱被俘。

荥阳作为军事重镇，储备有大量粮食、牛马和军需物资。

梁军在此吃了顿大餐，敞开肚子，白酒论瓶喝，牛肉论斤吃，得到了充分的补给。

荥阳拿下了，但陈庆之的危机并没有解除。

因为就在梁军入城还没有多久的时候，日夜兼程的元天穆就已经率尔朱吐没儿、鲁安等数万魏军先锋部队赶到荥阳城下（元天穆征邢杲的主力部队此时应该还没有赶到）。

好在荥阳城坚地险，易守难攻，按常规想法，只要陈庆之坚守不出，元天穆想要短时间内攻下此城，就绝非易事。

然而胆大包天的陈庆之是无法用正常人的思维来理解的。

他又一次做出了出人意料的选择。

他竟然率领三千精锐骑兵出城，突袭元天穆军！

他疯了吗？

没疯！

据笔者事后诸葛亮地分析：这居然是唯一正确的选择！——因为困守孤城，等元天穆大军全部到来，四面合围，梁军只能坐以待毙。只有趁元天穆主力尚未到来，且立足未稳时一举将其击垮才是上策。

事实正如陈庆之所料，连日疾行的元天穆军此时已经人困马乏。

别看魏军来势汹汹，其实又累又饿，肚子里还唱着空城计呢，弟兄们累得连举块板砖的力气都快没了。

他们做梦也想不到，梁军竟然敢于以少打多，主动出击；更想不到的是，梁军竟然如此玩命，个个如狼似虎。

他们心里郁闷啊，你们这些梁军，饱汉子不知饿汉子饥，就不能来点人道主义关怀，让我们吃饱了饭、摆好了阵形再打？

仓促之间，疲惫不堪的魏军哪里经受得了梁军排山倒海般的冲击，阵形迅速被冲乱，根本难以组织有效的抵抗，很快就兵败如山倒。

魏将鲁安投降，元天穆和尔朱吐没儿则仓皇逃走。

随后陈庆之率军乘胜攻击虎牢关。

镇守虎牢关的是尔朱世隆。

和尔朱家的其他人不同，尔朱世隆一直在洛阳为官，是家族中文才最佳的一个，当然也是武力最差的一个。

看见元天穆、杨昱这些久经战阵的大将都败了，他觉得自己输了也不丢人，赢了反而不利于安定团结，于是他毫不犹豫地弃城逃跑。

他的老弟守——崿岅的尔朱世承则跑得慢了点，兵败被杀。

消息传到洛阳，孝庄帝元子攸也慌了，洛阳显然已经无兵可守，无法可想，有人劝他逃到长安去，中书舍人高道穆则劝他北渡黄河，依靠尔朱荣。

孝庄帝这一年来辛辛苦苦拼凑起来的兵力，都在荥阳被杨昱败光了，此时也只有去寻求尔朱荣的庇护了。

对孝庄帝来说，尔朱荣的存在有点尴尬，有他在，麻烦；没有他在，更麻烦。唉！

由于走得仓促，孝庄帝只带了少数亲信随从向北渡过了黄河，直到进入河内郡（今河南沁阳）后，他才开始起草诏书，号召天下前来护驾。

时隔一年，洛阳城再一次易主，迎来了新的主人——元颢。

临淮王元彧和安丰王元延明等北魏宗室率领文武百官迎接元颢和陈庆之入城。

元颢进入洛阳宫，正式登基，改年号为"建武"，封陈庆之为侍中、车骑大将军。

庆典仪式刚过，坏消息就如除夕晚上的爆竹声一样一个接一个。

原来，此时忠于孝庄帝的北魏军队开始了疯狂反扑，而元颢派驻镇守后方的兵将多是后来收编的降军，凝聚力不高，战斗力不强，忠诚度更是靠不住。

先是北魏东道行台崔孝芬率军昼夜猛攻元颢派去驻守梁国（今河南商丘）的侯暄，侯暄抵挡不住，突围逃走，被崔孝芬赶上斩杀。

崔孝芬遂占领了梁国。

接着，败退的元天穆收集残兵以及出征山东的魏军后续主力四万人，攻克了大梁（今河南开封），随后元天穆又派老将费穆率军攻打虎牢。

眼看洛阳快要成孤城了，元颢赶紧把他的保护神陈庆之请出来，让他率军救援虎牢。

元天穆上次被陈庆之打怕了，不敢与陈庆之再战，本能的反应就是退向黄河以北，向老大尔朱荣靠拢。

尔朱荣不在，哪来安全感？

他手下的行台郎中温子昇（北魏著名才子）倒是书生气十足地语出惊人，劝他攻击洛阳，建立奇功。

元天穆问：秀才啊，你思想觉悟高，我懂的。可是，别放空炮，来点干货。你的具体策略呢？

这个，温子昇可答不上来了。

就这样，元天穆没放一枪一炮，就率军匆匆忙忙地北渡黄河，还美其名曰：敌进我退，避其锋芒，机动灵活地保存革命有生力量。

这下可害惨了费穆。

主帅都逃了，我还那么拼命干什么？

费穆是个意气用事的人，一时冲动，遂向陈庆之投降。

冲动是魔鬼，冲动让费穆很快变成了孤魂野鬼。

作为河阴屠杀的倡议者，他的责任仅次于尔朱荣。

洛阳城的士大夫全都对他恨得咬牙切齿。

元颢顺应民意，立刻把费穆就地正法。

陈庆之则继续乘胜进军，所到之处，势如破竹，很快平定了大梁、梁国等地，随后又占领了黄河以南的几乎全部地区。

此时陈庆之的声望达到了顶峰。

他率领七千白袍军，从铚城到洛阳，作战四十七次，攻取三十二座城池，无往不胜，每战即克。

洛阳城中因此流传着这样一首童谣："名师大将莫自牢，千军万马避白袍！"

白袍军的威名几乎传遍了华夏大地！

如梦亦如幻

此时的元颢可谓志得意满。

仅仅一个多月就顺利进入洛阳，一切都像做梦一样，他觉得这完全是天意，天降大任于我，真命天子，舍我其谁！

由于孝庄帝走得匆忙，连后宫嫔妃都没带走，元颢本来就是个酒色之徒，见此情景，自然是心花怒放，欣喜不已：天啊，这么多如花似玉的美女！

他成了一只飞在花丛中的小蜜蜂，沉浸在温柔乡里不能自拔。

这段时间，元颢的日子过得真是爽：上班聊聊天灌灌水，下班喝喝酒听听歌。谈笑有美女，往来无白丁，有丝竹之绕耳，无案牍之劳形……

与鼠目寸光的元颢不同，陈庆之却对局势忧心忡忡。

因为他们虽然攻陷了洛阳和黄河以南的多数地区，但北魏最强的尔朱荣军团却几乎毫发未伤，而且黄河以北的地区仍然效忠于孝庄帝。而自己手下仍然只有不到万人的精兵，尽管元颢新收编的北魏降兵也有十余万人，但这些人战斗力很差，而且忠诚度也很成问题。

陈庆之向元颢进言：现在我军虽然取得了巨大的成功，攻占了洛阳，但形势依然是敌众我寡，如果敌军集中所有军队来和我们决战，我们就危险了。因此当务之急是上奏天子，让他速派大军前来支援。

元颢觉得有道理。

但安丰王元延明对元颢说，陈庆之才几千兵力，我们都无法控制。如果梁朝皇帝再派军队来，只怕老大你彻底要失去权力，一举一动都做不了主了。

显然，元延明这句话代表了元氏皇族的看法，那就是摆脱梁朝的控制，绝不做傀儡。

于是，元颢给梁武帝上疏说，目前形势一片大好，我和陈庆之已经全部搞定了，皇帝您没有必要再派兵来，以免惊扰百姓。

本来梁朝的援军已经到达边境线了，接到元颢的表文后，梁武帝又命令他们停止前进。

梁武帝的想法实在让人捉摸不透。

陈庆之的七千白袍军取得了意想不到的成功，只要大军跟进，便可彻底控制北魏黄河以南的地区，进而与尔朱荣决战，完成统一中国的旷世伟业。

但梁武帝没有利用这个千载难逢的机会。

有人认为，他根本就没想到陈庆之会进入洛阳，所以根本没有做好这方面的准备；

也有人认为，他是胸无大志，小富即安，不愿意投入更大的赌注去争取更大的成功。

不过，笔者却觉得，也许更可能的是他清楚自己的实力，由于他重用文弱的豪门士族，梁朝国内除了陈庆之根本没有能征惯战的大将，他认为自己根本就没有统一天下的能力！后来侯景以区区八百人就横扫江南，可见表面光鲜的梁朝有多么腐朽不堪！

这就好像业务员接了个大单，而胸无大志、小本经营的老板却认为公司没有足够的实力履行合同，从而彻底失去了改变公司命运的机会。

足以让梁武帝和陈庆之登上神坛、足以改变中国历史进程的机会，就这样彻底失去了！

梁武帝当时的想法现在已经无法考证。

但可以肯定的是，他没有派出一兵一卒前去支援陈庆之。

陈庆之，你已把北魏的水给搅得够浑了，而且捉到了一条大鱼，但这条鱼太大了，我消化不了。对不起，陈庆之，祝你好运！

陈庆之，就这样成了梁武帝的弃子，可怜他还眼巴巴地盼着援军的到来！

有这么一个老迈昏庸、不思进取的皇帝做领导，真是一代战将陈庆之的悲哀！

副将马佛念坐不住了，给陈庆之出了个主意：将军您威震河洛，功高势重，被元颢所猜忌。解决的办法只有一个，那就是干掉元颢！谁见过死人会猜忌别人的！咱们抓住这千载难逢的机会，自己占据洛阳！

但陈庆之并不同意，他认为北魏毕竟在中原统治多年，梁军要站稳脚跟，还是需要元颢这个北魏皇族来作为旗帜。

这个好理解，就像当年日军侵华，不是也把汪精卫找来当傀儡嘛。而且，想要凭借自己区区不到万人的兵力占领洛阳，和北魏地区的所有军队为敌，显然不太现实。

更何况，如果没经请示杀了元颢，回去也是擅杀之罪。

陈庆之对梁武帝忠心耿耿，他绝对不愿意违背梁武帝的旨意。

经过深思熟虑，陈庆之终于有了主意。

元颢之前不是任命自己为徐州刺史吗？

那就去徐州吧。

他的意图很清楚：自己孤军深入，梁武帝又没有任何支援，如果继续待在洛阳不仅肯定会遭到尔朱荣的攻击，而且还要受到元颢的猜疑，不如远离是非之地，到徐州去，进可攻，退可守，还为梁朝抢了一块关键的地盘。
于是他向元颢要求去徐州上任。

可是元颢怎么可能放他走？
对陈庆之的军事能力，他不仅相信，而且迷信。
陈庆之不是万能的，但没有陈庆之是万万不能的。
元颢想都没想就拒绝了陈庆之的提议：圣上把我和洛阳全部委托给了你，如果你跑到徐州，把我扔在这里，一走了之，只怕你我都会受到圣上的怪罪啊。
元颢别的不行，但要嘴皮子的确行。
这句话点到了陈庆之的命门，以陈庆之对梁武帝的忠心，绝不可能抗命不遵。
就这样，陈庆之要走，元颢不让。
有一个绕口令说得好：扁担绑在板凳上，板凳不让扁担绑在板凳上，扁担偏要绑在板凳上……
如果陈庆之是板凳，那么元颢就是扁担。
结果是陈庆之始终没走成，被迫留在了洛阳。
当然此时的陈庆之，对梁武帝的援军还抱有一丝幻想。
可是，左等右等，等到的却是他最担心的消息。
尔朱荣率领几十万大军杀过来了。

原来，尔朱荣听说孝庄帝向北出逃，立刻派侄子尔朱天光留守老巢并州、肆州，自己则亲自率军前去迎接，在长子（今山西长子）接到了仓皇北逃的孝庄帝。
随后，尔朱荣一边以孝庄帝的名义召集各路军队前来勤王，一边率军向南推进。仅仅十天的时间，就召集了几十万人马。
接着，尔朱荣又率军攻占了元颢占领的河内城（今河南沁阳）。
此时，惶惶如丧家之犬的元天穆也终于找到了组织，率军前来会合。
对他和北魏军队来说，尔朱荣，是指路的灯塔，是踏实的大地。
有尔朱荣在，就有了主心骨。
尔朱荣军声势浩大，来势汹汹，将星云集，想想看吧，高欢，贺拔岳，贺拔胜，侯景，尔朱兆，慕容绍宗，宇文泰，哪一个不是大腕级的人物？

元颢让陈庆之率白袍军镇守黄河以北的北中城，守卫河桥。

就让你们梁军在第一线和尔朱荣硬顶吧。即使你们全军覆灭，那也是羊毛出在牛身上慷他人之慨，我反正没有损失一根毫毛。

元颢的儿子元冠受和安丰王元延明则受命率部在黄河南岸布防。

河桥始建于西晋年间，位于今河南孟州市南、孟津县东北，此处黄河河道宽阔，河中间有沙洲，将黄河分为南北两支，因此河桥也分为南北两桥，在河中沙洲相接。

作为洛阳附近几百里内黄河上唯一的一座浮桥，河桥的战略地位十分重要。因此北魏迁都洛阳后就在大桥北岸建城，置北中郎府领兵戍守，故名北中城。

如果北中城失守，尔朱荣大军就可通过河桥南渡黄河，直逼洛阳。

陈庆之把黄河北岸的船只全部破坏，让尔朱荣无船可渡，只能选择攻击北中城，从河桥过河。

尔朱荣看着这座孤零零的小城，与生俱来的那种永不服输的血性，让他放出了这样的狠话：陈庆之，我来了！不抓住你，我誓不为人！

北魏当世第一名将和南梁当世第一名将，一场火星撞地球般的强强对话就此展开。

不过，一个拥军几十万，一个麾下七千人；一个是举国之兵，一个是孤城一座。

看起来，这完全不是一个数量级的较量。

但事实并非如此。

时值盛夏，尔朱荣亲自率军冒着酷暑，攻打北中城，攻势极为猛烈，三天内连续发动了十一次进攻，却都被顽强的陈庆之击退，魏军死伤惨重。

北中城仍岿然不动。

如果说魏军是将星云集，星光闪烁；那么梁军中则只有陈庆之一轮明月，此刻的情景，只有两个词可以概括，那就是：皓月当空，月明星稀！

对自己的军事能力从来都自信满满的尔朱荣，面对陈庆之，此时却无计可施。

想渡河，没船；想过桥，没门！

泡茶，每冲泡一次，就淡一点；尔朱荣的自信心，每过一个时辰，就被稀释一次。

第六章 陈庆之,不世名将还是网络泡沫

他的信心几乎被稀释到零了。

突然有人给他送来了希望。

替元颢守卫河中沙洲的守将派人送信,说他愿意做内应,接应尔朱荣大军过桥。

漫漫长夜中看到了曙光,茫茫沙漠中见到了泉水。

可是,尔朱荣还没来得及接应行动,沙洲守将就暴露了,被元颢消灭。

这成了压垮尔朱荣信念的最后一根稻草,尔朱荣彻底失去了信心。

胜败乃兵家常事。

常在厨房走,哪能不切手?

退兵吧。

当然他不能说自己没信心,只能怪天气。就好像我们现在遇到很多灾难都推给雷电一样。

尔朱荣对大家说:今年这天气实在太热了,待在家里是在蒸笼里蒸,出去是在烤箱里烤,实在是太不适合打仗。我觉得还是退兵吧,等入秋后再说。

孝庄帝的亲信、黄门侍郎杨侃(也是杨家将之一,守荥阳的杨昱的堂兄)连忙劝谏:守沙洲的守将愿意投降,本来就是意料之外的事。虽然没有成功,但对我们没有任何损失。现在我们坐拥百万之众,如果这样都不敢进军而撤退,天下人就会对我们大失所望,而归心于元颢。那我们可就危险了!

尔朱荣:老杨,你说的是实话,可也是废话。你有什么好办法呢?

杨侃:我们可以征调百姓的木材,多做木筏,在几百里中都摆出渡河的架势,让元颢不知防哪里好。这样,一旦渡过河,定能成功。

没等他说完,尔朱荣就打断了他:别说了!哪来那么多木头,再说,做这么多木筏要等到什么时候?费神、费劲、费体力、费时间,总而言之,还是废话。

除了杨侃,孝庄帝的另一个亲信高道穆也极力反对尔朱荣撤军。

这也难怪,最不愿意看到尔朱荣退兵的就是孝庄帝。

回到洛阳,自己多少还有块可以自由呼吸的地盘;要是跟尔朱荣去晋阳,那可就一点自由都没了,自己就完全成了空气,尔朱荣吸之则来,呼之则去!

杨侃和高道穆的游说多少还是起到了一定的作用,尔朱荣开始犹豫:究竟要不要退兵?

成败在天。

还是再问问刘半仙刘灵助吧。

刘灵助的话掷地有声,一言九鼎:不出十日,河南必平。

就这样,尔朱荣彻底打消了撤兵的念头。

此时,正好伏波将军杨㯲(biāo)说他的老家马渚(河桥上游的黄河渡口之一)还有几只小船,愿意做向导。

机会难得,可是船太小,装不了几个人;于是尔朱荣又派人找木头做木筏,不过还是太少,一次只能送几百人过河。

没别的办法了,试试吧。

事关重大,尔朱荣亲自挑选了几百名精兵作为敢死队,带队的则是他麾下两个最有名的勇将,车骑将军尔朱兆和大都督贺拔胜。

尔朱兆是尔朱荣的侄子,他精于骑射,矫捷过人,每次打猎时遇到悬崖峭壁无路可走时,都是他在前面开路,如果生活在现代,做个探险家肯定绰绰有余;而且他力大无比,能像武松一样徒手与猛兽格斗,号称万人敌。尔朱荣非常器重他。

代北猛虎贺拔胜就不用提了,骁勇绝伦,曾经威震塞北,史书上称他"北边莫不推其胆略"。

趁着夜色,尔朱兆和贺拔胜从马渚西面偷渡黄河,很快就擒获了元颢的儿子,领军将军元冠受——一个纨绔子弟,怎么可能是这两个虎将的对手?

奉命镇守黄河南岸的另一名主将是安丰王元延明。

听说北军渡河成功,元延明非常害怕,他觉得自己作为仅次于元颢的第二号战犯,万一被抓,脑袋肯定会被尔朱荣割下当夜壶。

还是趁早逃吧。

他立刻带着妻子儿女向南逃亡,投奔了江南活菩萨梁——武帝萧衍。

元颢手下的这帮军队大多是孝庄帝元子攸的降兵,本来就是墙头草,现在看到主帅都没了,就好像土房子被抽掉了台柱子,顿时土崩瓦解,全军溃散。

尔朱荣军一旦渡过黄河,洛阳就成了一座不设防的城市。

在皇帝宝座上屁股还没坐热的元颢眼看大势已去,也只好带着几百人匆匆向南逃窜。

出来混,迟早要还的,元颢的运气显然在之前已经被败光了,这次他在刚逃到临颖（今河南临颖）时就被一个叫江丰的县卒所杀并传首洛阳。

再看陈庆之。

第一时间得到南岸失守的消息后，他就知道事情已经无法挽回，只好长叹一声，随后从容率军渡过黄河，向东南方向撤退。

尔朱荣则率军紧紧追赶。

时值雨季，暴雨如注，白袍军在退到嵩山（今河南登封西北部）一带时，正赶上山洪暴发，几千名将士死散殆尽。

而陈庆之则孤身一人，剃光须发，假扮成和尚跟笃信佛教的萧衍在一起熏陶了几十年，他假扮和尚还是蛮像的，因而顺利骗过了魏军的重重关卡，从小路逃到了豫州（今河南汝南），再由豫州人程道雍把他送到汝阴（今安徽合肥），终于回到了自己的国家。

气壮山河

梁武帝看见陈庆之回来，非常开心，完全没有因为失去了统一北方的大好机会而有一点遗憾。

他热情地拍着陈庆之的肩膀说，小陈啊，真没想到你这么强，一直打到洛阳。要我说啊，你这支部队仗打得很好，就是名字起得不好，叫什么白袍军，你看，还真是白跑了一趟。

随后梁武帝召开表彰会，表彰陈庆之同志的先进事迹，并加封陈庆之为右卫将军，永兴县侯。

作为一个虔诚的佛教徒，马上要召开佛教界的盛会"四部无遮大会"，梁武帝现在忙得很。

他还想辞职当和尚，可是大臣们偏不让，而花巨额的转会费把他从佛祖那里赎回。

唉，做人难，做皇帝难，做一个想当和尚的皇帝是难上加难啊。

有这样一个不思进取、老迈昏庸的皇帝做领导，一代战将陈庆之真是生错了时代，让人叹息不已。

这场轰轰烈烈、荡气回肠、让人热血沸腾的北伐行动，就这样虎头蛇尾地结束了，并没有改变历史的进程。

就像绚烂的烟花，虽然光彩夺目，然而瞬间的绽放过后，却什么都没有留下。

陈庆之的这次北伐是西晋灭亡后两百多年来，继东晋桓温、刘裕之后南方军队第三次攻入洛阳，可惜这也是最后一次。

中国几千年的历史长河中诞生了数不清的名将，但只凭区区七千人，孤军深入，长途奔袭数千里，所向无前而攻占敌国首都的，唯白袍将军陈庆之一人！

这前无古人，后无来者的壮举，虽然足够传奇，但并非遥不可及；这如梦如幻的战绩并非神话，而是实话；陈庆之也不是神，而是一个人。

这次北伐虽然没有成功，但陈庆之和他的七千名白衣飘飘的钢铁战士，千载之下，依然令人神往。

陈庆之那无与伦比的激励士气的能力，无与伦比的把握战机的能力，无与伦比的战术指挥的能力，将永远载入史册！

第七章　枭雄的覆灭

平定关中

陈庆之的这次北伐，带来的一个副作用是孝庄帝的实力更弱了，他一年来为培植自己的势力而费尽心思招募来的嫡系部队几乎损失殆尽。

梁军退走后，临淮王元彧在洛阳城外率领文武百官，迎接孝庄帝重新进入京城。

两个月前迎接元颢的那一幕，就算是彩排吧。

有人问：要不要追究元彧这帮人叛国投敌、投靠元颢伪政权的责任？

孝庄帝是个明白人：还追究个啥呀，再追究，我就是货真价实的孤家寡人——成光杆司令了。

尔朱荣则因收复洛阳之功而被再次加官晋爵——被加封为天柱大将军。

这个封号堪称史无前例，是孝庄帝手下那帮爱玩文字游戏的文人创造的。不过没有最猛，只有更猛，后来的侯景才算是真正的挑战极限，他得的是宇宙大将军的封号。

尔朱荣的封邑则达到二十万户之多。

他没有在洛阳停留，就立即率军回到了老巢晋阳。

此时年仅三十六岁的尔朱荣风华正茂，豪杰义气，挥斥方遒，指点江山，目空一切，粪土当年万户侯。

问苍茫大地，谁主沉浮？

是我是我还是我！

不过，当时在大魏朝的土地上，还有两个不和谐的音符，幽州的韩楼和关中的万俟丑奴。

在幽州（今河北北部），葛荣的余党韩楼自从去年（公元528年）十月再次起事以来，趁着尔朱荣在洛阳作战，已发展到数万人。

早已称帝的万俟丑奴，则在西北地区大肆扩张自己的势力范围。

不过，对付这两人，尔朱荣不准备亲自出马。

如果说对付葛荣的难度指数是五颗星的话，打韩楼的难度指数只有一颗星。

柿子先挑软的捏。

尔朱荣的帐下都督侯渊非常勇猛，居然仅率七百人就平定了韩楼。

之后他任命侯渊为平州刺史，镇守范阳（今河北涿州）。

公元530年正月，在过完了一个安定祥和的新年后，腾出手来的尔朱荣决定对万俟丑奴动手，派武卫将军贺拔岳带兵出征。

贺拔岳开始耍心眼了，他对自己的二哥贺拔胜说：万俟丑奴可不比韩楼，是个厉害角色。万一我败了当然有罪，如果胜了，恐怕我功高震主，也没什么好果子吃。

贺拔胜是个直筒子：那怎么办？难不成你想让我去？再怎么说我也是你亲哥啊。

贺拔岳说：二哥，我的意思是，你帮我到老大那里说说，让他派一个尔朱家的人做主帅，我愿意辅佐他。

贺拔胜依计而行，向尔朱荣提出了这个建议。

尔朱荣非常开心。

难得贺拔岳这么会来事，不愿当红花，甘愿做绿叶，真是善解人意，将来找媳妇就得找贺拔岳这样的。

这样一来，正好给咱尔朱家的人一个锻炼的机会。

他任命自己的侄子尔朱天光为总司令（使持节、骠骑大将军），贺拔岳、侯莫陈悦为副总司令（左、右大都督），率军征讨万俟丑奴。

尔朱天光是尔朱荣在子侄辈中最欣赏的一个，文武全才，行事稳重。每次尔朱荣出征，总是让尔朱天光留守大本营晋阳，尔朱天光也总是不辱使命。

贺拔岳则趁机把自己的武川老乡寇洛、赵贵、李虎、宇文泰、侯莫陈崇、梁御、若干惠等人编入自己麾下，一同出征。

可是，尔朱荣只给他们配备了一千名士兵。

蛮好了，比起上次给侯渊的人数，人数增加了接近百分之五十。

第七章　枭雄的覆灭

尔朱天光实在是没有信心。要以这么少的兵力平定在西北盘踞多年的万俟丑奴，怎么可能？

他心里憋屈啊，听着头衔挺大，什么骠骑大将军、左右大都督，原来都是唬人的，还不如一小团长带的士兵多。

到了潼关，西征军团被一帮来自四川的强盗挡住了去路。

尔朱天光是个稳重的人，不爱冒任何风险，要搁在现在，我估计他就是这样的人：开车不超过六十迈，打麻将不超过五块，上超市必自带购物袋。

因此他停了下来，期望着自己的叔叔良心发现，再派点人马来。

贺拔岳不干了，连一帮强盗都对付不了，怎么对付万俟丑奴？

他挺身而出，率领手下的武川子弟兵奋勇出击，把这帮强盗打得落花流水，一下子缴获了两千多匹战马，然后贺拔岳又从俘虏中挑选了一批身强力壮的家伙，充实到自己的队伍中。

虽然补充了一些人，但稳重的尔朱天光觉得这点人还是太少，不够用。

他又停下来了。

这下尔朱荣发火了，他派高欢的哥们儿骑兵参军刘贵快马赶到军中，按尔朱家的家法处置尔朱天光——打了一百军棍，不过，还是给他又添了两千人。

尔朱天光数学学得不错，掐指一算，平均每揍一下屁股，可以多派二十人。

以此类推，如果要派两万人，就得挨揍一千下。经过这样的"千锤百炼"，只怕自己的屁股早就挥发成一个屁了，那怎么行？

与其屁股被揍烂窝窝囊囊地死，不如去战场上轰轰烈烈地拼。

主意已定，尔朱天光揉着红肿的屁股，以狗爬的姿势，趴在担架上，继续率军西征。

此时，万俟丑奴正亲自率领大军包围岐州（今陕西凤翔），另外派他手下大将尉迟菩萨（万俟丑奴手下人的名字似乎都很有个性）率军两万从武功（今陕西省武功县）南渡渭河，攻占了渭河南岸的大片土地。

尔朱天光派贺拔岳率领一千名骑兵前去救援，等他赶到渭河南岸时，尉迟菩萨已经奏着凯歌，率军返回了。

贺拔岳并没有率军追赶，而是故意大肆屠杀投靠尉迟菩萨的官吏和百姓。

尉迟菩萨果然被激怒了。

毕竟他叫菩萨啊，怎么忍心看得下去？

他立即率军回到了渭河北岸。

贺拔岳只带着几十个人和尉迟菩萨隔着渭河对峙。

他在南岸向尉迟菩萨大声喊话，宣扬北魏国策，讲了一套又一套大道理。

尉迟菩萨不爱听这些，问世间道理为何物，直教我听了想吐。

真啰唆，也不说点金钱美女等实惠的东西。

他不想再听下去了，便派了个使者与贺拔岳对话。

这使者也觉得贺拔岳烦人，自己的老大叫菩萨，以慈悲为怀，不好说脏话，那我就帮老大骂两句吧，因此他说话就有些不恭。

再说隔着宽达几百米的渭河，超过弓箭的射程了，属于绝对的安全区，谅你也奈何不了我。

贺拔岳火了：嘴巴那么毒，吃农药长大的吗？

让你见识一下本帅的箭法。

贺拔岳和他的二哥贺拔胜一样，都是当时数一数二的神箭手，臂力超人，箭无虚发。

这箭如精确制导的超远程导弹一样，正中使者的咽喉，使者当场毙命。

这下出了人命，谈判彻底谈崩了，尉迟菩萨气得脸涨成了紫茄子，可是天色已晚，又隔着波涛汹涌的渭河，想打也打不起来。

当天晚上，贺拔岳下令，在渭河南岸从西往东，每隔一两千米距离，就埋伏四五十名骑兵。

第二天，贺拔岳又带着一百多名骑兵，隔着渭河与尉迟菩萨对峙，一边向对方喊话一边还向东溜达。

尉迟菩萨纳闷儿，你这火星人的思维真是难以理解，到底葫芦里卖的什么药啊？我倒要看看。

于是他率军沿着渭河向东一直跟随。

贺拔岳一路东行，先前埋伏的骑兵逐渐加入，人马逐渐变多。

尉迟菩萨不由得越来越糊涂，你到底有多少人啊？

一直向东走了二十里左右，贺拔岳突然率军加快速度，向东狂奔。

尉迟菩萨更加糊涂了，怎么会突然加速，跑这么快？

低头一看身边的渭河，哦，原来此处渭河水浅，不到一米深。

明白了，彻底明白了，原来这小子是怕我过河追击啊。

就凭你这点智商想蒙我这个法力无边的菩萨，门都没有。

想逃？

没那么容易。

机不可失，尉迟菩萨放弃步兵，率领几千名轻骑兵，涉水过河，紧紧追赶贺拔岳。

追了十多里地，只见前面一座小山挡住去路，山路狭窄，尉迟菩萨只能把队伍排成长队，绵延几千米，首尾不能相顾。

眼看尉迟菩萨的军队半数已经进山了，突然四周山上呐喊声四起，伏兵四出，贺拔岳也率军杀回。

叛军一时之间不知道魏军到底有多少人马，军心大乱，慌忙往回逃。

贺拔岳命令全军将士大喊：下马者不杀！

三千多名叛军骑兵纷纷投降。

尉迟菩萨也当场被擒，应验了一句俗话：泥菩萨过河自身难保。

随后贺拔岳北渡渭河，乘胜追击，此时尚有一万余名叛军步兵没有过河，看见主帅被擒，也顿时丧失斗志，纷纷投降。

经此一役，贺拔岳威名远扬，整个关中为之震动。

万俟丑奴大为震惊，遂放弃岐州，向泾州（今甘肃泾川）退兵，驻扎在泾州城北的平亭（今甘肃泾川北）。

贺拔岳进驻岐州，尔朱天光随后赶来。

两军会合后，即按兵不动，并且放出风声，天气快热起来了，非征讨之时，等秋凉后再进攻。

万俟丑奴派了不少间谍混入岐州打听，得到的都是同样的消息。

不知道是尔朱天光的演技太鬼，还是万俟丑奴的脑子太简单，反正万俟丑奴竟然相信了这个消息，放松了警惕。

时值农历四月，正是耕作之时。

万俟丑奴真不愧是农民的儿子，他记得他爸爸曾经讲过：过了惊蛰节，春耕无停歇。所以他很怕误了农时，明年要挨饿，就派大将侯伏侯元进（姓侯伏侯，名元进）率军五千，一边设立营寨，一边发起大生产运动在田间务农；其余部队也分成一千人左右一队，分散在各地且耕且守。

大敌当前、面临生命危险却仍然不忘农业生产，万俟丑奴为农业而不惜献身的大无畏精神，恐怕只有神农氏可以媲美。

了解到敌军已经分散，尔朱天光自然喜出望外。

接着便发生了下面的一幕。

黎明时分，魏军衔枚疾进，偷袭侯伏侯元进的营寨，叛军毫无防备，侯伏侯元进和五千士兵全部被俘。

随后魏军把被俘士兵全部释放，同时急行军向泾州进发。

叛军本是乌合之众，看见魏军来势汹汹，又听说有投降即不杀的优待俘虏政策，全都心无斗志，纷纷投降。

尔朱天光率领魏军第二天即赶到泾州城下，叛军的泾州刺史侯几长贵率部投降。

此时万俟丑奴的内心，像被揉成一团的废纸一样纠结，不由得仰天长叹：俺就想当个农民，也这么难吗？

他不敢恋战，向老巢也是他的都城高平（今宁夏固原）逃窜。

贺拔岳率领轻骑兵紧紧追赶，终于在平凉（今甘肃平凉）追上了万俟丑奴。

此时的叛军军心涣散，已成了惊弓之鸟。

还没等他们列阵迎战，贺拔岳的武川老乡，年仅十七岁的小将侯莫陈崇就已经单枪匹马冲入敌阵，实施"斩首"行动，转瞬之间活捉万俟丑奴！

这就是传说中的"百万军中取上将首级，如探囊取物"吧。

在中国五千年的历史上，除了他，年轻气盛的侯莫陈崇，又有几个人能做到？

要说骁勇无敌，虎牢关的尉迟恭，长坂坡的赵子龙，能比得上十七岁的侯莫陈崇？

侯莫陈崇在敌阵中大声高呼，锐不可当，所向披靡。

贺拔岳率领大军随后掩杀，叛军看见皇帝被擒，顿时全线崩溃，魏军大获全胜。

之后，尔朱天光和贺拔岳率军乘胜进逼高平（今宁夏固原），高平城内的百姓抓住萧宝寅向魏军投降。

万俟丑奴和萧宝寅随即被送到洛阳，万俟丑奴被斩首示众，萧宝寅则被赐死。

万俟丑奴败亡后，他统治下的泾州、豳（bīn）州（今陕西彬县）、夏州（今陕西靖边)、灵州(今宁夏灵武)等地都望风归降,只有万俟丑奴麾下将领万俟道洛逃到水洛城(今甘肃庄浪)投奔到了另一支叛军王庆云处。

尔朱天光偕同贺拔岳、侯莫陈悦再次出击,大破叛军,擒获万俟道洛和王庆云,坑杀俘虏一万七千余人。

至此关陇地区全部平定。

论功行赏,尔朱天光被加封为侍中、仪同三司、雍州刺史(治所今陕西西安)。

然而,尔朱天光虽然是名义上的主帅,但实际上贺拔岳的功劳更大,因此贺拔岳也被加封为车骑将军、泾州刺史(治所今甘肃泾川)。

另一位副帅侯莫陈悦则被加封为鄯州刺史(今青海西宁一带)。

经此一役,贺拔岳的班底也初步形成,其中最著名的有五位,都来自贺拔岳的老家代北武川,人称武川五虎将。

寇洛,资历最老,年纪最大,性格稳健,颇有长者之风。此时任征北将军。

李虎,轻财重义,善于骑射,此时任卫将军。

赵贵,武艺高强,侠肝义胆,此时任镇北将军。

侯莫陈崇,年纪最轻,言语不多,却骁勇无比,时任安北将军一职。

另一位就是宇文泰,作为贺拔岳的心腹爱将,他也因此战立下大功,被加封为征西将军,行原州事(代理原州刺史,治所今宁夏固原)。

原州作为之前万俟丑奴统治的中心地区,形势十分复杂,经济十分萧条。

但年仅二十三岁的宇文泰充分展现了他的政治天赋,恩威并施,宽严相济,全力以赴抓经济,一心一意谋发展,在他的努力下,原州的各项经济社会事业都有了长足的进步,被老百姓誉为西北地区最具幸福感的城市。

当地百姓对宇文泰心服口服,赞颂不已:火车跑得快,全靠车头带。刺史宇文泰,英明又仁爱,百姓齐拥戴。

宇文泰初露峥嵘,一颗新星正冉冉升起。

至此,北魏各地的叛乱几乎全部平定。

此时,尔朱荣才三十七岁,他的功业就已经达到了顶点。

环顾北方大地,拿着高倍放大镜也找不到一个对手。

他不由得趾高气扬,目空一切。

什么秦皇汉武,不过靠的是先祖;

什么曹操刘备,和我比都是无名小辈!

踌躇满志的他并不满足，他的眼光放到了江南。

如今整个北方都被他的光芒所普照，就只有东南一隅还是一片黑暗，毫无疑问他的下一个目标是：打过长江去，解放全中国。

皇帝杀手

就像一枚硬币总有正面和反面一样，与意气风发的尔朱荣相对应的，是孝庄帝的日子越来越难过。

孝庄帝明白，如今的北魏大地上已经没有能与尔朱荣抗衡的人物。

原先他还寄希望于尔朱荣与各地的叛军两败俱伤，自己好从中渔利。然而，尔朱荣实在太强了，居然没有一个对手能与之相抗衡。

随着各地的叛军纷纷平定，现在尔朱荣已是一家独大，自己虽然是名义上的董事长——皇帝，但早已被尔朱荣这个总经理架空，连任命一个小小的县令都做不了主。

尽管尔朱荣在距京城洛阳千里之外的晋阳，却可以轻而易举地遥控朝政。

他安排他的死党元天穆、堂弟尔朱世隆等人坐镇中枢，执掌内政大权。

元天穆担任太宰（宰相），为百官之首，总理一切政务；尔朱世隆则出任尚书左仆射兼吏部尚书，其他各要害部门也大多为尔朱荣的亲信所控制。

孝庄帝感觉自己是个风筝，表面上似乎飞得很高，其实一举一动都身不由己，尔朱荣才是那个放风筝的人。

更悲惨的是，他不光在外面做不了主，在家里也做不了主。

尔朱荣的女儿尔朱皇后生性嫉妒，骄横无礼，竟公然对他说：你这个天子是我家所立，你敢不听我的话！

孝庄帝在外面要受尔朱荣及其党羽的气，在家里还得受老婆的气，也许这就叫气不打一处来吧。

可是再气也只能忍下去，大口大口的窝囊气往肺里憋，再这样下去恐怕迟早要得肺气肿。

这样的皇帝当得真是闹心啊。

最让孝庄帝难以忍受的一件事发生在平定万俟丑奴后，尔朱荣给他上了个表，说，参军许周说要让皇帝给我加九锡，被我骂了一顿。

孝庄帝当然知道尔朱荣是在试探他，但他假戏真做，故意大赞了一番尔朱荣的忠心。

九锡是什么？

只要看看受过九锡的都有什么人就知道了。

王莽、曹操、司马昭、桓玄、刘裕、萧道成、萧衍……不是篡位的就是篡位者的爹。

有例外的吗？

几乎没有。

孝庄帝终于可以肯定，野心勃勃的尔朱荣迟早会篡位，这是用防盗门也挡不住的。

怎么办？难道坐以待毙？

不，绝不！

人生能有几回搏！

从不服输的孝庄帝决定搏一次。

虽然尔朱荣实力强大，但孝庄帝觉得并非没有胜算。

相比尔朱荣，孝庄帝也有优势。

他毕竟是名义上的皇帝，并且素有勤政爱民的名声；而尔朱荣残忍粗暴，两年前的河阴屠杀使他彻底丧失了广大士大夫的支持，因此孝庄帝身边也有一大批支持者，几乎所有元氏皇族和豪门大族都支持他。

甚至还有从尔朱荣阵营里投奔孝庄帝的。

武卫将军奚毅本来是尔朱荣的亲信，经常到京城出差，为尔朱荣递送文件。不知出于什么原因，他居然也向孝庄帝表忠心，说自己只效忠于皇帝，绝不效忠于尔朱荣。

就这样，奚毅成了潜伏在尔朱荣身边的间谍。

公元530年八月，尔朱荣又上表了，说他要来洛阳，朝见皇帝。

他给出的理由是，他的女儿，也就是孝庄帝的皇后，即将生产，作为一个好父亲，他要前来探望，陪护女儿分娩。

孝庄帝感觉很奇怪。

尔朱荣怎么会从一个冷酷无情的恶霸变成了温情脉脉的奶爸？

这个转变太突然了，也太不合常理了。

难道尔朱荣真的要来篡位啦？

想到这里，孝庄帝不由得一个踉跄，背影都那么苍凉。

十万火急，孝庄帝开始和他最信任的几个亲信如城阳王元徽（孝庄帝的表姐夫）、侍中李彧（孝庄帝的姐夫）、侍中杨侃、黄门侍郎高道穆等人商量，谋划除掉尔朱荣。

元徽等人是激进派，劝孝庄帝趁尔朱荣入朝，找机会杀掉他。

但稳健派的济阴王元晖业等人则认为不可，说尔朱荣一定有所防备，难以成功。

还有的人属于脑残派，说干脆不让尔朱荣入朝，派兵讨伐他。

孝庄帝举棋不定。

此时，谨慎小心且嗅觉灵敏的尔朱世隆嗅到了味道，一种不祥的味道。

他决定阻止尔朱荣前来洛阳。

于是他伪造了一封匿名信，信上说，皇帝与杨侃等人预谋要杀天柱大将军。

然后，尔朱世隆假装在自己家门口捡到，派人快马加鞭送给尔朱荣。

但尔朱荣毫不在意地把信撕掉了，不以为意地说，这算什么呀？就这么几行字，没图没真相。世隆真是胆小如鼠的极品，皇帝怎么可能有这种想法？他想找死啊？

尔朱荣的老婆北乡长公主（南安王元桢的女儿）也劝他不要在这时入朝，尔朱荣哪里肯听。

近几年尔朱荣的确是顺风顺水，这让他的自信心无限膨胀。

尔朱荣信奉的是强权就是真理，武力决定一切。在他眼里，什么道理，什么正义，什么民意，都不算什么。

在尔朱荣看来，天下的精兵悍将都由他掌控，他是所向无敌、力大无穷的雄狮，孝庄帝元子攸和元氏皇族都只是任人宰割的小绵羊，怎么敢打他的主意？

有自信当然好，但任何东西如果无限膨胀总会发生爆炸，自信心也是这样。

正是这无比的狂妄自大，让尔朱荣付出了生命的代价。

公元530年农历九月，尔朱荣率军五千抵达洛阳。

孝庄帝也终于下定决心，要趁此机会干掉尔朱荣。

但此时尔朱荣最得力的助手元天穆还在晋阳，于是孝庄帝又下诏说有要事相商，让元天穆火速回京。

尔朱荣抵京后，孝庄帝亲自出宫迎接，当然先要寒暄一番。

孝庄帝笑容满面：太原王，别来无恙乎？

然而他心里想的却是：你小子还没得癌症啊。

尔朱荣则毫不客气：外边有传言说皇帝你要害我。

孝庄帝的反应很快：外边还有传言说，大将军你要杀我呢。怎么可以相信这些谣言呢？咱们两个谁跟谁呀？我对大将军你的感激之情有如滔滔江水连绵不绝，又如黄河泛滥一发而不可收……（此处省略一万字）

说完两人哈哈大笑。

看着孝庄帝无比真诚的样子，尔朱荣更加深信他不会伤害自己。

明明是势不两立的仇人，却表现得如此亲密无间。

孝庄帝的隐忍、韬晦，由此可见一斑。

此后，尔朱荣彻底放松了警惕，上朝的时候，只带几十人，并且都没带武器。

孝庄帝看到尔朱荣如此信任自己，毫不防范，又有些不忍心下手。

他又开始犹豫了。

毕竟，尔朱荣树大根深，党羽众多，要杀他，风险实在太大了。

但尔朱荣的部下却十分不安分，他们狐假虎威，在京城横行霸道，甚至对孝庄帝的左右毫不顾忌地大加凌辱。

正好这时元天穆也到了洛阳，尔朱荣又奏请孝庄帝一起出去围猎。

城阳王元徽等人趁机鼓动孝庄帝不要再动摇，立即下手：我们忠诚的情报员、代号蜥蜴（武卫将军奚毅）提供的情报表明，尔朱荣打算趁围猎时，胁迫皇帝迁都。再不动手，可就晚了！

孝庄帝终于下了决心，说了句狠话：吾宁为高贵乡公死，不为常道乡公生！——宁可像三国时曹魏的曹髦那样因反对司马氏而死也不愿像末代皇帝曹奂那样忍辱偷生！

真可谓慷慨激昂，大义凛然。

不过，接下来孝庄帝又在后面加了一句：何况还不一定死呢？

这一句就似乎不那么豪迈了。

既然不想死，那么就要考虑万全之策了。

孝庄帝召见了大才子中书舍人温子昇，详细询问了三国时王允杀董卓的案例，随后又和元徽、杨侃等人进行了案例分析和头脑风暴，最后他们得出的结论是如果当年王允赦免董卓党羽的话，最后王允一定不会死得这么惨。

经过一番纸上谈兵和沙盘推演后,最后他们一致认为,只杀掉尔朱荣和元天穆两人,然后立即赦免尔朱世隆、司马子如等在洛阳的尔朱荣的党羽,这样尔朱荣的部下一定不会反叛。

刺杀方案也终于定下来了:由杨侃率领武士埋伏在大殿东边,在尔朱荣入宫时,趁其不备,实施斩首行动,务求一击毙命。

运气来的时候挡也挡不住,孝庄帝他们定下方案的当天,尔朱荣和元天穆就进宫了。

不过,由于过于紧张,杨侃他们稍微有点犹豫,结果还没等他们动手,尔朱荣就匆匆赶回去了,甚至连饭也没吃完。

两天以后,尔朱荣到他的小女婿陈留王元宽家里喝酒,然后推托说酒喝多了胃不舒服,连续几天都没有上朝。

转眼一个星期过去了。

孝庄帝急了,参与谋划的人都急了。

怎么能不急呢?

做臭豆腐,随着时间的推移,发酵到一定程度,臭味总要传出去的,搞阴谋的事儿,随着时间的推移,总会有蛛丝马迹传到尔朱荣的耳朵里。

到那时,哥儿几个恐怕都会英年早逝,一个都逃不了。

孝庄帝急得像热锅上的蚂蚁。

可是却想不出任何办法。

这也难怪,谁见过热锅上的蚂蚁能想出办法来的?

最后还是诡计多端的城阳王元徽出了个主意:咱们就说皇后已经生了儿子,尔朱荣一定会入宫探望的。

孝庄帝连忙摆手:不行啊,皇后才怀孕九个月啊。

没想到元徽对妇产科还颇有研究,拍着胸脯保证说:没问题。女人没足月生小孩儿的多了去了,尔朱荣应该不会有疑虑的。

就这样,孝庄帝在宫里安排好了伏兵,随即派元徽到尔朱荣府上报喜。

尔朱荣正在和元天穆赌钱,听说女儿生了个儿子,顿时喜不自胜。

元徽的演技非常逼真,尔朱荣对此毫不怀疑,他拉着元天穆的手,带着年仅十四岁的大儿子尔朱菩提和三十余名随从,就跟着元徽入宫了。

而在宫里，孝庄帝也是非常紧张，脸色煞白，连饮了几杯酒，脸色才红润起来。

他命温子昇起草大赦文书。

温子昇写好后，手捧赦书向外走，刚出门，迎面正好碰到了尔朱荣。

尔朱荣问道：你拿的是什么文书？

文艺青年温子昇的心理素质非常好，他面不改色，极其淡定地说：圣旨。

尔朱荣急着看外孙，竟然没看看是什么圣旨，就直接闯进宫去了。

尔朱荣和元天穆刚刚坐下，就看见一群武士从门口冲进来。

看过警匪片的都知道，里面的黑老大在拒捕的时候一般都会绑架人质，然后大叫：把枪放下，否则我就杀了他！

尔朱荣一向做惯老大，所以也是这样做的。

他身手敏捷，一个饿虎扑食，直扑孝庄帝元子攸，打算以元子攸的皇帝金身做人体盾牌，负隅顽抗。

然而，元子攸早就想到了这一手，他在自己的膝盖底下放了一把杀猪刀，看到尔朱荣近身，便立刻拔刀刺向尔朱荣的胸部！

尔朱荣猝不及防，惨叫一声，当即倒地。

武士们一拥而上，挥刀乱砍，可怜一代枭雄尔朱荣就这样被剁成肉酱，年仅三十八岁。

元天穆、尔朱菩提等人也同时被杀。

尔朱荣在这时挂掉，感觉就像在看一部大片，正看到最精彩最爽的时候，靠，停电了！

彪悍的人生戛然而止，尔朱荣死不瞑目。

擒葛荣，诛元颢，戮邢杲，翦韩楼，灭丑奴，扫平群雄，势如破竹。若是没有尔朱荣，则北魏大地上真不知会有几人称帝、几人称王！

立下如此大功却落得如此下场，怎不让人痛心！

如果尔朱荣地下有知，不知他有何感想？

我想他一定会说，我太原王，太冤枉！为什么会死得这么惨？

出于同情，笔者试着回答这个问题：俗话说，太刚者易折。你尔朱荣只知以力服人，以势压人，太过迷信武力，只有大棒却没有胡萝卜，在河阴之变时屠杀大批朝臣，而且对孝庄帝和文武百官颐指气使，得罪的人多得数不胜数；除此之外，你又过于狂妄，目空一切，把自大当自信，把大意当大胆，毫无防范意识，这才造成了你的悲剧。

尔朱荣发出一声叹息，然后又问了第二个问题：更令我痛心的是好像很少有人为我的惨死而感到不平，似乎我的死是罪有应得。我为国家做出了这么大的贡献，却没有人看得见。这又是为什么？

笔者再试着回答：也许这一切不公正的待遇都要归因于那次河阴屠杀，让你尔朱荣失去了人心，尤其是失去了广大士大夫的支持，而他们这些人掌握了史书的话语权。他们忘记了你的功劳，只记住了你的残暴！

我敬尔朱荣之才，我惜尔朱荣之识，我悲尔朱荣之遇！

卷土重来

尔朱荣的死讯传出后，他在京城的亲信部下立即赶到他家中商议。

此时群情激愤，有人提出杀进宫去，为太原王尔朱荣报仇；但卫将军贺拔胜力排众议，说，宫中定有防备，我们这里只有四五千人，千万不可轻举妄动，还是先逃出城去再说。

尔朱世隆和尔朱荣关系最亲近——堂弟，官职也最高——尚书仆射，大家都让他拿主意。

然而他向来胆小，本能的反应就是逃。

因为他的人生格言就是：砍头最要紧，逃命才是真！

更何况，连勇冠三军的贺拔胜都是这么想的，那还有什么可犹豫的？

当然是选择跑路，跑得越快越好，越远越好！

当天晚上，尔朱世隆就带着尔朱荣的老婆北乡长公主以及尔朱荣的部下逃出了洛阳城，一口气逃到了河阴（今河南孟津东北）。

而贺拔胜却留在了洛阳，向孝庄帝投诚。

孝庄帝听说尔朱世隆已率部逃走，总算松了口气。马上下旨大赦天下，同时任命武卫将军奚毅镇守北中城，防守河桥。

再看尔朱世隆。

他只恨自己没有翅膀，本想一口气逃回晋阳，但被司马子如劝住了。

司马子如是高欢的哥们儿，当年的怀朔八兄弟之一，足智多谋，能说会道，时任金紫光禄大夫，深受尔朱荣的信任。

他对尔朱世隆说：现在局势混乱，如果我们北逃，那就是以弱示人，会被世人所轻视。人心就会偏向元子攸。不如我们出其不意，回军洛阳，即使不成，也能说明我们还有余力。让天下人看到我们的强大，不敢反叛。

第七章　枭雄的覆灭

总而言之，咱们越恐慌，对手越嚣张；咱们越嚣张，对手越恐慌。

尔朱世隆觉得有道理，便率军返回洛阳，攻打奚毅镇守的北中城。

契胡骑兵的战斗力很强，加上对奚毅这个吃里爬外的叛徒又十分痛恨，故而很快就攻占了北中城，杀掉了奚毅。

随后尔朱世隆派他的堂弟尔朱度律率军一千长驱直入，抵达洛阳城下。

这些人全都穿着白色孝服，哭声震天，索要尔朱荣的尸首。

孝庄帝赶紧祭出早就准备好的撒手锏：尔朱荣阴谋造反，已经被正法。但朕只追究他一个人的责任，你们的罪行一律不追究。只要投降，全部官复原职。

同时他派使者拿着免死铁券赐给尔朱世隆，使者拍着胸脯说皇帝的良心如何好，绝对不会食言。

没想到尔朱世隆顿时勃然大怒，眼睛里都要喷出毒液来：少跟我讲什么良心，老子我只觉得心凉。太原王立下这么大功劳，长乐王（他已经不承认元子攸的帝位了）都不顾信誓，妄加屠害。何况这么一个铁牌！我们发誓要为太原王报仇，绝不投降！

这下子书生气十足的孝庄帝傻眼了。

怎么吸取了三国王允的教训还是不行呢？

难道这书上写的都是骗人的？

他一连串问了自己十万个为什么，还是百思不得其解。

没办法，他只好硬着头皮招募了一批新兵，出城迎战。

但这些人怎么可能是身经百战的尔朱度律和契胡骑兵的对手？

连续几次出击都被尔朱度律轻松击败。

看着自己的部队被揍得像三孙子似的，孝庄帝愁眉紧锁，冷汗坠如瀑布，却毫无办法。

危急时刻方显英雄本色。

通直散骑常侍李苗自告奋勇，率军从河桥上游顺流直下，想用火烧毁河桥，切断尔朱世隆的退路。

尔朱世隆急忙率军来救，李苗战死。

但尔朱世隆的军队在此战中也伤亡惨重，他不敢再战，仓促退军。

此时，尔朱荣的侄子尔朱兆正担任汾州（今山西汾阳）刺史，近水楼台先得月，听说尔朱荣被杀，敢作敢为的尔朱兆毫不犹豫，马上进入晋阳帅府，统领尔朱荣的部队。

尔朱世隆回到晋阳之后，也与尔朱兆会合。

两人立刻推举太原太守、长广王元晔即皇帝位。

元晔只是皇室远支，他是景穆帝的曾孙，其皇室血统已经和冲泡了十遍的茶一样淡了，但尔朱兆他们没有更好的选择，元晔因此被推上了前台。

随后尔朱兆马上率军南下，杀向洛阳。

而坐镇关中的尔朱天光则在贺拔岳的建议下，脚踏两只船，一方面向孝庄帝表示忠心，另一方面又与尔朱兆等人互通信息。却按兵不动，坐山观虎斗。

他认为无论哪一方获胜，他都不愁没有好果子吃。

尔朱兆在出发的同时，还派人邀请时任晋州（今山西临汾）刺史的高欢一起出兵。

尔朱兆自以为和高欢关系不错，两人曾经多次并肩作战，一起扛过枪，一起爬过墙，一起分过赃，结下了深厚的战斗情谊。

他本来以为高欢一定会随自己出征，但其实他不懂高欢的心。

精明的高欢是不会蹚这趟浑水的。

高欢采用与尔朱天光一样的观望策略，推说山里面的胡人造反，自己正忙着扫黄打黑征土匪，工作任务繁重，分身乏术，并非我不想来，真的是走不开。

尔朱兆虽然有些不快，但他一向把高欢视为兄弟，对高欢仍然深信不疑。

你不来那就算了，看我一个人照样搞定！

与尔朱兆相呼应，徐州刺史尔朱仲远（尔朱世隆的哥哥）也在同时率部向西进军，兵锋同样指向洛阳。

尔朱氏的军队来势汹汹，孝庄帝这时也慌了，匆忙任命卫将军源子恭率军镇守太行关（今山西晋城南），以防备尔朱兆。

同时任命车骑将军郑先护率领贺拔胜等人讨伐尔朱仲远。

孝庄帝虽然志向远大，但他在用人方面实在是令人不敢恭维，比尔朱荣差远了。

他重用城阳王元徽，让他总管朝政。

然而元徽虽然擅长阴谋，在除掉尔朱荣时立下大功，但在治国上却毫无才干，而且他是出名的嫉贤妒能（不要忘了当年立下大功的元渊就是被他害死的），因此朝政一片混乱。

另一个大问题是对贺拔胜的任用。

要知道尔朱荣死后，群龙无首，其部下也并非铁板一块，高欢、侯景（时任定州刺史）、尔朱天光、贺拔岳等实力派都在观望，真正死心塌地要与孝庄帝为敌的仅有尔朱兆、尔朱仲远等尔朱家族的部分成员。

而贺拔胜作为尔朱荣麾下首屈一指的大将，显然具有极大的号召力，这次主动投奔，如果孝庄帝给他高官厚禄，委以重任，完全可以将此作为争取尔朱氏军心的一面旗帜。

如果与此同时他再花大量血本，拉拢高欢等实力派，那么孝庄帝的前景可能还是很乐观的。

但孝庄帝并没有这么做，他竟然让威名赫赫的贺拔胜给郑先护这种鲜有战功的世家子弟当下属。

这简直相当于让老虎给绵羊当仆人，心高气傲的贺拔胜怎能不对此感到耻辱？

手中没有一把米，叫鸡都不来。

如果投靠孝庄帝没有好处，贺拔胜怎么会愿意为朝廷卖命呢？

尔朱荣的旧部还有谁会愿意效忠孝庄帝呢？

果然，与尔朱仲远刚一交战，怨气冲天的贺拔胜就立刻率军叛逃，重新投入了尔朱氏的麾下。

与此同时，尔朱兆则猛攻太行关。

他的部队是尔朱荣留下的契胡骑兵主力，太行关守将源子恭哪里抵挡得住，大败而逃。

尔朱兆随后继续挥军南下。

孝庄帝以为有黄河天险，只要守住河桥，尔朱兆就不可能轻易过河，因此用重兵防守河桥，而洛阳城却几乎没有设防。

然而上天似乎并不站在孝庄帝这边。

时值隆冬，平日波涛汹涌的黄河此时却正经历着历史上极为罕见的枯水期，河水仅有一尺多深，尔朱兆得以轻松渡过黄河，加上那天的天气又是黄沙漫天，能见度极低，因此竟然直到尔朱兆率军攻打皇宫的时候，才被孝庄帝的卫士发觉。

孝庄帝闻讯仓皇出逃。

由于太过匆忙，他甚至连匹马都没找到，只好像现在的驴友一样拼命暴走。

刚跑出皇宫，正好碰到同样出逃的城阳王元徽骑着快马，向城外狂奔，孝庄帝赶紧大声呼救，让他带着自己一块逃。

元徽会救孝庄帝吗？

如果会救孝庄帝，那就不是元徽了。

孝庄帝此时不由得发出了由衷的感叹：路遥知马力不足，日久见人心不古。怪只怪我太年轻，是人是狗没分清！

可惜他领悟得太晚了。

因为他很快就被尔朱兆的部下抓住了，关押在永宁寺。

寒冬腊月，从小养尊处优的孝庄帝感到十分寒冷，只好向尔朱兆哀求，希望能给他一个头巾御寒，尔朱兆置之不理。

再看元徽。

他考虑得倒是挺周到，出逃时随身还携带着足够的差旅费——五十匹马和一百斤黄金。逃出城后，他投奔了老朋友寇祖仁。

正所谓：物以类聚，人以群分。

元徽的朋友人品肯定也好不到哪去。

结果是：寇祖仁卖友求荣，元徽人头落地。

当然黄金和马匹都被寇祖仁据为己有。

不过，寇祖仁也没有好下场。

这事看起来非常荒诞。

据说那天晚上尔朱兆做了个梦，梦到元徽对他说：我有两百斤黄金和一百匹马在寇祖仁的家中，你快去取吧。

醒来后，尔朱兆就把寇祖仁找来审问。

寇祖仁做贼心虚，以为有人告密，马上就承认了，说确实拿了元徽的一百斤黄金和五十匹马。

这下尔朱兆火了，明明梦里说有两百斤黄金的，还有一百斤呢？是不是你私吞啦？

一通酷刑下来，寇祖仁挺不下去了，只好把家里的家产全都变卖了，可无论如何都凑不满这么多黄金——照如今的价格一百斤黄金价值数千万呢。

尔朱兆最终失去了耐心，把寇祖仁殴打致死。

厉鬼元徽竟然用这样一种方式为自己报了仇。

看到这一幕,你一定以为自己是在看《聊斋》呢。

可是,这却是正史的记载。

当然啦,信不信由你。

祸首城阳王元徽就这样死了,他的同党包括大帅哥临淮王元彧、范阳王元诲、尚书右仆射高道穆等参与诛杀尔朱荣密谋的人自然也是在劫难逃,全部被杀。

只有杨侃反应最快,他逃到老家华阴躲藏起来,暂时逃过了一劫。

尔朱兆轻松攻进洛阳,不免骄狂起来,俨然以尔朱荣的接班人和尔朱家族的族长自居,他怒目圆睁、声色俱厉地责备自己的叔父尔朱世隆:你在京城这么多年,怎么这么没用,让天柱大将军遭此大祸!

尔朱世隆向来胆小怕事,只好忍气吞声,跪拜谢罪,但他心里十分不满:再怎么说,我也是你的长辈,怎么一点尊重都没有呢?

尔朱世隆从此对尔朱兆怀恨在心。

正当踌躇满志的尔朱兆打算在洛阳大展拳脚的时候,并州老家却传来了坏消息。

原来,孝庄帝曾经下诏给河西的费也头人头目纥豆陵步蕃(fán),让他进攻尔朱氏的老巢秀容郡,以牵制尔朱兆。

看到尔朱兆南下洛阳,并州空虚,纥豆陵步蕃立即出兵,一路势如破竹,兵锋直指晋阳。

听说老窝危急,尔朱兆非常焦急。

他慌忙留下尔朱世隆、尔朱彦伯(尔朱世隆之兄)、尔朱度律等人留守洛阳,自己不敢停留,匆匆率军赶回晋阳。

作为战俘,孝庄帝也被押着同行。

高欢给尔朱兆写了一封信,劝他不要杀害孝庄帝,以免承担弑君的恶名。同时还象征性地派骑兵东进,打算截住孝庄帝,如他所料地没有成功。

尔朱兆当然不可能听高欢的。

但高欢的这次作秀却为他在政治上加了不少分,在士大夫中留下了忠君爱国的好形象,也为他后来与尔朱氏分道扬镳埋下了伏笔。

到了晋阳,向来无所顾忌的尔朱兆干脆缢杀了孝庄帝,为自己的叔父尔朱荣报了仇。

在瑟缩的寒风中,孝庄帝结束了自己年仅二十四岁的生命。

他终于解脱了。

天下没有不散的宴席,可在宴席上他究竟得到了什么?

在悲催的两年零八个月的皇帝生涯中,他几乎没有过一天安稳的日子,每天上班的心情就和上坟一样沉重。

如果在太平盛世,以他的聪明才智,也许他可以成为像他伯父孝文帝一样的明君。

然而,身处北魏王朝的末世,不愿成为木偶戏主角的他,虽然使出了浑身解数,比崇祯辛苦,比道光俭朴,但一切仍然都是徒劳,悲惨的命运早已注定。

孝庄帝就像冒着十级台风依然驾着小舢板到外海打鱼的渔民,虽然愿望是美好的,但希望是没有的。

这是他的宿命。

这也是在他以后所有北魏皇帝的宿命。

第八章　人生如戏，全靠演技

没有演技，哪来实力

在杀掉孝庄帝后，复仇成功、意气风发的尔朱兆却在老家秀容遭到了当头一棒。

由于骄傲轻敌加上极度疲劳，尔朱兆和他的契胡骑兵居然被以逸待劳的纥豆陵步蕃打得落花流水，连战连败，只好退守晋阳。

怎么办？

他想到了近在晋州的老朋友高欢，赶紧派人邀请高欢出手相助。

高欢的下属都劝他不要出兵，坐山观虎斗，岂不是很爽？

然而高欢却力排众议，决定发兵与尔朱兆合力对付纥豆陵步蕃。

老谋深算的高欢走走停停，行军速度比拄拐的蜗牛还要慢。

照高欢这个速度，如果是二万五千里长征，估计得到孙子辈才走得到。

高欢不急。

他希望尔朱兆被揍得再惨一点，越惨越好，那样才是真正的雪中送炭。

可怜尔朱兆眼巴巴地盼救兵，盼得脖子都细了，还没一点高欢的影子，只好勉强压榨着肌肉里仅存的一点力气苦苦支撑。

老大我都快混得揭不开锅了，眼看着就要申请加入丐帮并州分舵去了，高欢啊高欢，我的好兄弟，你怎么还不来呢？

没办法，他只能再派人催。

高欢的回答却是汾河上没有桥，难以渡河，正在想办法。

无奈，尔朱兆只好继续等待。

可是，等来的却不是高欢，依然是纥豆陵步蕃。

此时的纥豆陵步蕃越战越勇，尔朱兆屡战屡败，眼看着就要全军覆灭，高欢的部队这才如英雄救美般的神兵天降，出现在两军阵前。

纥豆陵步蕃虽然一次次地暴揍尔朱兆，但自己也已经累得气喘吁吁，好比打格斗游戏，尔朱兆只剩下一格血，苟延残喘；纥豆陵步蕃也只有两格血，疲惫不堪。

现在遇到血满格的高欢，纥豆陵步蕃怎能抵挡得住？

正如高欢预想的那样，最终纥豆陵军被高欢的这批生力军打得大败，纥豆陵步蕃本人也在石鼓山（今山西原平）被斩杀。

高欢救了尔朱兆的命。

尔朱兆是一个极讲义气的人，也是个单纯的人，信奉的是受人滴水之恩，定当涌泉相报，所以他才会不顾一切地为叔叔尔朱荣报仇。

当朋友或马仔，尔朱兆显然是个不错的对象；但是在尔虞我诈的政坛上，他只能是个被利用的对象。

对于救命英雄高欢，讲义气的尔朱兆无疑是感激涕零的，他带着亲信随从来到高欢营中，与高欢正式结为兄弟，然后通宵饮酒，一醉方休。

之后，尔朱兆即把高欢视为最得力的左右手，所有大事都与高欢商量。

尔朱兆以为高欢和他一样，讲义气，重友情，但其实高欢和他完全不同，讲利益，重实惠。高欢看重的是尔朱兆手里的十几万六镇鲜卑流民！

一想到这些六镇鲜卑流民，他就忍不住要咽一下口水。

这些人多是当年葛荣的部下，葛荣失败后被安置在并州、肆州一带，原有二十余万人。这些鲜卑流民在这里深受契胡人的欺凌，而他们本来就桀骜不驯，于是又纷纷造反，据说反叛了二十六次，被诛杀过半，剩下的十余万人仍然叛乱不止。

尔朱兆对这帮人一直很头疼。

作为晋州刺史，高欢现在手中的部队只有万把人，难堪大用；然而如果自己能得到这十几万勇悍的六镇流民，他就可以一跃成为北魏大地上一股不可小觑的力量，进可以争天下，成就千古霸业，退可以守一方，凭此割据称雄！

对这十几万六镇流民，高欢是势在必得！

这就是高欢救援尔朱兆的原因。

为了得到这批鲜卑流民的领导权，高欢精心策划了一幕好戏。

制片、编剧兼导演：高欢

领衔主演：高欢、贺拔允

友情客串：刘贵

本色演出：尔朱兆

请允许笔者介绍一下主演之一的贺拔允：

他是声名显赫的武川贺拔三兄弟的老大，时任蔚州（河北蔚县）刺史，照理说混得还不错。

但有句话是这么说的：

如果你的兄弟混得比你差很多，你也许会感到很难过；但如果你的兄弟混得比你强很多，你一定会感到更难过。

贺拔允的情况就是这样。

比起名震天下的两个弟弟贺拔胜、贺拔岳，贺拔允显然有点相形见绌了。虽然没有武大郎和武松的差距那么悬殊，但他仍然感到非常不爽，与两个弟弟的关系也不太好，时时刻刻都有一种天生我材没有用的惆怅。

这就好比C罗是高帅富，我是矮矬穷，我绝不会恨C罗；可如果我弟弟是高帅富，我是矮矬穷，我心里就是不平衡！

此时，深谙心理学原理的高欢主动找上门来，倾力结交，一来二去，贺拔允竟然成了高欢的亲信死党，成了高欢安插在尔朱兆身边的卧底之一。

这一天，尔朱兆又大宴宾客，高欢自然坐在次席，贺拔允、刘贵等一帮将领分坐两旁。

一幕精心安排的好戏随后正式上演。

酒过三巡，在刘贵等人的巧妙暗示下，尔朱兆很自然地想起了这十几万不安分的六镇流民，不禁连连叹息。

高欢故意问道：大王，为何叹息？

尔朱兆回答道：新春佳节即将到来，和谐和稳定是当前压倒一切的政治任务。现在最主要的不安定因素就是这些个唯恐天下不乱的鲜卑流民，依老高你看，应该如何处置比较妥当？

高欢心中大喜，梦寐以求的机会来了：堵不如疏，杀不如抚，抚不如让人心服口服。我个人认为，六镇流民人数众多，不可能也不应该全部杀掉。我建议让大王的心腹去当统帅，有谁造反就追究统帅的责任，这样大王您就高枕无忧了。按照管理学的术语这叫授权。

尔朱兆早就想甩掉这个包袱了，当即肯定了高欢的建议：嗯哪，这主意不错，不过，你觉得，派谁去比较合适呢？

按照剧情该贺拔允出场了。

贺拔允猛然站起，做慷慨激昂状：这个差事只有高欢最合适！首先他本人就出身于六镇，其次……

话还没说完，高欢一个旱地拔葱，腾空跃起，随即一记势大力沉的右直拳打向贺拔允的脸部，贺拔允当场被打断一颗门牙，满口都是血（不用说，日后镶金牙的钱肯定是高欢出）。

在座的人都惊呆了。

只听高欢大声怒喝：当年天柱大将军尔朱荣在的时候，我们这些人一个个都服服帖帖的，谁敢这么对他说话？现在，天下事都取决于大王，这么一件大事，你贺拔允怎么就敢如此胆大包天，肆意妄言！你小子怎么连发言要举手都不知道啊！我高欢请求大王立即杀了这个没大没小的家伙！

尔朱兆听了真是无比受用。

他是个重感情的人，也是个感情用事的人，顿时被高欢表现出的忠心感动得热血沸腾。

高欢的话简直说到他的心坎里去了。

因为虽然尔朱兆一直以叔父尔朱荣的接班人自居，但不仅尔朱家族的其他人对他并不服气，就连很多当年尔朱荣麾下的高级将领也并不太认可他，认为他只有体力、魄力和暴力，缺乏脑力、智力和魅力。

然而，高欢这样一个当年与自己平起平坐的名将，这样一个有恩于自己的人，这样一个在军中有很高威信的人，对自己却表现得如此忠诚！

这种感觉就好像一个姿色平庸的女生却得到了帅哥的青睐，他尔朱兆的内心怎能不感到无比的温暖？

尔朱兆此时只觉得热血往头上涌，几乎就要热泪盈眶了，没有多加思索，没有任何犹豫，他就大声宣读了他的决定：统领这些鲜卑流民的重任就交给高欢将军了！高欢将军切勿推辞！

高欢看起来似乎也是激动万分：末将万死不辞！

眼看气氛达到了高潮，高欢生怕时间长了节外生枝，便立即请尔朱兆写下手令，随后他迅速走出营帐，策马奔向十万六镇流民的大本营，拿出尔朱兆的手令，大声宣布：我受大王的委托，统领六镇将士，尔等应马上到汾河东岸集合，听从我的号令。

这些六镇将士早就听说高欢的大名，知道他向来善待下属，与苛刻严酷的尔朱兆截然不同，当然十分乐意接受高欢的领导。

于是高欢当天就在汾河东岸建立大营，任命下属，召开了成立大会。

看到迎来了一个威望高、得人心而又出身六镇的好领导，六镇将士们无不欢呼雀跃，各地的六镇流民奔走相告，纷纷前来报到。

就这样，高欢轻松拥有了十几万彪悍的六镇将士，这将是他日后争夺天下最主要的资本！

尔朱兆有眼无珠，对这十几万六镇鲜卑弃之如粪土；高欢却目光如炬，把这十几万六镇鲜卑看作璞玉。

同样是拿望远镜，在战场上被人称作将军，在宿舍里就变成了流氓；同样的六镇鲜卑，在尔朱兆那里是百无一用的废柴，在高欢手里就成了骁勇无比的铁军！

分道扬镳

下一步，高欢想要的是脱离尔朱兆，独立发展。

高欢让自己的老哥们儿时任行汾州事（代理汾州刺史）的刘贵向尔朱兆请示说，并州、肆州一带近年来频繁发生旱灾，这些六镇降户只好以田鼠为食，全都面黄肌瘦，面无人色，实在是影响市容。希望大王允许高欢将军把这些人带到太行山以东，一方面解决温饱问题，另一方面帮您扫清河北一带的叛贼。

尔朱兆如今对高欢是言听计从，立刻在文件上批示：同意。

高欢非常兴奋，是历经磨难终于抵达幸福彼岸的那种兴奋。

但是，尔朱荣的表弟，对尔朱家族一向忠心耿耿的慕容绍宗出来搅局了。

慕容绍宗说，如今天下大乱，许多人都暗怀野心觊觎天下。高欢这人雄才盖世，就好像蛟龙一般，怎么能借给他云雨让他形成气候？大王绝不能让他在外地拥有重兵！

慕容绍宗确实是聪明过人，判断精准，但可惜他的情商实在太低，他不了解人的心理，不善于察言观色，有点像现在某些沟通能力欠缺的技术天才，这就导致他每次分析都是正确的，可是没有一次进谏是被接受的，不管是对尔朱荣还是尔朱兆。

这次当然也不例外。

尔朱兆听了反而大怒：我和高欢是结拜弟兄，你怎么能说出这样的话！

刚直的慕容绍宗对尔朱兆这句话十分不屑，是那种听到醉鬼在说"我没醉"时一样的不屑：亲兄弟反目成仇的多了去了，何况结义弟兄！

这下尔朱兆更加恼火，一脚把桌子踢翻了：你敢挑拨我们兄弟的关系！

尔朱兆左右的这帮人全都被高欢买通了，一看这个情势，赶紧一个个落井下石。

这个说，慕容绍宗对高欢有旧怨，黑夜给了他黑色的眼睛，他却用它来抹黑高欢。

那个说，慕容绍宗现在看高欢得宠，心里严重不平衡，总想着陷害高欢，以小人之心度君子之腹，这人的心理可真是阴暗啊。

尔朱兆听了更不信任慕容绍宗了，想想高欢对自己如此忠诚，却蒙受如此的冤屈，为了安抚高欢那一颗受伤的心灵，一怒之下，他干脆把慕容绍宗给关起来了。

同时他催促高欢赶快出发。

什么叫有眼无珠，什么叫"亲者痛，仇者快"，什么叫"被人卖了还帮着数钱"，看看这时的尔朱兆就知道了。

高欢得令后，怕尔朱兆后悔，不敢耽搁片刻，立即率十万鲜卑流民向太行山以东（今河北一带）进发。

脱离了尔朱兆的控制，他的心情如鸟儿出樊笼或翻身农奴得解放一样的轻松。

这一放松，就出了问题。

从晋阳出发后不久，正好遇到尔朱荣的遗孀北乡长公主从洛阳回来，作为当年尔朱荣的麾下大将，高欢当然要与北乡长公主叙叙旧。

交谈时，高欢发现公主那里有三百匹好马，顿时如春运时看到了唾手可得的火车票一样，立马眼都直了。

因为马是当时最重要的武器装备，相当于现在的坦克、飞机甚至航母，高欢手中此时最缺乏的就是好马。

于是高欢当场就向公主借马，公主不肯。

不肯也没用，高欢霸王硬上弓，强抢了这三百匹好马。

当然为了给公主留点面子，他也还给公主三百匹劣马。

第八章　人生如戏，全靠演技

也许他觉得，这样的话性质就没有持刀抢劫那么恶劣，最多只能算是经济纠纷——强买强卖。

大概是由于高欢前一阵太过顺利，被胜利冲昏了头脑，这次居然走了这样一步大昏招！

令旅行者受伤的往往并非悬崖峭壁，有时仅仅是鞋底里的一颗小石子，这一点小小的疏忽，差点毁了高欢！

因为他苦心伪装出来的尔朱氏的大忠臣形象彻底被破坏了！

北乡长公主气坏了，火速赶回晋阳，向尔朱兆哭诉高欢的恶劣行径。

这下，尔朱兆也火了。

你高欢也太过分了，竟然敢抢公主的马！

难道慕容绍宗说得对，高欢真的有二心？

想到这里，尔朱兆立刻把慕容绍宗从监狱放出来，商量对策。

慕容绍宗对此胸有成竹：高欢的部下多是步兵，走不快，大王你火速率骑兵去追，一定能追上！

尔朱兆是个急性子，屁都来不及放一个，就赶紧去追。

他带着骑兵，一路狂奔，追到襄垣（今山西襄垣县），果然看见了高欢。

不过此时漳河暴涨，桥也坏了——当然是高欢破坏的，他早就料到尔朱兆会来。

尔朱兆一时过不了河，只好隔着漳河，厉声指责高欢。

高欢十分谦恭地向尔朱兆拜谢行礼，诚恳地说，我向公主借马，并无恶意，全是为了国家的安定，用来对付太行山以东的叛贼。公主不了解我，大王你也不了解我吗？如果大王你要处置我，我毫无怨言，不过我怕的是我手下这群反复无常的鲜卑人又要叛乱啊。

尔朱兆这个人什么都硬，就是在能言善辩的高欢面前心太软。

他回头想想高欢的话似乎也不无道理，更何况高欢曾经救过他的命。

他忽然觉得自己实在不应该听信公主的一面之词而猜疑高欢；再想想如果自己要成为天下真正的领袖，就离不开高欢这样的左膀右臂……

思来想去，尔朱兆竟然觉得对于自己这么一个大哥，一个讲义气的大哥，一个负责任的大哥，刚才的这种做法实在有点小肚鸡肠，甚至有点猥琐。

他越想越内疚，灵机一动，随即做出了让所有人都吃惊的举动。

尔朱兆单枪匹马坐小船渡过漳河，把自己的佩刀递给高欢，当着所有将士的面，对高欢说，对不起，我错怪你了，好兄弟。你杀了我吧，大哥我绝不怪你。

大概黑帮片看多了，尔朱兆觉得自己这个样子很酷很牛，然而其他所有人都觉得他很呆很傻。

尔朱兆太不了解高欢，也太不了解政治。

在权力场上，从来都是只讲利益而不讲义气。如果太讲义气，迟早会被遗弃；如果你想为朋友两肋插刀，迟早会被朋友两肋插刀。

总之，尔朱兆这出戏演得太失败了。

不过，看在尔朱兆演得这么卖力的分儿上，高欢当然也要竭力配合，他流着眼泪，泣不成声地说，自从天柱大将军逝世以后，我贺六浑……我贺六浑就像失去了父母的孩子一样孤苦伶仃，除了依靠大王您，我还能依靠谁呢？大王您怎么忍心说出这种话呢？肉麻得让我汗毛直竖如刺猬。

尔朱兆听了倒不觉得肉麻，好像很多领导一样。

他把刀猛地扔在地上，随后张开双臂，紧紧地抱住高欢，激动万分地说：好兄弟，大哥我错怪你了。

随后两人斩杀白马，再次慷慨激昂地重申了自己的誓言：义结金兰，永不背叛。不能同年同月同日生，但愿同年同月同日死……

接着两人举杯痛饮。

感情深，一口闷，感情厚，喝不够！

尔朱兆喝得大醉，留宿在高欢营中。

高欢的姐夫尉景想趁此机会杀掉尔朱兆，高欢连忙制止：不要急躁，时机未到。如果现在杀了他，尔朱氏的军队定会找我们报仇。我们兵饥马瘦，难以匹敌。不如留他一条命，他这人胆大无脑，不难对付。

第二天，尔朱兆开开心心地渡河回营，随后他又在对岸热情地邀请好兄弟高欢过来与他喝酒。

高欢本来想要答应，但孙腾（当年的怀朔八兄弟之一，现在是高欢的智囊）却急忙拉住他的衣服，示意他别过去。

高欢心领神会，于是就找了个托词，对尔朱兆说：今天自己感到身体不适，头昏脑涨，胃胀胃酸，上吐下泻，四肢无力……总之是不能过来了。

尔朱兆心里非常不快，他觉得高欢这个人像雾像雨又像风，让他越来越看不懂。

昨天他感觉高欢像孝子,今天却感觉高欢像骗子。

可是他顾及面子,不好直接对高欢发作,只好指桑骂槐地对孙腾大骂一通,随后带着满腹狐疑返回晋阳。

一路上他都在琢磨,高欢对他的忠诚是真还是假?

然而这个问题对他来说实在是太难了,要让他想清楚,相当于让只会做十以内加减法的人去解三元二次方程,绝无可能。

民怨沸腾

回到晋阳后不久,一件令尔朱兆更加恼火的事情发生了。

洛阳又换皇帝了,而他竟然被蒙在鼓里,什么都不知道。

这事主要和尔朱家族的内部矛盾有关。

在尔朱荣死后,狡猾的尔朱天光本想两面讨好,坐山观虎斗,但他失算了。

出乎他的意料,尔朱兆居然没怎么费力就轻松攻占洛阳,擒杀了孝庄帝,为尔朱荣报了仇,然后凭此功劳在尔朱氏内部声望大涨,俨然成了尔朱荣的接班人。

当年,尔朱天光和尔朱兆是尔朱荣在其子侄辈中最器重的两个人,现在尔朱兆分走了最大的一块蛋糕,而尔朱天光首鼠两端,立场不坚定,在这一事件中寸功未立,导致在和尔朱兆的竞争中先丢一分,这叫他怎么能甘心?

更何况对于有勇无谋的尔朱兆,尔朱天光从来都是不服气的。

如何才能挽回这一不利局面?

尔朱天光想到了一个妙招——再次换人,重新拥立一个皇帝。

这样他就有了拥戴之功。

正好此时在洛阳控制朝政的尔朱世隆对尔朱兆也十分不满,想要拉拢尔朱天光这个能与尔朱兆分庭抗礼的实力派。

尔朱天光就把这个想法和尔朱世隆商量,尔朱世隆也觉得长广王元晔不是皇族嫡系,号召力不够。两人一拍即合。

立谁呢?

尔朱天光认为广陵王元恭是孝文帝的侄子,宣武帝和孝庄帝的堂弟,应该是个最合适的人选。其实光看这名字就觉得挺合适:元恭(员工),

做傀儡皇帝，要的不就是个听话的员工嘛。

元恭这人早年就很有声望，在胡太后听政的时候曾担任过黄门侍郎等要职，不过后来元乂专权，元恭受到猜忌，遂声称自己得了哑病无法讲话，隐居在山中，与外界断绝来往。到现在已经有整整八年之久。

尔朱世隆让自己的哥哥尔朱彦伯代表组织上对元恭进行考察，看看这家伙是不是装哑。如果立了元恭，发现他真的不能讲话，那岂不是笑话！

试想一下，上朝的时候皇帝用手在那指指点点，嘴里还发出咿咿呀呀的声音，知道的说他是个帝王，不知道的还以为是只猴王！

结果等尔朱彦伯把来意一讲，淡定了八年的淡定哥元恭这次居然不淡定了，张口说了四个字：天何言哉！

看着他欣欣然往火坑里跳，笔者忍不住要对他说另外四个字：你何苦呢！

尔朱世隆闻讯自然是大喜过望。

公元531年二月，在尔朱世隆和尔朱天光等人的安排下，在位仅仅四个月的长广王元晔退位，广陵王元恭登上帝位，改元普泰，史称节闵帝。

尔朱天光的目的达到了，他成了拥立新帝的功臣，厥功至伟。

生活有时就像天平，有人得意，就会有人失意。

消息传到晋阳，尔朱兆可是气坏了。

连废立皇帝这样的大事都被排除在外，让我尔朱兆的面子往哪儿搁？

尔朱兆此时的感觉就好像自己的女儿已经奉子成婚而身为老爸的自己却被蒙在鼓里，让他怎能不恼火！

气急败坏的尔朱兆扬言要再次率军攻打洛阳。

尔朱世隆深知尔朱兆的为人，这家伙做事从来没有底线，什么事干不出来？

他赶紧让自己的大哥尔朱彦伯去和稀泥，劝解尔朱兆。

尔朱彦伯在家族中人缘最好，是个老好人，他费尽口舌，说尽好话，赔尽不是，尔朱兆才勉强没有发兵，但他的心中依然怨气冲天，愤愤不平。

尔朱兆对于尔朱世隆、尔朱天光等人的行为始终耿耿于怀。

而此时春风得意的尔朱天光却还想再干一件大事——诛杀大臣。

他和尔朱世隆等人商量，要让别人敬畏尔朱氏，就应该狠狠地杀一批人，杀鸡儆猴。不过，吸取了尔朱荣河阴之变打击面太大的教训，这次他们决

第八章 人生如戏，全靠演技

定缩小诛杀范围。

谁做靶子比较合适呢？

经过多次密谋，弘农杨氏进入了他们的视线。

弘农杨氏是当时著名的豪门大族，家世显赫，代出显宦，门生故吏遍布天下。

仅北魏一朝，杨家一门就出了七位郡太守、三十二位州刺史，此外，杨家还出了不少武将，杨播、杨椿、杨津、杨顺以及杨播之子杨侃、杨椿之子杨昱都是能征惯战的大将，号称北魏杨家将。

此时杨播已去世，他的弟弟杨椿、杨津都位列三公。

和北宋杨家将一样，弘农杨家也以忠君闻名，杨氏一门都对元氏皇室忠心耿耿，因此深受孝庄帝的信任，杨侃更是刺杀尔朱荣的主谋之一。对尔朱氏来说，他是仅次于城阳王元徽的二号战犯。

在尔朱兆攻入洛阳后，杨侃趁乱逃脱，经过尔朱天光派特务秘密调查，发现原来杨侃已逃回了华阴老家，受到族人的庇护。

尔朱天光让杨侃的岳父传话，要求杨侃去长安，并答应赦免他的罪行。

杨侃知道自己如果去长安，一定凶多吉少。但如果不去，整个家族上百口人就是窝藏逃犯，必然会受到连累。

为了保全族人，他毫不犹豫就答应了尔朱天光。

果然不出杨侃所料，一到长安，他就被尔朱天光所杀。

然而，他的死并没能拯救他的族人。

因为尔朱氏已决定要大开杀戒，用弘农杨家上百口人的鲜血警示所有敢和尔朱氏为敌和所有忠于元氏皇族的人！

尔朱世隆给杨家定的罪名很没有创意——谋反，节闵帝不同意。

可是，作为一个正宗的傀儡皇帝，他的意见只不过相当于落水后捡到根树枝——完全没用。

节闵帝现在一定非常后悔，也许他本来以为自己当了皇帝能够海阔凭鱼跃，没想到结果却是破鼓任人捶！

接下来，尔朱世隆和尔朱天光分别在洛阳和华阴（今陕西华阴）对杨氏家族进行了大搜捕，随后包括前司徒杨椿、司空杨津、冀州刺史杨顺、东南道大行台杨昱在内的数百名杨家人，不分男女老少均被屠杀殆尽，本着斩草除根的原则，在外地当官的杨氏族人也难以幸免，同时被杀。

只有杨津的一个儿子杨愔此时正好不在家中，侥幸逃脱，之后他像逃犯一样东躲西藏，后来投奔高欢，成为北齐的一代名臣。

这个故事如果拍成电影"杨氏孤儿"，笔者估计有可能会比《赵氏孤儿》更加卖座。

自东汉以来兴旺了四百余年的弘农杨氏就此遭到了几乎毁灭性的打击。

这就是轰动一时的弘农杨氏灭门惨案。

朝中大臣从此对尔朱氏噤若寒蝉。

此时的尔朱家族可谓权倾天下，只不过，与尔朱荣时期的独裁相比，现在要民主得多——是尔朱家族集体领导。

尔朱世隆担任尚书令（宰相），与其兄尔朱彦伯一起坐镇洛阳，总领朝政，尔朱天光占据关中，尔朱仲远控制徐州（治所今江苏徐州）、兖州（治所今山东济宁兖州区），尔朱兆则盘踞并州（治所今山西太原）、汾州（治所今山西汾阳）。

尔朱家的这几个人一个比一个贪婪和残暴，极其不得人心。

其中尤以尔朱仲远为最。他的座右铭是：你的就是我的，我的还是我的。

他所管辖地区的富家大族，几乎都被他诬为谋反，随后把男人杀掉，女人和财物据为己有。他经常下乡扫荡，实行三光政策，当地人对尔朱仲远恨之入骨，称他为豺狼。

贪暴腐败的尔朱家族仅仅执政了几个月时间，北魏大地上就已经民怨沸腾，百姓纷纷揭竿而起。

最先举起造反大旗的是刘灵助。

这名字是不是很耳熟？

没错，就是当年尔朱荣最信任的算命先生刘半仙。

刘灵助曾跟随尔朱荣南征北战，因为算命精准而多次立下大功。

算而优则仕，他被尔朱荣任命为幽、安、营、并四州行台，成为称雄一方的封疆大吏。

不过，刘灵助对此却并不满足。

据说因为他算了一卦：三月末，我必入定州（今河北定州），尔朱亦必灭。

出于对自己算命水平的自信，加上尔朱氏确实不得人心，刘灵助自称燕王，扬言要为孝庄帝报仇。

河北百姓大多痛恨尔朱氏，纷纷响应刘灵助。

尔朱氏控制下的北魏朝廷派大都督侯渊讨伐刘灵助。

刘灵助的专业是算命,打仗水平比较业余,仅仅一战就被侯渊擒杀。

他的首级被送往洛阳,经过定州的时候,果然是三月底。

刘灵助死也可以瞑目了,因为他依然保持着那百分之百准确的算命吉尼斯纪录。

笔者觉得,他是当之无愧的史上最牛算命先生。

之所以这么说,不仅因为有他高超的算命技术,更因为他那种精神——为了神圣的算命科技事业,他不惜以身试法,献出了自己宝贵的生命。

他将永远活在所有装神弄鬼者的心中。

第九章　好风凭全借力，送我上青云

挺进河北

这几个月时间，高欢在干什么呢？

高欢先是在壶关大王山（今山西壶关东北）驻军，整编部队，操练士兵。

当年尔朱兆与这些六镇将士，好比黄豆和水，永远都无法相融。而高欢与他们，却是血脉相连的同乡，就如同盐和水，可以轻松地融合在一起，指挥起来堪称如臂使指，指哪儿打哪儿。

仅仅几十天时间，这些六镇将士就从四分五裂的一盘散沙变成了令人生畏的一只铁拳！

与此同时，高欢也在规划自己的未来，如今虽然脱离了尔朱兆，手下也有了十万鲜卑将士，但自己的地盘在哪里呢？

关中、河南、徐州、并州都被尔朱家族直接控制，自己插不进去。

他能选择的只有河北。

在河北地区，尔朱氏的势力并没强大到一手遮天的地步，而那里的汉族豪强却很多。

高欢要想在河北站稳脚跟，只有两个途径，要么消灭他们，要么和他们结盟。

结盟当然是上策。但即使这条路行不通，必须兵戎相见的话，拥有十万雄师的高欢仍然有足够的信心。

在休整了整整两个月后，踌躇满志的高欢兵出滏口，向河北进发。

经过邺城，高欢找相州刺史刘诞要军粮，刘诞不给。高欢也毫不客气，干脆抢了粮就走。

手中有粮，心中不慌。就像现在很多企业有了钱就要开始搞所谓的企业文化,现在高欢要开始包装自己,打造自己的良好形象了。

过麦地的时候,为避免踩踏麦苗,高欢都牵马步行。

一路上军纪严明,秋毫无犯。

与北魏末年像蝗虫一样扫荡河北的各路军阀相比,此次高欢的表现比现在去大街上裸奔还要吸引人眼球,人们把他誉为爱民如子的高青天,他的美名很快传遍了河北大地。

高欢的赫赫威名让他在进入河北不久,就得到了一个大礼包。

送礼的人来自冀州首府信都(今河北冀州),名叫高乾。

高乾,渤海蓨县(今河北景县)人,出身于河北著名的世家大族渤海高氏。渤海高氏在北魏出了不少高官显宦,历仕五朝的元老重臣高允就是高乾的族叔。

高乾之父高翼,曾任渤海太守、东冀州刺史等职,近几年天下大乱,他率领乡民保境自守,是当地最有名的士绅之一。

高翼有四个大名鼎鼎的儿子。

长子高乾,字乾邕,长得很帅,风度翩翩,而且轻财重义,在地方上有很高的声望。

次子高慎,字仲密,饱读诗书,学富五车,最受父亲的宠爱。

三子高昂,字敖曹,据说生得龙眉豹颈,姿体雄异。这家伙从小就不爱读书,只爱耍枪弄棒,他的理由非常霸气:男儿当横行天下,自取富贵,谁能端坐读书作老博士也!

父亲高翼对高敖曹这个问题少年非常头疼,却又无可奈何,只好自我安慰说,这小子要么让我家灭族,要么就会光宗耀祖。

四子高季式,字子通,也是从小就喜欢练武,胆气过人。

高乾年少时好勇斗狠,与三弟高敖曹称得上是黄金搭档。说得好听点叫肝胆相照,说得难听点叫臭味相投。

他们纵横乡里,是黑道上大哥级的人物,打架、抢劫是家常便饭,进班房、吃官司也是家常便饭。

据说高乾看中了另一个世家大族博陵崔氏崔圣念家的女儿,崔家毕竟是书香世家,自然不愿意找一个几进宫的流氓做女婿,只是推说女儿已有意中人。

高乾这下火了:即使名花已有主,我也要来松松土。

他干脆伙同高敖曹把崔氏女抢了回来。

等到了僻静的野外，高敖曹对大哥说：何不行礼？毕——竟是官宦世家出身，连流氓说话都文绉绉的，居然把干这事叫行礼，确实无愧于礼仪之邦的子民。

高乾自然心领神会。

于是，一切发生。后来，再次发生……

至于在高乾行礼的过程中，高敖曹究竟是在旁边观礼还是自觉回避，这个史书上并无记载，笔者当然也不好乱说。

不过高乾后来改邪归正，来了个华丽转身，竟然变得知书达礼，举止文雅。

由于他本身就是官二代，而且当时也没有科举、公考什么的，所以他轻松地当上了公务员，还搞到了进京指标，来到京城洛阳，担任员外散骑常侍（皇帝的侍从）等职务。

传说冀州城中流传着这样一首童谣：浪子回头金不换，高乾本是强奸犯。只因他是官二代，走马进京当显宦！

在京城，长袖善舞的高乾与长乐王元子攸后来的孝庄帝成了好朋友。

尔朱荣进入洛阳，制造了骇人听闻的河阴之变，大肆屠杀朝臣。高乾则趁乱逃回河北老家。

天性不安分的他与高敖曹等人拉起了一支队伍造反，还接受了葛荣的官爵，但不久以后又向孝庄帝投降。

孝庄帝非常开心，马上任命老朋友高乾为散骑常侍。

不过，当时掌握实权的尔朱荣非常忌恨桀骜不驯的高氏兄弟。

孝庄帝的大腿都扭不过尔朱荣的胳膊，他的旨意显然不如尔朱荣的建议管用。

最后不仅高乾被勒令罢官回家，爱惹是非的高敖曹还被尔朱荣抓起来关在洛阳。

尔朱荣死后，孝庄帝立刻释放高敖曹回乡，同时任命高乾为河北大使，高敖曹为平北将军，并亲自下诏让他们在河北招兵买马，作为自己的后援。

但还没等他们采取行动，尔朱兆就已经攻入洛阳并且杀了孝庄帝。

随后尔朱兆派监军孙白鹞来到冀州，对外声称是来征集马匹的，准备趁高乾兄弟送马来的时候把他们一举抓获。

第九章　好风凭仝借力，送我上青云

然而耳目众多的高乾早就得到了消息，他与前河内太守封隆之合谋，率乡兵夜袭冀州州城信都，杀死了孙白鹞，活捉冀州刺史元仲宗。

封隆之是冀州另一豪门大族渤海封氏的掌门人，曾经担任过龙骧将军、河内太守等要职，其父封回，死于河阴之难，被追赠司空，因此封隆之与尔朱氏也有着不共戴天之仇。

占领冀州以后，高乾推举在当地名声更好的封隆之担任冀州刺史，全军将士身穿孝服，誓言为孝庄帝报仇，向各州郡发出檄文，宣布讨伐尔朱氏。

听说冀州发生叛乱，刺史被抓，殷州（治所广阿，今河北隆尧）刺史尔朱羽生（尔朱荣的堂叔）慌忙率军五千前来援救。

看到有仗打，战争狂人高敖曹就像憋了一天终于找到厕所一样的迫不及待，他连盔甲都没来得及穿，就带着十几个勇士出城迎战，高乾听说后赶紧派出五百人支援。

然而等这些援兵赶到，尔朱羽生竟然已经被高敖曹等人打得大败而逃。

这就是传说中的万人敌！

这就是传说中的万夫不当之勇！

这就是被史书称为"马槊（shuò）绝世，项羽再生"的当世第一猛将高昂高敖曹！

让我们记住这十几位汉家勇士的名字吧，李希光、东方老、刘桃棒、刘孟和、王桃汤、呼延族……

他们将跟随高敖曹一起南征北战，创造一个个令人瞠目结舌的传奇！

就这样，高氏兄弟在冀州暂时站稳了脚跟。

高乾却一直忧心忡忡，虽然高敖曹骁勇无比，可他们毕竟才几千人马，实力有限，一旦尔朱氏率大军讨伐，要想保住冀州，相当于让刚学会走路的小孩儿去扛上百斤的重物一样，实在是力不从心。

怎么办？

一小股势力，在与竞争对手实力相差悬殊的情况下，要想生存和发展，也许最明智的选择是与其他势力合并，组成一个大势力。

高乾就是这么想的。

他想与拥兵十万且威名远扬的高欢联合。

因此听说高欢率军十余万进入河北，逼近冀州，封隆之等人十分畏惧，高乾却喜出望外，他下定决心要与高欢合作，成为高欢这个大公司的小股东。

高乾与封隆之的儿子封子绘秘密前往高欢的驻地，求见高欢。

一见面，高乾就言辞激昂：尔朱氏上弑君主，下虐百姓，可谓人神共愤！明公您威德素著，天下倾心，如果您能举起义旗，尔朱氏的这些人都不是您的对手！我们冀州虽小，但也有户口十万，粮草财赋十分充足，供应军需绰绰有余。明公您还有什么可犹豫的呢？

高欢心中一阵狂喜，表面上却装着很平静的样子说道：你说得不错，不过事关重大，还需从长计议。

高乾依然无比执着：你来，或者不来，冀州就在那里，不悲不喜，等着你。

老到的高欢知道高乾眼下只有与自己联合这一条路可走，因此他并不急着表态——那样显得太猴急，范儿不够。

故而高欢仍然只是淡淡地说：容我再考虑一下。

高乾心想，自己本是来送大礼的，怎么倒像是在甩卖库存，好没面子啊，但也没办法，只好继续恳求：山不在高，有仙则名。城不在大，有钱则灵。人不在多，有高将军您做领导就一定行。冀州的百姓都在盼着您。

高欢这才紧紧握住高乾的手：非常感谢。

两人一见如故，相谈甚欢，一聊才发现，原来两人同出自渤海高氏，论辈分高乾还是高欢的族叔。

原来是一家人，真正的自己人。

当夜高欢留高乾同帐而卧，彻夜长谈。

第二天一早，高乾返回冀州，准备迎接事宜。

高乾走后不久，又来了一人求见高欢。

此人名叫李元忠。

李元忠出自家世显赫的赵郡李氏，北魏五大最高等级的门阀贵族——崔卢李郑王五姓之一。传说赵郡李氏的始祖是战国时赵国名将李牧。李元忠的父亲李显甫，以豪侠闻名，曾任安州刺史。

李元忠从小就志向远大，聪明好学，据说他读书跟诸葛亮一样，好读书而不求甚解，只取其大意，除此之外，他还多才多艺，精通古筝、琵琶等乐器。

他年轻时得到清河王元怿的赏识，先后担任参军、主簿等职，后来因母亲年迈多病，遂辞职回乡，为给母亲治病，自学医药，竟然成为远近闻名的名医。

李元忠乐善好施，凡有人求医，他不分贵贱，都一视同仁。有人借了他的钱还不出的,他就把借据烧掉——我怎么就不认识这样的人呢。

李元忠这人颇有名士风范,他为人洒脱不羁,仗义疏财,交游广泛,在赵郡一带的黑白两道都享有大名。

在这里,李元忠这个名字如雷贯耳,没人敢不给他面子。

李元忠还颇有军事才能。

北魏末年,葛荣叛军在河北一带大肆烧杀抢掠,他率领宗族亲党修筑堡垒以御敌自卫。

据说他坐在大树下,指挥若定,前后共斩违抗命令者达三百人,葛荣的叛军前来骚扰的时候,李元忠每次都能率乡兵将其击退。

后来葛荣大怒,出动全部军队围攻李元忠。

毕竟寡不敌众,李元忠最终兵败被擒。

葛荣的叛乱被平定之后,李元忠被任命为南赵郡太守。

不过由于对混乱的政局失去信心,他的名士风度依然不改,可能他的偶像是竹林七贤中的酒鬼名士刘伶,所以他在太守任上以嗜酒如命而出名,上班则是三天打鱼,三十天晒网,因此也没做出什么政绩。

等尔朱兆杀孝庄帝之后,李元忠知道天下即将大乱,便弃官回乡,集结乡兵自保,同时静观时局变化。

听说高欢率军东进,李元忠就坐着一辆敞篷马车,一边弹着古筝,一边喝着好酒,一副名士的派头(这种行为,如果发生在现在,说好听点叫"行为艺术",中性点的叫"装逼",不过在大多数人眼里那就是"神经不正常"),来到高欢驻地,递上帖子,求见高欢。高欢和刘邦一样,对所谓的儒生、名士之类的人向来没什么好感。再加上早就听说赵郡李元忠是个大酒鬼,便立即传令:不见!我又不准备开酒吧,来个弹琴喝酒的嬉皮士有什么用!

李元忠也不生气,继续在高欢大营门前喝酒吃肉,吃饱了喝足了,才对门卫说:本来以为高公是胸怀大志的英雄,没想到国宝级的大名士来了,他却并不像周公那样去迎接,他这个人的水平也可想而知了,请让他退还我的帖子,省得他用我的名头去招摇撞骗。

门卫将此话禀告高欢,高欢的胃口立马被吊上来了。

这个李元忠,好大的口气,我倒要看看他到底有什么高见。

于是高欢亲自把李元忠引入帐内,与他共进午餐。

两杯酒下肚,李元忠又命人取来古筝,自弹自唱,摇头晃脑,唱到慷慷激昂处，他猛一甩头，琴声戛然而止。

这个样子真是酷毙了，稍微美中不足的是，由于用力过猛，帽子被甩掉了。

随后李元忠开门见山地问道：如今天下形势已经很明朗了，明公你还要为尔朱氏效力吗？

高欢一本正经地回答：没有尔朱氏，就没有我高欢的今天，我当然要为他们尽忠！

李元忠又问：高乾兄弟来找过你了，有没有？

高欢向来城府很深，要他这种人敞开心胸除非上手术台。

他当然不会把高乾来要求结盟的事向一个初次见面的人和盘托出，便装着很惊讶的样子说：我这次是去讨伐他们的，他们怎么可能来见我呢？

李元忠再问：明公你有何打算？

高欢：不好说。

李元忠：我和高乾兄弟都愿意为你效劳，明公你但说无妨。

高欢：不说好。

李元忠：这里并无外人，明公你就说吧。

高欢：说不好。

李元忠心里感到非常不解，难道你只会说这三个字吗？

我对你掏心掏肺，你却假装没心没肺，高欢，你的心机还真是深不可测啊。

他本来还想再问，高欢却已经吩咐手下，说李先生喝醉了，快把他扶出去。

李元忠当然不甘就此罢休，他用手抓着桌子，不肯起身。

这时，孙腾看不下去了，老大你这次装得有点过了，还是我来挑明吧，便赶紧进谏说：李元忠就像姜太公一样，是上天派来辅佐主公您的，您可别违背天意啊。

高欢也觉得试探得差不多了，便屏退左右，与李元忠单独交谈。

李元忠说道：我在殷州有一定影响力，拿下殷州没有问题。可是殷州城比较小，难成大事。明公不妨前往冀州，高乾兄弟一定会开门迎接您。这样冀州、殷州就可以联为一体，沧州、瀛州、幽州、定州也不难平定，只有相州的刘诞也许会抗拒，但他肯定不是明公您的对手。如此一来，河北大地就尽归明公您所有，然后兵锋直指洛阳。如此，则剿灭尔朱逆胡，成就王霸伟业，定然指日可待！

高欢听了大喜过望，紧紧握住李元忠的手，连连称谢。

随后李元忠返回赵郡老家，召集乡兵，准备袭击殷州。

高欢则率军前往冀州州城信都，高乾、封隆之等人打开城门迎接高欢入城。

此时高敖曹正在外地打仗，听说老哥高乾把冀州城献给了高欢，这可把他给气坏了。

这变化也太快了，眼睛一闭一睁，堂堂的冀州城居然就换了主人，弟兄们流血流汗、劳心劳力打下的根据地就这样白白便宜了外人！

这就好比为了老婆在外辛苦打拼，没想到离家仅仅几天时间老婆就跟别人跑了，甚至连房产证的名字都变成别人了，自己从丈夫变成鳏夫，从房东变成房客，谁能轻易接受！

实在咽不下这口恶气，他便派人给大哥高乾送了一条裙子，讥讽他是妇人之见。

高欢听说了，便让人带着厚礼，并且让十岁的儿子高澄以子孙之礼去见高敖曹，意思是咱们都是渤海高氏的后人，都是一家人。

高澄倒很会来事，拉着高敖曹的手，先叫一声：叔爷爷！随后开始唱歌：因为我们是一家人，相亲相爱的一家人，有缘才能相聚，有心才会珍惜，何必让满天乌云遮住眼睛……

高敖曹眼见高欢把他当自己人看待，气也就慢慢消了，这才率军回到信都。

从此，高欢雄踞冀州，兵精粮足，而且他手下堪称人才济济，文有魏兰根、高乾、封隆之、孙腾、高隆之等足智多谋之士，武有高敖曹、斛律金、窦泰、库（shè）狄干、娄昭、彭乐、蔡俊等骁勇过人之将，成为北方大地上的一支劲旅！

魏兰根，此人资格很老，在胡太后执政时期向李崇建议对北方六镇的政策进行改革的就是他。后来他历任岐州刺史、中书令、河北行台等要职，不过他在被孝庄帝任命为河北行台时被尔朱氏的部将侯渊击败，不得已投奔高乾，现在自然也随同高乾在高欢帐下任职。

高隆之，本姓徐，是高欢的重要谋士。他与高欢在征讨叛逃南梁的羊侃时相识，两人一见如故，从此他一直追随高欢，极受信任，高欢甚至把他视为同族兄弟。

　　斛律金，字阿六敦，出身于敕勒贵族，善于骑射，据说他有个特异功能，看尘土就知道敌人的马步军队人数，嗅地面就知道敌军的距离远近。他后来投奔尔朱荣，颇受重用，曾任镇南大将军等要职，但他与高欢相交很深，遂一直跟随高欢来到河北。

　　窦泰，是高欢的连襟，其妻为娄昭君之妹，他出身于将门世家，勇略过人，是高欢的心腹爱将。

　　厍狄干，鲜卑人，高欢的妹夫，史载其耿直少言，武艺高强，极受高欢信任。

　　娄昭，高欢的小舅子，娄昭君的弟弟。他不仅弓马娴熟，而且颇有谋略。

　　彭乐，勇冠三军，是当时数一数二的猛将。但他这个大块头没有大智慧，倒是以头脑愚鲁闻名，号称"武力赛猛虎，脑子如糨糊"。而且这家伙以反复无常著称，是货真价实的五姓家奴。

　　他起初跟随叛军首领杜洛周，接着投到尔朱荣麾下，过了一段时间后，他居然人往低处走，从财雄势大的尔朱荣那里叛逃到了小毛贼韩楼的手下。不知他究竟怎么想的，反正我感觉超出了正常人类的逻辑范围。实在要说个理由的话，估计要么他脑子进水，要么精神崩溃，要么和韩楼的妹妹有一腿。

　　等韩楼失败后，他又再次降于尔朱荣，此后又跟随高欢一起进入河北，不过他对高欢却一直忠心耿耿。

　　此时的高欢真可谓踌躇满志。
　　漫长的人生道路，关键的只有几步。
　　一生认识的人无数，重要的却屈指可数。
　　成功者和失败者的区别也许仅仅在于走对了关键的那几步路，认识了重要的那几个人！
　　高欢就是这样的成功者。他在尔朱荣死后那风云莫测的乱局中，抓住机会，审时度势，走对了关键的路，认识了关键的人，从而迅速崛起，脱颖而出！
　　仅仅几个月前，高欢还不过是一个无关紧要的小州刺史，几个月后，高欢却手握十万能征惯战的鲜卑大军，又得到了赵郡李氏、渤海高氏、渤海封氏等汉人豪强的支持，他的势力已经举足轻重！

第九章　好风凭全借力，送我上青云

信都起兵

高欢的强大实力也引起了执政的尔朱世隆的注意。

尔朱世隆让节闵帝加封高欢为渤海王，征召高欢入朝，想以明升暗降的方法削去其军权。

高欢当然不会答应。好不容易拉起了一支自己的嫡系队伍，正要借此大展宏图，怎么可能舍此而去京城当光杆司令呢？

欲要推辞，何患无辞？

无非就是冀州新定，要做的事太多，扫黄、打黑、扶贫、维稳、征土匪、慰问五保户、创建卫生城市……忙得恨不得长成三头六臂或者千手观音才行，实在是分身乏术。

不是我不想来京城，真的是冀州没有我就不成。

对此，尔朱世隆也没有办法，为了拉拢高欢，也只好默认了他在河北的存在，遂加封高欢为大都督、东道大行台、冀州刺史。

到了这一年也就是公元531年的六月，经过与孙腾、斛律金、库狄干、娄昭等心腹的反复谋划，高欢认为时机已成熟，该是与尔朱氏一决雌雄的时候了！

随后，高欢这个金牌编剧又精心策划了一幕好戏。

他先是伪造了一封尔朱兆的信，说尔朱兆要把他麾下这批六镇士兵调回并州一带，给契胡武士作为部曲，搞得这些士兵人心惶惶，对尔朱氏怨声载道；

紧接着他又伪造了一封从并州发过来的军令，说要征调高欢部下的这些六镇士兵攻打步落稽（即北方山中的山胡人）。

眼看着第一批一万人即将出发，孙腾和尉景等人代表将士们痛哭流涕，请求晚五天出发。

五天后，同样的场面再次发生，于是又推迟了五天。

一分钟有多长？要看等在厕所门外还是蹲在厕所里面。

十天有多长？要看是在旅游途中还是在等待最高法院的死刑核准。

可想而知，这十天的时间对这些被征用的六镇士兵来说，该有多么漫长。

有个故事说，有个死刑犯，在枪毙他的时候，第一枪打偏了；第二枪，还是没打准；第三枪还没打，这个犯人已经被活活吓死了。

估计高欢也听说过类似这样的段子，所以才设计了这个连续推迟两次的情节。

这两次的推迟，对这些六镇将士来说，又该是怎样的折磨和摧残？

但这正是高欢想要的效果。

出征的时间终于到了。

高欢亲自将这支队伍送到郊外，将士们全都失声痛哭，场面极为悲伤。

送战友，踏征程，默默无语两眼泪，路漫漫，雾茫茫……

高欢眼含热泪，饱含深情，迈着沉重的步伐，似乎每走一步都要花费全身的气力。

他缓缓登上高台，对三军将士们说，我与你们一样，都是失去故乡的流浪者，都是生于六镇长于六镇的老乡，我们血脉相连，情同一家。我万万没有想到，上面竟会如此对待你们！今天如果你们去讨伐步落稽，几乎就是去送死；延误军期，按照军法又该当处死；如果把你们配属契胡，恐怕还是要死，大家说说看，我们该如何是好？

高欢连续说了三个"死"字，潜台词其实非常明显：你们已经被逼上了绝路，除了造反，你们还有活路吗？

但高欢绝不会说出造反这两个字，就好比某些情场高手总是会想办法让对方主动投怀送抱而绝不会霸王硬上弓一样。

果然，将士们把持不住了，异口同声地大声说道：只有造反了！

高欢也很激动：事到如今，不造反只有死路一条。但应推选一人为主，谁能担当这个重任？

高欢在军中的威望无人可比，将士们自然齐声高呼：唯高将军之命是从！

借着这个群情激愤的场面，高欢开始了他的就职演说：咱们都是乡里乡亲，情谊深厚。但既然要造反，我们就应该有严明的军纪。当年的葛荣，虽有百万之众，却毫无法度，最终自取灭亡，这个惨痛的教训大家都曾亲身经历过。如今大家推我为主，那我就要提出两个要求，第一，不凌辱汉人。第二，无论生死都服从我的指挥，令行禁止。如果大家不能做到这两点，我就不能当这个头儿！

将士们的呐喊声震耳欲聋：唯高将军之命是从！无论生死，令行禁止！

与此同时，与冀州不远的殷州，也发生了惊天动地的大事。

赵郡李元忠按照与高欢的秘密约定，正发兵攻打殷州州城广阿（今河北隆尧东）。

殷州刺史尔朱羽生赶紧向邻近的冀州刺史高欢求救，高欢则命高乾火速率军前往救援。

尔朱羽生只知道高乾是自己人，当然毫无防备，结果被高乾轻而易举地骗出城杀掉。

随后，李元忠自任殷州刺史，驻防殷州，高乾则带着尔朱羽生的人头向高欢复命。

高欢闻之，不由得仰天长叹：今日反决矣！

在电影中，黑社会老大为了考验新人的忠诚度，往往会让他亲手去杀人，使他永远难以洗清自己；而高欢通过让高乾、李元忠等新归附自己的人亲手杀掉尔朱羽生，手里沾染上尔朱氏的鲜血，也彻底验证了他们对自己的忠心。

由此可见，生性多疑的高欢对高乾、李元忠等汉人还是不够信任啊！

接下来，按照孙腾的建议，高欢又立了一位新皇帝安定王元朗。

元朗是景穆帝的五世孙，此时正好担任渤海太守，离高欢所在的冀州很近，这皇帝自然非他莫属，至于他愿不愿意就不管了，就像赶鸭子上架的时候也不用征求鸭子的意见。

其实高欢开始并不想这么干，因为元朗毕竟只是皇族远支，号召力不够。但孙腾一再坚持，何况手头也没有别的人选。

没办法，有条件可以讲究，没条件就只好将就了。

买菜，一般是哪个菜场最近就到哪个菜场，没想到，这换皇帝的原则居然也是这样，哪个姓元的离得最近就立哪个。

就因为住的地方离冀州近，元朗成了这一年中第三个登上大魏国皇帝宝座的人。

也不知这是他的幸运还是不幸，幸运的是他将会因此而青史留名，不幸的是他不久就会因此而赔掉小命！

很快，元朗就在信都登基，改年号为中兴，按照惯例当然要大封群臣。

高欢被加封为丞相、都督中外诸军事、大将军、录尚书事，集军政大权于一身，高乾出任侍中，高敖曹为骠骑大将军，孙腾、魏兰根分别担任左右尚书仆射。

反间计

高欢起兵造反了！

这个爆炸性的消息很快传遍了整个北方大地。

尔朱世隆闻之大为恐慌。

尔朱仲远和尔朱度律等人则颇不以为意，三年前葛荣率领的百万六镇鲜卑，不也一样败在契胡骑兵的手下，何况现在不过才十多万人！

最恼火的是尔朱兆。

太没面子了，自己最信任的把兄弟居然背叛了自己！

就好像被自己深爱的男友出卖的女人一样，尔朱兆一定后悔自己很傻很天真，也一定很火很气愤！

恼羞成怒的尔朱兆立刻率领大军，气势汹汹地直扑殷州。

镇守殷州的李元忠不敢恋战，慌忙弃城逃奔冀州。

同时，在尔朱世隆的协调下，尔朱仲远、尔朱度律带着车骑将军贺拔胜、骠骑将军斛斯椿等人也率军北上，与尔朱兆两面夹击，共同讨伐高欢。

斛斯椿，广牧富昌（今内蒙古五原县）人，这家伙是个人精，号称"人在江湖飘，从来不挨刀。常在河边走，绝对不湿鞋"。

他在六镇动乱时投奔尔朱荣。由于他善于逢迎拍马，八面玲珑，极得尔朱荣的欢心，很快就成了尔朱荣身边的红人，先后担任散骑常侍、征东将军、东徐州刺史等要职。尔朱荣被杀后，他害怕被牵连而逃到梁朝，但不久他听说尔朱兆攻下洛阳，便又重新回到尔朱氏的身边，由于他察言观色的本领无人能及，尔朱世隆对他也是极其信任，倚为腹心。

此时，尔朱兆所部号称十万，驻扎在殷州州城广阿；尔朱仲远、尔朱度律等人则驻军于阳平（今河北馆陶），形成掎角之势。

刚刚独立的冀州面临着第一次严峻的考验。

然而，高欢却胸有成竹。

作为尔朱氏曾经的亲信爱将，作为一个对尔朱氏内部矛盾了如指掌的人，作为一个情商极高、洞悉人性的人，高欢很快就有了对策，反间计。

高欢派人混入尔朱仲远的军中，到处散布消息说，尔朱兆打算与高欢联手，除掉尔朱仲远等人。

经过不断的转发，这个惊人的消息很快传到了尔朱仲远的耳朵里。

第九章 好风凭全借力，送我上青云

尔朱兆与高欢的关系之铁世人皆知，铁得都要让人怀疑他们是断背了，尔朱仲远对此消息自然是宁可信其有，不可信其无。

同时，高欢又在尔朱兆军中放出风声：尔朱世隆给尔朱仲远下了密令，要借机除掉尔朱兆。

尔朱世隆一直对尔朱兆耿耿于怀，这个消息的真实性虽然尚有待确认，但尔朱兆觉得不得不防。

尔朱仲远和尔朱兆开始互相猜疑，貌合神离。

这天，尔朱仲远派斛斯椿和贺拔胜前去邀请尔朱兆前来会商征讨事宜。

满腹狐疑的尔朱兆带着三百名骑兵来到尔朱仲远的大帐。

他刚一坐下，就手舞马鞭，目光游移不定地四处张望，越看心里越慌，越看越觉得有问题，越看越觉得毛骨悚然。人的心态就是这样，当你疑神疑鬼的时候看到什么都会认为有问题，就像失恋时会觉得任何一首伤感的情歌说的都是自己。

尔朱兆突然觉得自己做了件大傻事，尔朱仲远肯定是图谋不轨，自己竟然送货上门还包邮……

想到这里，他再也坐不住了，还没讲一句话，他就快步走出营帐，翻身上马，疾驰返回。

回到自己的大营还惊魂未定。他觉得幸亏自己的反应快、警惕性高，再加上自己的马乃是高档名马，百公里加速只需 5.9 秒，才总算捡了一条命。

得知尔朱兆走了，尔朱仲远赶紧让斛斯椿、贺拔胜两人去追。没想到正在气头上的尔朱兆居然把他们给扣押下来了。

这下尔朱仲远和尔朱度律害怕了——尔朱兆果然是不安好心。

他们觉得幸亏自己警惕性高，没有去尔朱兆那里，才捡了一条命。

惊魂未定的两人什么也不管了，赶紧率军南逃。

逃自己的命，让别人说去吧！

尔朱兆眼看着把兄弟高欢背叛了自己，再想想叔叔尔朱仲远等人又要对自己图谋不轨，心情非常郁闷，便把一腔怨气都撒在贺拔胜身上。

对于反复无常的贺拔胜，重义气的尔朱兆非常不齿，就像一个烈女对妓女一样的不齿。

他咬牙切齿地历数贺拔胜的罪名：第一，你先投降卫可孤后来又杀了他。第二，天柱大将军被杀，你不但不为他报仇，还投靠大将军的仇人。

我早就想杀你了。你有权保持沉默,也有权为自己辩护。不过,我提醒一下,你说的每一句话,都将会成为遗言!

贺拔胜不慌不忙地回答:卫可孤是反贼,我们父子把他杀了,是大功一件。至于天柱大将军被杀,那属于皇帝诛杀大臣,我当然要忠于朝廷。我的一片忠心,苍天可鉴。如今我早已把生死置之度外,要杀要剐随便大王你。

接着,他话锋一转说道:大王你们兄弟叔侄之间离心离德,这才是我最担心的。我贺拔胜不怕死,只怕大王你失策啊。

就像希腊神话中的阿喀琉斯被击中了脚踵,这句话触到了尔朱兆内心的痛处,触到了他身体中最柔软的地方。

心乱如麻的尔朱兆发出了一声长叹,随即放了贺拔胜。

在尔朱仲远不战而逃后,现在的形势变成了高欢单挑尔朱兆。
但生性谨慎的高欢仍然顾虑重重。
毕竟尔朱兆麾下的契胡士兵战斗力极强,此前还曾多次战胜过自己手下的这帮六镇鲜卑,更重要的是,这是他起兵后的第一战,意义非同小可!
关键时刻,娄昭君的外甥(段荣之子)——年轻的段韶站了出来。
段韶对自己的姨父说:尔朱氏上杀天子,中屠公卿,下暴百姓,大王您以顺讨逆,一定无往而不胜!
见高欢还在犹豫,段韶说得更加慷慨激昂:尔朱氏外乱天下,内失英雄心,智者不为谋,勇者不为斗,人心已去,天时地利人和都在我们这边,尔朱氏必败无疑!
高欢这才下定了决心。
果然如段韶所料,尔朱兆此时战意并不坚定,他生怕自己与高欢两败俱伤,那岂不是白白便宜了尔朱世隆等人!
主将如此,部下当然也是军心浮动,士气低落,哪里还有多少战斗力?
这就好比两支实力相当的球队比赛,其中一支要为保级而拼命,另一支却因内部矛盾重重只想走过场,孰胜孰败自然毫无悬念。
最终的结果是:双方在广阿交战,全力以赴的高欢大胜心猿意马的尔朱兆,俘虏五千余人。
这一战,史称"广阿之战"。

随后高欢乘胜攻打邺城(今河北临漳)。
邺城是当时仅次于洛阳的大城市,三国时的魏王曹操、十六国时期的

第九章 好风凭全借力，送我上青云

后赵、前燕等国都曾建都于此，城墙坚固，易守难攻。

邺城也是这些六镇鲜卑的伤心地。

三年多前，当时还在葛荣手下的他们，就是因为在邺城久攻不下而被尔朱荣击败。

怎样才能避免重蹈葛荣的覆辙？

硬攻，显然是难以奏效的。

怎么办？

足智多谋的高欢很快就有了办法。

他让部队变成了地下工作者——挖地道，一直挖到了城墙底下。

这个不稀奇，电影《地道战》里就是这么干的，连笔者八十八岁的外婆都知道。

但接下来就是见证奇迹的时刻！

高欢让人往支撑地道顶部的木头柱子浇上桐油，再放火烧掉。

一时间城内的人感觉好像发生了十级地震一样——天崩地裂，失去支撑的城墙瞬间垮塌。

高欢的大军乘机鼓噪而进，轻松攻下邺城，俘虏相州刺史刘诞。

迫于高欢的威慑力，临近相州的青州（今山东青州）大都督崔灵珍、都督耿翔等人都遣使归附了高欢。

行汾州事（代理汾州刺史）刘贵，这个在尔朱兆身边的高级间谍，也终于完成了使命，结束了提心吊胆的潜伏生涯，弃城前来投奔高欢。

随后，安定王元朗率文武百官入驻邺城。

至此冀州、殷州、相州、青州等地尽归高欢所有。

此时的高欢所向披靡，势不可当，兵锋直指北魏国都洛阳！

尔朱世隆闻之大为惊恐，但更让他担心的是，大敌当前，尔朱家族内部却还在互相猜疑。

尔朱兆的脾气就像茅坑里的石头——又臭又硬，要想他让步，比如今指望国足拿世界杯还要不现实。

到了现在这个地步，尔朱世隆也只好放下身段，低声下气地向尔朱兆赔礼道歉，随后他又让节闵帝娶尔朱兆的女儿为皇后。

天上只有一个月亮，大魏国也只有一个国丈，这是独一无二的荣光！

更何况，尔朱兆一向以尔朱荣的接班人自居，这次自己和尔朱荣一样成了皇帝的岳父，无疑让他的虚荣心得到了极大的满足。

这不等于变相承认了他在家族中的领袖地位嘛！

爱面子的他觉得挣回了面子，立刻表示愿意与尔朱世隆和解。

不久，尔朱兆与尔朱世隆、尔朱天光等人立下盟约，决定搁置争议，共同对外。

韩陵大战

尔朱家族内部总算重新团结起来了，但与他们貌合神离的投机大师斛斯椿却已经开始准备退路。

斛斯椿对好友贺拔胜说：尔朱氏气数已尽，我们却还在为他们卖命。如果再不安排自己的后路，只怕我们要死无葬身之地了。

贺拔胜不假思索地说：这个好办，投降高欢不就得了。

投降这事他的确有丰富的经验，轻车熟路——正如有种病叫习惯性流产，他这种人是习惯性投降。

斛斯椿却摇了摇头：当年高欢和我们都在尔朱荣的手下，地位相当，而如今我们两个效忠于尔朱氏和他作对，他怎能不忌恨我们？

贺拔胜一时语塞，想不出该怎么回答。

斛斯椿微微一笑，接着说道，我打算给尔朱世隆献策，让他征召尔朱兆、尔朱天光等尔朱氏的全部人马，集中兵力，共同对付高欢。如果尔朱氏胜了，我们自然是有功之臣；如果尔朱氏失败，我就趁机回师洛阳，把尔朱家族一网打尽，把他们的人头作为见面礼献给高欢，这样高欢一定会厚待我们。

贺拔胜大为叹服：椿哥，你太有才了！

说干就干，斛斯椿马上就开始行动了。

尔朱世隆果然听从了斛斯椿的建议，派人征召尔朱天光。

狡猾的尔朱天光却不愿意蹚这浑水，始终以各种借口推托。

于是斛斯椿自告奋勇，前往关中劝说尔朱天光。

斛斯椿声情并茂地对尔朱天光说：高欢发动的此次叛乱，声势非常浩大，气焰十分嚣张。可以说，非大王您不能平定。大王您怎能坐视自己的宗族被灭而不管呢？

斛斯椿的口才和演技都已臻化境。先戴高帽，再用激将法，随后又苦苦哀求，甚至涕泪横流，经过这几道精密安排的工序，即使是百炼钢，也会化为绕指柔；即使是铁石心肠，也会变成菩萨心肠。

尔朱天光终于被说动了，答应立即出兵。

他让其弟尔朱显寿留守长安，自己则亲自率军向东进发，前往洛阳。

公元532年三月，在尔朱世隆的协调下，尔朱兆、尔朱天光、尔朱仲远、尔朱度律四路大军分别从晋阳、长安、洛阳、东郡（今河南濮阳）出发，在邺城一带会合，总兵力号称二十万，驻扎在洹（huán）水（今安阳河）两岸。

谁来当总指挥呢？

如果要从实力上来说，肯定该从尔朱兆和尔朱天光两人中间二选一。

然而，这两人互不服气，无论谁做总指挥，另外一个肯定会有意见。

无奈，尔朱世隆只好采用和稀泥的办法，以老将长孙稚为大行台（名义上的总司令），协调各路大军——这实际上等于是没有指挥。

尔朱氏二十万大军压境，高欢却依然非常镇静。

他知道这一战将决定自己的命运，决定尔朱氏的命运，也将决定大魏国的命运，他怎能不慎重？

经过深思熟虑，高欢觉得与其困守孤城，不如主动出击。

他让吏部尚书封隆之留守邺城，自己则亲率精锐部队三万余人驻扎在韩陵，迎战尔朱氏大军。

韩陵，是一座小山，位于邺城西南（今河南安阳东北的韩陵乡），因楚汉相争时韩信曾在此屯兵而得名，是尔朱氏联军进攻邺城的必经之路。

为了坚定将士们的斗志，高欢把大量的牛、驴等牲畜用绳子连接起来堵塞了退路，以示破釜沉舟、死战到底的决心。

他利用韩陵山的有利地形，布成了一个圆阵，主将则摆出了一个"三高"组合。

高欢自己率领中军，高敖曹率左军，统领右军的则是高岳。

高岳，是高欢的堂弟，身材高大，气度非凡。他本来家住洛阳，高欢在信都起兵后，立功心切的高岳立即倍道兼行前来投奔堂兄。

初来乍到，就当此重任，可见高欢对他的器重。

恶战在即，高欢对高敖曹手下那些汉兵的战斗力还是不太放心，便对高敖曹说，你手下都是汉兵，恐怕不是很管用。这样吧，我给你数千鲜卑兵，混杂在一起使用。混搭嘛，现在很流行，你懂的……

高敖曹毫不客气地打断了高欢的话：我这些汉兵，战斗力绝对不比你那些鲜卑兵差。如果你非要给我鲜卑兵的话，反而会胜则争功，败则推过。这就好比往咖啡里放大蒜，龙井茶放咖喱，哪是什么混搭，简直是乱搭。不行，我说不行就不行。

高欢拗不过高敖曹，只好就此作罢。

公元532年三月二十九日，尔朱兆率领尔朱氏大军东进，抵达了韩陵。两军在韩陵对垒。

尔朱兆在阵前厉声指责高欢，说他背叛自己，不仁不义。

高欢则振振有词地回答：当年我和你同心协力，是为了向皇帝尽忠。但如今皇帝何在？——意指尔朱兆杀了孝庄帝。

尔朱兆只好解释：孝庄帝冤杀了天柱大将军，我不过是报仇罢了。

要论口才，一百个尔朱兆也不是高欢的对手，高欢紧紧抓住尔朱兆弑君的罪名不放：你敢说天柱大将军没有反意吗？况且君杀臣，是天经地义，有什么仇可以报的。你尔朱兆以下犯上，以臣杀君，则是大逆不道。我忠于皇帝，与你这样的逆贼势不两立！

尔朱兆感觉很郁闷。

本来觉得自己是条汉子，没想到竟成了逆贼；本来指责高欢是个叛徒，没想到他竟成了忠臣；本来以为自己占尽道理，没想到居然无言以对！

但这里毕竟是战场，不是辩论场。

战场上凭的是实力，而不是道理；靠的是刀枪之快，而不是口舌之快。

想到这里，尔朱兆也就不再废话，把令旗一挥，麾下的契胡骑兵像潮水一样猛扑过来。

一场大战就此拉开序幕。

俗话说，捉奸要捉在床，擒贼要先擒王。

尔朱兆的战术就是这样，集中兵力，猛打猛冲，直取高欢的中军。

契胡骑兵的战斗力依然很强，而且人数占优，反观高欢，他部下的六镇鲜卑则多是步兵，在冲击力和机动性上有天然的劣势，在契胡人的猛扑下，高欢的中军有些抵挡不住，逐渐落了下风，只好且战且退，眼看就被逼到了死角。

在这千钧一发之际，右军的高岳挺身而出，率领五百骑兵从正面冲击敌军，护住了高欢的中军。

久经沙场的大将斛律金则率军迂回到敌军后方，攻击尔朱氏的后军。

致命的一击来自左军的高敖曹。

他率领一千多名骑兵从韩陵山东北的栗园冲出，横向猛攻尔朱兆军的中部。

只见他大槊翻飞，锐不可当，人挡爆头，车挡爆胎，东方老、刘桃棒、王桃汤、呼延族等一帮骁将则紧随其后，所到之处如海啸来袭般摧枯拉朽，刀枪与头颅齐飞，战袍共鲜血一色。

尔朱氏联军顿时被分割成数段，只好各自为战，场面一片混乱，逐渐落了下风。

就在此时，早有二心的贺拔胜和徐州刺史杜德等人突然在阵前向高欢投降，并对尔朱氏的军队反戈一击。

这样一来，尔朱军团军心大乱，终于再也无法支撑下去了，很快就兵败如山倒，场面已经完全失去控制。

只有慕容绍宗依然临危不乱，从容收集败退下来的散卒，得以顺利退军。

而高敖曹的四弟，年轻气盛的高季式甚至把战场当成了游乐场，他率领七名骑兵紧紧追赶尔朱兆的败军，直到深夜才返回。

当是时也，血满袖矣。

此役以尔朱联军的大败而告终，这就是历史上著名的"韩陵之战"。

这一战造就了高欢无人能撼的威望和地位。

这一战也宣告了曾经不可一世的尔朱家族的彻底崩溃！

树倒猢狲散

韩陵战败后，尔朱兆狼狈向北逃回晋阳，尔朱仲远仓皇向东奔回东郡，尔朱天光和尔朱度律则收集败兵往洛阳方向逃窜。

树倒猢狲散，看到尔朱氏败局已定，早有预谋的斛斯椿开始执行他的计划了。

他与长孙稚以及都督贾显度等人达成了一致，成立了尔朱集团破产清算委员会，以斛斯椿为主任，负责彻底解决尔朱家族。

他们决定立即率军昼夜兼行、先行返回洛阳，捉拿尔朱世隆，向高欢献礼。

这个时候，尔朱世隆已经听说了前线失败的消息，为了保住洛阳，慌忙派亲信阳叔渊去镇守黄河河桥北岸的军事重地——北中城。

斛斯椿等人到了城下却无法进城。

但这根本难不倒斛斯椿，他骗阳叔渊说，尔朱天光的部下都是西北人，想要大肆抢掠洛阳城，并且迁都长安。你应该马上让我们进城，做好准备。

斛斯椿说得情真意切，他的演技绝对可以秒杀所有大牌演员，不由得阳叔渊不信。

阳叔渊打开城门，让他们进来。

等到入城以后，斛斯椿等人立刻翻脸，尽杀尔朱氏的党羽，占据了北中城和河桥。

斛斯椿坐镇北中城，运筹帷幄，指挥若定。

他先派贾显度的弟弟贾显智率骑兵火速进入洛阳城内，很快抓获了尔朱世隆和其兄尔朱彦伯。

随后，他又让长孙稚向节闵帝报告事变情况。

接下来，他立即把尔朱世隆兄弟二人斩首。

等到他做完了这些事后，尔朱天光和尔朱度律带着残兵也回到了北中城下。

看到站在城头的斛斯椿，两人终于松了一口气。

然而，让他们意外的是，斛斯椿给他们的问候不是温馨的话语，而是猛烈的箭雨。

两人怒不可遏，下令攻城，想要重新杀入洛阳。

可惜他们的运气实在不好。

屋漏更遭连夜雨，船迟又遇打头风。

此时突然暴雨如注，昼夜不停，尔朱氏的士兵本来就军心涣散，疲惫不堪，现在更是无处躲雨，浑身湿透，又冷又饿，连打牌的心思都没了，哪里还有心思打仗？

尔朱天光、尔朱度律两人见势不妙，只好继续向西逃窜。

一路上，士卒纷纷逃走，两人几乎成了光杆司令，肚子唱着空城计，茫然四顾没主意。

真是寻寻觅觅冷冷清清凄凄惨惨戚戚，怎一个愁字了得！

不过他们悲惨的逃亡生涯很快就画上了句号——两人在逃到陕津（黄河古渡口）时，双双被人擒获，送到斛斯椿那里。

尔朱家族几乎被一网打尽，只有狡猾的尔朱仲远见势不妙，一路南逃，

第九章　好风凭全借力，送我上青云

顺利逃到了梁朝，得到了大慈善家兼收容所所长萧衍大法师的庇护，过得很爽，洛阳亲友如相问，江南美女白又嫩……

唉，心地善良的老好人尔朱彦伯被杀，而恶贯满盈的尔朱仲远却几乎是尔朱家族中唯一一个得到善终的，可见"善有善报，恶有恶报"有时候不过是美好的愿望而已。

再看斛斯椿。

眼见大功告成，他立刻派人向高欢告捷，并献上了一份大礼——尔朱天光、尔朱度律两个俘虏以及尔朱世隆、尔朱彦伯的首级。

节闵帝还想保住自己的皇位，也赶紧派人带着战地文工团的美女们前往高欢营中慰问，并盛情邀请他进京主持朝政，同时宣布尔朱氏的罪状，与尔朱家族划清界限。

看到大局已定，此前一直持观望态度的骠骑大将军、行济州事（治所在今山东聊城）侯景、南岐州（今陕西凤县）刺史司马子如先后向老朋友高欢投诚。

高欢这人向来念旧，马上任命侯景为尚书仆射、南道大行台、济州刺史，司马子如为大行台尚书，倚为心腹。

这时，尔朱仲远帐下的大将乔宁、张子期也前来投降。

然而他们错了，大错特错。

斛斯椿立有大功，贺拔胜威名远扬，侯景、司马子如等人与高欢交情匪浅，他们有这样的资本吗？

果然，这两人被当成了叛徒的典型，成了高欢用来儆猴的鸡。

高欢大义凛然地怒斥他们：你们两人甘当尔朱仲远的爪牙，做了无数坏事，现在又叛离了仲远。你们事天子则不忠，事仲远则不义。犬马还不忘记饲养它的主人，你们连犬马都不如！杀无赦！

随后，他立即把二人斩首示众。

墙倒众人推。

远在关中的贺拔岳听说尔朱氏兵败，马上命宇文泰为先锋，率军攻击驻守长安的尔朱天光之弟尔朱显寿。

尔朱显寿早已成了惊弓之鸟，慌忙弃城而逃。

宇文泰紧追不舍，一直追到华阴，成功抓获了尔朱显寿。

随后贺拔岳向高欢告捷。

高欢加封贺拔岳为关西大行台（西北军区总司令），贺拔岳随即任命宇文泰为行台左丞、领府司马（总司令助理），事无巨细，皆委托其处理。

而高欢在意气风发地向洛阳进军的同时，也一直在思考一个问题。

天上只能有一个太阳，但如今北魏大地上有两个皇帝——节闵帝元恭和高欢所立的安定王元朗，怎么办？

经过再三考虑，高欢觉得立傀儡皇帝，就跟现在养名犬一样，最重要的是血统纯不纯，他认为安定王元朗属于皇室远支，难以服众，肯定不能转正。

他的初步设想是继续拥戴节闵帝，便驻军于洛阳城北的邙山，同时派仆射魏兰根率先前往洛阳，让他观察一下节闵帝的为人。

魏兰根从洛阳回来后，向高欢提出了自己的看法：节闵帝为人精明，日后恐怕难以控制，应该废掉节闵帝。

然而高欢还在犹豫。

但黄门侍郎崔㥄的一席话，让他彻底打消了立节闵帝的念头。

崔㥄说的话掷地有声：广陵王元恭既然是由叛乱的胡人所立，怎么还能让他做天子！如果他不退位，那咱们的行为怎能称得上是义举？

一语点醒梦中人，崔㥄的这句话也决定了节闵帝元恭的悲剧命运。高欢一进洛阳，便下令将节闵帝幽禁在崇训寺内。

可是，节闵帝不能立，安定王又不能服众，到底该立谁呢？

高欢想到了一个人选，汝南王元悦（孝文帝庶子），可是又听说元悦暴戾无常，而且还好男色，要是上台了，搞个男的当皇后怎么办？

那也太重口味了吧，只好作罢。这时，有人推荐了广平王元怀之子平阳王元脩，说他是孝文帝的孙子，绝对是根正苗红、众望所归的合适人选。

高欢闻之大喜过望，可是北魏诸王听说高欢率军入京，害怕再来一次河阴之变，大多躲起来了。

到哪去找元脩呢？

高欢以前基本都在地方上任职，对洛阳人生地不熟，只好把这个难题交给了斛斯椿。

斛斯椿果然神通广大，他先是找到了元脩的好朋友王思政，随后再顺藤摸瓜，终于找到了元脩的藏身之地——偏远乡下的某间民房里。

第九章　好风凭全借力，送我上青云

隐姓埋名的元脩见了他们神色大变，差点心脏病发作：王思政，我不是跟你说过，相见不如怀念，找我就是犯贱。你怎么还是来了呢？你们不会出卖我了吧。看在我们多年好友的份儿上，放我一马吧……

王思政赶紧回答：当然不是，是请你去当皇帝。

元脩还是不敢相信：当皇帝我没那个福，只想在乡下养养猪，顶多就开个小卖部，卖点白菜和黄鱼。对了，你们能保证不杀我吗？……

看到元脩吓得语无伦次，斛斯椿赶紧好言好语安慰他，同时立刻派人禀告高欢。

第十章　树欲静而风不止

宜将剩勇追穷寇

公元532年农历四月二十五日，二十三岁的元脩在洛阳郊外按照鲜卑旧制，正式即皇帝位，史称孝武帝，改年号为太昌，加封高欢为大丞相、太师。

高欢不久就回到了邺城，同时把尔朱天光、尔朱度律两人押送到洛阳斩首。

之后，他效仿当年的尔朱荣，让自己的心腹高隆之、高乾、孙腾等人留在洛阳把持朝政，自己则在邺城遥控指挥，生杀予夺，都由其掌握。

观长天流云飞渡，瞰山下人寰如蚁。

三十七岁的高欢终于登上了权力的巅峰。

但高欢还有一个最大的心病，那就是拥兵自重、雄踞关中的贺拔岳。

他让孝武帝下诏，征召贺拔岳入朝，并调任冀州刺史。

接到诏书后，贺拔岳有些犹豫。

不去吧，如今高欢权倾天下，实在是难以争锋；去吧，就这样放弃经营多年的关中这个根据地，又实在是不甘心。

一时拿不定主意，他便与行台右丞（总司令助理）薛孝通商议。

薛孝通出身于河东大族汾阴薛氏，向来以足智多谋著称，他和宇文泰私交甚好，两人是同一个办公室的同事，此时都是贺拔岳的助理（分别担任行台左右丞）。

薛孝通用不容置疑的口气对贺拔岳说：老大，你千万不要去。

贺拔岳无奈地把手一摊：小薛，我也不想去啊。可是如果不去的话，不是正好让高欢有了讨伐我的把柄吗？如今的高欢风头正盛啊。

薛孝通淡定地分析道：即使他高欢风头再盛，咱们这里也是风平浪静。

第十章　树欲静而风不止

老大你想，尔朱兆还在并州，高欢肯定要先对付他。而且高欢刚刚掌握大权，基础未稳，各地将领表面上归附高欢，却并不一定心服，高欢对他们，除之又失人望，留之则为腹心之患，麻烦得很哪。这段时间高欢他要绥抚群雄，安置内外，怎么可能顾得上讨伐关中？老大你如今以华山为城，黄河为堑，进可以兼山东，退可以守函谷，怎么可以入朝受制于人呢！……

话还没说完，贺拔岳已经恍然大悟，嘴里却说道：小薛啊，我也是这么想的，刚才不过是想考考你，看你薛孝通到底是通还是不通。一般人我不告诉他。

于是，贺拔岳随便找了个借口，没有入朝。

果然正如薛孝通所料，高欢对贺拔岳虽然极其不满，却也无可奈何，因为现在他的首要目标是尔朱兆。

回到邺城不久，高欢就亲自率军讨伐尔朱兆。

大军刚到武乡（今山西武乡），离晋阳还有数百里之遥，"惊弓之鸟"尔朱兆就秉持"笨鸟先飞"的原则慌忙放弃了晋阳，逃回了老家秀容川。

他分兵把守关隘，同时四处抢掠——唉，流水落花春去也，往事不堪回首。曾经的国丈、王爷、大将军，如今竟然沦落成了打家劫舍的土匪！

当年的尔朱兆敢徒手与野兽搏斗，现在却是一听到高欢的名字就发抖；当年他是力拔千钧的霸王，现在却成了缩头缩脑的王八！

高欢兵不血刃地进入了晋阳，并在此建立大丞相府，此后他一直常驻在此。

之后高欢连续四次扬言要发兵讨伐尔朱兆，但每次都没有真正出兵。

面对一次次的空炮，尔朱兆也就把它当成了肥皂泡，逐渐放松了警惕。

高欢对尔朱兆知根知底，他知道这小子喜欢享乐，过年的时候一定会大肆庆祝，疏于防守。

在当年年底，他让连襟窦泰率领精锐骑兵为先锋，自己亲率大军随后出发，衔枚疾进，神不知鬼不觉地杀向秀容川。

公元533年正月初一，尔朱兆这个吃货正在大摆筵席，大宴宾朋——今朝有酒今朝醉，明日愁来明日愁，谁知道这是不是他人生的最后一个新年呢？

"心想事成"是咱们过年时常用的祝福语，尔朱兆还真的是心想事成，想什么，来什么。

这果然是他的最后一个新年！

因为就在此时，来了一位不速之客——窦泰！

他率军突然杀到，尔朱兆的部下猝不及防，顿时作鸟兽散。

尔朱兆酒才喝到一半，处于半醉半醒之间，但也只好踉踉跄跄地慌忙出逃，等到他一口气跑到了荒山野岭之中，却发现早已被高欢的大军所包围。

他知道自己已经走投无路，想找个地缝钻都找不到，最后只好徘徊大树下，自挂东南枝。

面对着尔朱兆的尸体，高欢的感情非常复杂，禁不住泪流满面。

无论如何，这个人曾把他高欢当作最好的哥们儿，这个人也是他高欢崛起最大的功臣；这个人是尔朱氏的罪人，这个人也是他高欢的恩人……

可以说，没有尔朱兆，就没有高欢的今天。尔朱兆就像火箭一样，把高欢这颗卫星送上了天，自己却化为了灰烬。

高欢为他的把兄弟尔朱兆举行了隆重的葬礼，也算是喝水不忘挖井人。

走投无路的慕容绍宗则无奈地带着尔朱荣的家人向高欢投降，高欢对他们极为厚待。

曾经叱咤风云的尔朱家族就这样在短短四年多的辉煌后就彻底退出了历史舞台。

钩心斗角

而在高欢讨伐尔朱兆的这半年多的时间里,京城洛阳也发生了很多事情。

孝武帝元脩是个权力欲极强的人，也是个心狠手辣的人。

他刚一上台，就毒死了前任皇帝节闵帝元恭，不久又杀了另外两个曾经登上帝位的人——安定王元朗和长广王元晔，甚至连汝南王元悦也未能幸免，就因为他曾经做过替补——被高欢列为皇帝候选人之一，孝武帝也认为他始终是个威胁，毫不犹豫地杀死了元悦。

要知道，元悦可是他的亲叔叔！

像孝武帝这样一个嗜权如命的人，怎么可能甘心做一个高欢控制下的木偶？

他早已把高欢视为第二个尔朱荣，但他绝不愿意做第二个孝庄帝！

事实上，高欢的确在很多方面都在有意无意地模仿尔朱荣。

比如在他控制朝政的当年年底，高欢就把他的大女儿嫁给孝武帝为皇

第十章 树欲静而风不止

后,孝武帝当然只能接受。

比起飞扬跋扈的尔朱荣,高欢的行事风格大不一样,至少他表面上对孝武帝还是十分恭敬的。

但和低调隐忍的孝庄帝相比,孝武帝则更加年轻气盛,敢作敢为。

当然,他身边也有一帮支持者,其中最主要的有南阳王元宝炬、斛斯椿、王思政等人。

南阳王元宝炬是京兆王元愉之子,孝武帝的堂兄弟,是个性格火爆的热血青年。据说他曾经因看不惯高欢的把兄弟高隆之的骄横无礼,把高隆之给痛打了一顿。

王思政,出身于著名的世家大族太原王氏,时任中军大将军,此人身材魁伟,善于筹划,作为孝武帝的多年老友,他自然毫不犹豫地站在了高欢的对立面。

斛斯椿此时的职位是侍中。

在剿灭尔朱氏的过程中,他自认为成厥功至伟。不过高欢可能太了解他那两面三刀的为人,因此对他的态度始终不冷不热,这让他心里非常失落。

而高欢杀尔朱仲远的部将乔宁和张子期时说的那番话"犬马还不忘记饲养它的主人,你们连犬马都不如!杀无赦!"更是时刻让他感到心寒——这句话用在背主求荣的他身上是再合适不过了。

不想吃天鹅肉的癞蛤蟆不是好癞蛤蟆,不想当将军的士兵不是好士兵。

斛斯椿下定决心,一定要取代高欢,成为大魏帝国最有权势的人。

他主动加入了孝武帝的那个小圈子,并充分发挥他善于阿谀奉承的特长,很快就成为皇帝最信任的亲信。

一切军国大事,孝武帝对他都是言听计从。

斛斯椿认为,人长得太快,就容易缺钙;饭吃得太多,胃就会难过。

高欢在两年内就从一个地方官(州刺史)一跃成为掌握最高权力的大丞相,可谓一步登天,有问题自然在所难免。很多将领,尤其是以前和他地位相当的,其实都对他面服心不服。

只要自己挟天子而令诸侯,善于利用各方的力量,他就完全可能成功。

对自己的能力,他有足够的信心。

斛斯椿先是让孝武帝招募勇士,扩充禁卫军的规模,并由他自己直接统领。

不过，要想与手握重兵的高欢相抗衡，光靠这些禁卫军当然远远不够，斛斯椿觉得还必须拉外援。

他首先想到的是实力雄厚且与高欢曾有过节的关中大行台贺拔岳，便让孝武帝多次派王思政等人前往长安，与其接洽。

雄心勃勃的贺拔岳自然不会放弃这个坐大的机会，马上应允。

接着，斛斯椿又让自己的老朋友贺拔胜出任都督三荆等七州诸军事，前往荆州经营，作为孝武帝的另一个后援。

一代勇将贺拔胜终于有了独当一面的机会，他在荆州大展拳脚，攻城略地，先后攻下了梁朝的冯翊（今湖北钟祥）、安定、沔阳（今湖北仙桃）、鄀城等地。

但威风八面的贺拔胜并不是一个人在战斗，他有两个得力助手。

这两人都是他的武川同乡——独孤信和杨忠。

独孤信，本名独孤如愿，独孤信这个名字是后来宇文泰赐给他的，以表彰他"信著遐迩"。

他出身鲜卑贵族，精于骑射，曾经在武川与贺拔家族、宇文家族并肩作战，攻杀叛军大将卫可孤，那时他年仅二十二岁，后来他和大多数六镇流民一样，流落到了河北，被迫在葛荣军中效力，尔朱荣击败葛荣后，他就在尔朱荣麾下担任别将，曾经单枪匹马生擒韩楼所部的渔阳王袁肆周，一战成名。之后他被任命为荆州新野镇将，贺拔胜出镇荆州后，提拔他为大都督，作为自己的左膀右臂。

独孤信还是史上著名的帅哥，他不仅容貌俊美，还喜欢修饰，穿着时尚，走到哪里都是一道亮丽的风景。

他不打扮，已经让人惊叹；略加打扮，就会令人震撼；随便一站，就会引人围观。军中都称他为"独孤郎"。

杨忠，史载其状貌魁伟，武艺超群，识量沉深，有将帅之略。

和独孤信比，他的经历更加坎坷。

他先是随着父亲杨祯从武川流落到了河北，不久杨祯战死，他又流浪到了山东泰山一带，在那里，他和当地农家姑娘吕苦桃成了婚。

不幸的是，婚后不久，他就被梁军裹胁到了江南，随后他又作为七千白袍军的一员，参加了陈庆之那次气吞万里的北伐。

第十章 树欲静而风不止

陈庆之兵败之后，杨忠就留在了洛阳，被尔朱度律看中，任命为统军。

此后他又被派到了荆州，在那里他一直和武川老乡独孤信并肩作战，两人结下了很深的情谊，后来他们更是成为儿女亲家——杨忠的儿子，后来的隋文帝杨坚娶了独孤信的女儿独孤伽罗为妻。

在独孤信和杨忠等人的辅助下，贺拔胜在荆州很快站稳了脚跟，干得风生水起。

与此同时，斛斯椿在朝中也开始了他的下一步行动。

这一次，他瞄准了高欢的盟友、担任侍中、司空等要职的河北大族领袖人物——高乾。

当初高乾的父亲高翼死的时候，正逢高欢在信都起兵，高乾忙得不可开交，没来得及按照当时的规定守孝，因此等孝武帝即位、朝政稳定后，高乾就上疏要求辞职回去服丧。

本来他以为这只是一个形式，皇帝一定会挽留他。

没想到，在斛斯椿的安排下，孝武帝竟然立即批准他辞去侍中，只让他保留司空这一个虚衔。

失去了侍中这个重要职务，很多朝政都无法参与。这让志向远大的高乾十分失望，郁郁寡欢。

把高乾晾了一段时间以后，孝武帝对高乾又突然变得亲近起来。

在一次酒宴以后，孝武帝把高乾单独留下来，拍着他的肩膀说，司空啊，你们渤海高家世代忠良，对我们大魏国做出了很大的贡献啊。我们之间虽然名为君臣，但义同兄弟。希望我们能共立盟约，永不背叛。拉钩上吊，一百年不许变。

事出突然，高乾根本来不及细想，只好当场发誓说，臣决心以身许国，效忠皇帝，绝无二心！

对孝武帝的奇怪举动，高乾心里像明镜一样，他的目的是拉拢自己，共同对抗高欢。

但他发现如今自己的处境十分艰难。

一方面，对皇帝的要求根本不可能拒绝，否则他随时都可能以各种罪名惩治自己；另一方面，自己也绝不愿意背叛高欢。

他明白，这只是孝武帝第一次试探自己，但绝不会是最后一次。

下一次，如果皇帝真要他去干对不起高欢的事，怎么办？

做还是不做？

他知道自己已经深处政治旋涡的中心，两难的境地让他心力交瘁。

或许正是因为压力太大，他犯了一个小小的错误，但这也是一个致命的错误，他没有把孝武帝和他盟誓这件事禀告高欢，只是密告高欢，说孝武帝和斛斯椿等人勾结，定有异图。

高欢把高乾召到晋阳，与他面谈。

高乾直截了当地劝高欢称帝，高欢赶紧捂住了他的嘴：不要胡说！

回到京城以后，高乾依然忧虑重重。

什么时候人会坐立不安？

想玩游戏没电，染上重病没钱，当然还有此时的高乾。

他觉得在皇帝和高欢两方的博弈下，自己很可能会成为牺牲品。就好像置身于一座两边都是火场的建筑物中，随便往哪一边跨一步都会葬身火海，即使原地不动也迟早会被烟熏死！

他得尽快离开这个是非之地。

考虑良久，他终于有了主意。

他悄悄地给高欢上书，希望给他谋取徐州刺史的职位。

徐州刺史的任命书终于发下来了，高乾终于松了口气。

但就在这时，耳目众多的孝武帝发现了高乾和高欢的秘密往来。

孝武帝知道高乾终不可能为自己所用，一怒之下，他给高欢写了一封亲笔信，信里只有十四个字：高乾与朕私有盟约，今乃反复两端。

高欢对以高乾为代表的河北大族本来就很有戒心，而且在他看来，在河北跟随他起事的几个人中，高敖曹有勇无谋，封隆之胆小怕事，李元忠淡泊名利，他最不放心的就是文武全才的高乾。

看到了这封信，高欢大为吃惊，因为他从来没听高乾提起过与孝武帝结盟这件事。

高欢需要的是绝对的忠诚。

对于脚踩两只船的人，他的容忍度是零，尤其是高乾这样有巨大号召力的人。

万一高乾真的瞒着自己和孝武帝眉来眼去，甚至被孝武帝拉拢过去，那对自己的威胁实在是太大了。

他决定除掉高乾这个让他担心的问题人物。

但他并不想自己动手。

因为这便意味着与河北大族为敌。

只有一个办法，那就是借刀杀人！

高欢把高乾给自己的秘密函件全部封存起来，并马上派使者送给孝武帝。

孝武帝看了这些函件，恨得心里痒痒的，这个高乾果然是个两面三刀的小人，他表面上与我结盟，背地里却偷偷给高欢送情报。

心狠手辣的孝武帝顿时就起了杀心：我一定要让你咽气，否则我实在难以咽下这口恶气！

孝武帝立即把高乾召来，拿出这些函件，当面质问他。

此时的高乾百口莫辩，以他对孝武帝的了解，知道自己肯定无法幸免，只好长叹一声：君要臣死，臣不得不死。

孝武帝更火了，这是戏曲里面忠臣被昏君冤杀时常说的话啊，你这不是讽刺我吗？

就这样，高乾当场就被赐死了。

常言道：斩草不除根，春风吹又生。

鉴于高乾家族势力庞大，孝武帝自然要一网打尽。

首要目标当然是高敖曹。

此时高敖曹正在冀州，孝武帝密令其亲信东徐州刺史潘绍业，让他率人前往冀州，抓捕并杀死高敖曹。

但高敖曹已经提前得到消息。

他派人埋伏于路边，抓获了潘绍业，并从其衣领中搜到了孝武帝的密诏。随后带着十余人从小路逃到了晋阳，投奔高欢。

一见面，高欢就与高敖曹抱头痛哭，伤心欲绝，他泣不成声地说，天子枉杀了司空！

猫哭耗子，大家都知道是假慈悲，高欢哭高乾，高敖曹却认为是真慈悲。

笔者不禁为勇武盖世的高敖曹感到无比可悲！

因为他至死都不知道，他死心塌地为之卖命的高欢就是杀死高乾的幕后黑手！

高敖曹的二哥高仲密时任光州（今山东莱州）刺史，孝武帝密令青州（今山东青州）的部队前去捉拿，但机警的高仲密从小路逃脱，费尽周折，最后也跑到了晋阳。

高欢这次行动堪称一石二鸟。

一方面借孝武帝之手除掉了高乾这个未来有可能威胁自己地位的问题人物；另一方面又让以高敖曹为代表的河北大族与孝武帝结下了深仇大恨，从而对自己更加忠心！

双雄初会

通过这件事，高欢可以一定、肯定以及确定地说，孝武帝迟早会和自己决裂。皇帝和斛斯椿在洛阳干的这些事，目的是什么，他一清二楚。但高欢认为只要军队掌握在他手里，他就不怕他们，最坏的打算也不过是废了孝武帝，重新再立一个而已。

真正令他担心的是拥兵西北的贺拔岳。

贺拔岳所控制的关中地区尽管表面上承认孝武帝，接受孝武帝的指挥，实际上却是个独立王国，密封性堪比传说中的金钟罩，一滴水都泼不进。

虽然现在高欢是中央实际上的最高领导——大丞相，贺拔岳仅仅是个地方——官员关西大行台（关西军区总司令），但高欢根本指挥不动贺拔岳，在那里，他的指令就和太监的老婆一样——只是个摆设没有任何实际用处。

更重要的是，这个贺拔岳绝非甘居人下之辈。当年两人同在尔朱荣手下的时候，就是水火不容，斗得你死我活。

高欢认为此人是他最大的竞争对手，甚至可以说是他唯一的竞争对手！

当然，两个人表面上还是很友好的。毕竟名义上都是大魏国的大臣，是同僚嘛。

高欢在晋阳刚建立起大丞相府时，贺拔岳就派行台郎中（司令部秘书长）冯景前来拜访。

高欢显得非常开心，用极其隆重的礼节招待冯景。

好酒好菜，盛情款待，席间高欢还拍着他的肩膀说：贺拔公是不是惦记我了！我也是一样的心情啊。自从别后不相见，每有空闲就想念。

随后他又和冯景歃血为盟，与贺拔岳遥相结拜，约为兄弟。

不过冯景可不相信这一套——毕竟大家都知道，你高欢是怎么对付尔朱兆这个好兄弟的！

回去后，冯景向贺拔岳汇报说，高欢这人奸诈有余，不可信任。

过了一段时间，宇文泰自告奋勇，请求出使晋阳。

百闻不如一见，他想要亲眼看一看高欢这个大名鼎鼎的传奇人物。

高欢自然极力热情款待。

这是两人的第一次会面。也是两人唯一一次在战场以外的会面。

一个是三十八岁的中年人，一个是二十七岁的小伙子；

一个是权倾天下的大丞相，一个是默默无闻的小助理；

一个是光芒四射的超级巨星，一个是初露锋芒的妖人新秀。

对宇文泰来说，高欢这个名字如雷贯耳；对高欢来说，宇文泰这三个字却闻所未闻。

此刻，也许他们并不知道，在日后的江湖上，两人将双星闪耀，合演一幕幕惊天动地的巅峰对决，留下一场场荡气回肠的经典战役，谱写一曲曲峰回路转的不朽传奇，然而两人却始终没能分出胜负！

关于这次会面的具体过程史书并无记载，但无疑宇文泰这个年轻人给高欢留下了深刻的印象，他只说了六个字：此儿视瞻非常——这个小伙子看起来不是寻常人。

于是，高欢竭力留下宇文泰为自己所用，但宇文泰拒绝了，说他必须回去复命。

无奈，高欢只好放行。

但宇文泰刚走，他又后悔了。

这个年轻人外貌奇伟（宇文泰长得实在是不帅，所以史书上再怎么美化也只能说他奇伟，就好像咱们现在要赞美一个长得歪瓜裂枣的人会说他长得很有个性一样），谈吐非凡，哪是什么黑獭，绝对是匹黑马。此人前途不可限量，放他回去，岂非放虎归山！

想到这里，他马上派人追赶宇文泰。

但哪里还追得上？

一直追到潼关，也没见到其踪影。

因为，宇文泰早就料到了这一点！

离开晋阳后，他一秒也没有耽搁，快马加鞭，倍道兼行，终于顺利回到了长安。

对于初次见面的高欢，他的感想是"彼可取而代之也"，再结合他在晋阳了解到的情况，一路上他边走边想，逐步有了一条清晰的思路。

回去后，他对贺拔岳说，高欢之所以没有篡夺帝位，只不过是忌惮你们兄弟两人而已。现在咱们西北一带，费也头部有骑兵一万余人，夏州刺史斛拔弥俄突有精兵三千多人，灵州刺史曹泥、河西流民纥豆陵伊利等人各拥部众，这些人都还没有归属。您若是引军到陇右，扼其要害，震之以威，怀之以惠，就可以收服他们的兵马，壮大我们的实力。然后咱们再挥师东进，抗拒高欢，辅助皇室，则主公您的霸业必成！

　　贺拔岳听了大喜过望：即使诸葛亮再世，也不一定比得上你宇文黑獭啊！

　　随后，贺拔岳又派宇文泰秘密前往洛阳与孝武帝联络，孝武帝自然是极力笼络，马上封宇文泰为武卫将军，同时加封贺拔岳为都督雍州、华州、益州、岐州等二十州诸军事、大都督。

　　不仅如此，孝武帝还割破自己胸口的皮肤，派人把几滴血赐给贺拔岳，号称"心前血"，以示特别的恩宠。恕我愚笨，我实在想不明白这个所谓"心前血"是什么意思，难道是表示自己心血来潮？而且，还有个技术问题，究竟该怎么区分这究竟是"心前血"还是"痔疮血"？

第十一章　危难时刻显身手

可以不聪明，但不能不小心

不久，贺拔岳按照宇文泰的安排，率军西进，在西北地区的中心——平凉（今甘肃平凉）建立大本营，作为其大都督府。

他布营数十里，声势浩大，然后先是大比武，接着大阅兵，再大搞实弹演习，随后以孝武帝的名义号令各州郡，要求他们都到平凉来开会。

畏服于贺拔岳的军力，秦州刺史侯莫陈悦、夏州刺史斛拔弥俄突、河西流民首领纥豆陵伊利、费也头人首领万俟受洛干、铁勒人首领斛律沙门等西北各地的实力派人物大多来到平凉，表示接受贺拔岳节度。

整个西北地区，只有灵州刺史曹泥因为与高欢关系较好，对贺拔岳的命令拒不听从。

贺拔岳趁势对各地进行了大张旗鼓的人事调整。

鉴于夏州（今陕西靖边）位置险要，又靠近高欢所控制的并州，因此夏州刺史一职极为重要，贺拔岳一时难以决定由谁来出任。

部下一致推荐宇文泰，但贺拔岳感觉很为难：不行，绝对不行。宇文左丞是我的左右手。我和宇文泰，就像裤子和皮带。裤子离不开皮带，我也离不开宇文泰。只要他不在，我就感到不自在。

然而，在考虑了好几天后，由于他实在想不出更合适的人选，最后还是不得不听从了大家的意见，让宇文泰出任夏州刺史。

眼看竞争对手贺拔岳的势力急剧膨胀，高欢自然不能坐视不管。

先来个敲山震虎。

高欢派侯景前往招抚距离并州最近的河西流民首领纥豆陵伊利（姓纥豆陵，名伊利），却碰了一鼻子灰。

既然敬酒不吃那就吃罚酒吧。

于是高欢也就不再客气，马上发兵突袭，抓获了纥豆陵伊利，并把其部众迁移到了河东。

但纥豆陵伊利毕竟只是属于癣疥之疾，贺拔岳才是高欢的心腹大患。

如何对付贺拔岳？

他苦思冥想了很久，却依然没有好主意。

毕竟自己和贺拔岳两人名义上都是大魏的臣子，如果率军讨伐，那就是冒天下之大不韪，舆论上就先输了一着。何况，贺拔岳在关中经营多年，兵强马壮，是块难啃的骨头，弄不好的话很可能没吃到肉却折了自己的牙。所以，高欢并不愿意与他锅对锅勺对勺地对打。

正在他为此苦恼的时候，谋士翟嵩说了一段没头没脑的话：追女生，有时候不光要关注她本人，还要关注她身边的人，比如丈母娘、闺密……

高欢的反应很快：你的意思是要绑架贺拔岳的老婆？不过如果他有小三的话，那就白费力气了……

翟嵩笑了：老大啊，我的意思是，不要光盯着贺拔岳，咱们可否关注一下侯莫陈悦？

高欢闻言立刻两眼放光：快说说看。

翟嵩道：当年尔朱天光出征关中的时候，侯莫陈悦和贺拔岳两人都是副帅，可以说是平起平坐；如今贺拔岳在西北一手遮天，侯莫陈悦却依然只是秦州（今甘肃天水）刺史。从同级变成下级，从平起平坐变成唯唯诺诺，我就不相信侯莫陈悦会没有想法。而且我听说这个人特别贪财，按照我当年做包工头的经验，这样的腐败分子特别好打交道。

高欢大喜过望：好，咱们就从侯莫陈悦那里做文章。

他随即派遣翟嵩带着重金和厚礼，秘密前往秦州，联络侯莫陈悦。

而贺拔岳得到高欢袭击纥豆陵伊利的消息后，也是极为恼火。这不是显得我这个老大罩不住嘛！让我的面子往哪搁？

贺拔岳决定以牙还牙，你打我的马仔纥豆陵伊利，我也打你的小弟灵州（今宁夏灵武）刺史曹泥。

为了壮大声势，他还邀请老搭档秦州刺史侯莫陈悦，与他一起出征。

在出兵之前，他特意派自己的亲信都督赵贵前往夏州，听取宇文泰的建议。

第十一章 危难时刻显身手

宇文泰旗帜鲜明地表示反对：灵州不过是一座孤城，又地处偏远，不足为虑。倒是侯莫陈悦这个人，贪而无信，是个潜在威胁，我认为应该先对付他。

赵贵赶紧回去汇报。

此时的贺拔岳春风得意，意气风发。

他现在是西北地区名副其实的老大，又得到了皇帝的信任。在不久的将来，他就会以讨伐逆臣的名义，与高欢一决雌雄，建不世之功，赢万世英名！

正如赘肉总是在不知不觉中萌生，骄傲的情绪也不知不觉地在贺拔岳身上萌生。

听赵贵转述完宇文泰的建议，贺拔岳不以为然地笑了：这次宇文泰并没有完全领会我的意图啊。我之所以要打灵州的曹泥，其实另有深意。你以为我想去他那个鸟不拉屎的地方代替鸟拉屎啊，老大我有病啊！我的目的是杀鸡儆猴，震慑那帮对我有二心的人。至于侯莫陈悦，宇文泰是多虑了，我和他相知多年，这个人虽然有勇无谋，但很讲义气，不可能对我有二心。

然而他错了。

这是致命的错误，无法挽回的错误，覆水难收的错误！

他以为侯莫陈悦对他死心塌地，但事实是侯莫陈悦一心想把他置于死地！

因为侯莫陈悦眼看着贺拔岳一飞冲天，自己却原地踏步，心里很不是滋味。

这就好比二十世纪八十年代初甲乙两人都是万元户，而三十年后的今天，甲是全国排名前三的富豪，乙还是万元户，这让乙的心里怎么会好过！

人比人，气死人。侯莫陈悦心里本就极不平衡，再加上这次被翟嵩好一番忽悠，又得到了大量的金银珠宝作为预付款，这次高欢开出的价码非常之高——高到连笔者这种视金钱如粪土的人都忍不住要心动，何况他这样贪婪的人！

重赏之下，必有叛徒，侯莫陈悦下定决心找机会除掉贺拔岳。

现在贺拔岳请他助战，正中他下怀，当然立刻答应。

公元534年农历二月，贺拔岳和侯莫陈悦两军在高平（今宁夏固原）会合，共同讨伐曹泥。

两人相见甚欢，多次互相宴请，场面甚为融洽。

这天，两军到达河曲（估计在今宁夏青铜峡一带），侯莫陈悦又邀请贺拔岳去他帐内，商讨作战方案。

贺拔岳刚刚坐定，侯莫陈悦突然说自己肚子痛，要去趟茅房。

贺拔岳看见侯莫陈悦不安地搓着手，好像在点钞票，而且是给别人点，那副窘迫的样子让人忍俊不禁，他不禁笑了起来：快去吧，小心弄脏了裤子。呵呵。

正当贺拔岳跷着二郎腿，优哉游哉地等着侯莫陈悦返回的时候，侯莫陈悦的女婿元洪景趁其不备，从后面突然拔刀刺向贺拔岳。

贺拔岳艰难地回过头，说出了最后一句话：怎么是你！

随即倒地身亡。

贺拔岳就这样去了另一个世界，带着满腹的不甘，怀着满腔的遗憾，所有的雄心壮志都变成了南柯一梦。

在这一瞬间，贺拔岳想到了什么？是壮志难酬的惆怅，还是铁马金戈的战场，抑或是天各一方的兄长？

也许他想到的是两句话，一句是：出来混，你可以不聪明，但不能不小心。

他实在太大意了——只想着如何应对前方的高欢亮剑，却丝毫没有提防来自自己后方的冷箭！

谁都知道，过马路的时候不能只看一面，必须前后左右全方位地观察，更何况要在血雨腥风的乱世争雄呢？

另一句是：人可以不识字，但不能不识人。

他在识人上一个小小的疏忽，就导致满盘皆输，万劫不复。这怎能不让人扼腕叹息！

贺拔岳被刺，因为发生在河曲，故史称"河曲事变"。

事变之后，侯莫陈悦马上派人到贺拔岳的大营中宣布：我奉皇上密旨，只取贺拔岳一人性命，大家切勿惊慌。

电脑失去了芯片会开不了机，汽车失去了引擎也会无法启动，失去了贺拔岳这个灵魂人物，这帮年轻的武川将领都六神无主。现在又听说这是皇帝的旨意，一时谁也不敢轻举妄动。

老大死了，何去何从？

大家一片茫然。

树倒猢狲散，有些人看不到前途，便打算跑路。

关键时刻，赵贵挺身而出：贺拔公待我们不薄，如果我们连给他收尸都不敢，还称得上义士吗？

随后，赵贵带着五十多人来到侯莫陈悦的大营外，放声痛哭，请求收葬贺拔岳。

侯莫陈悦本来就有些心虚，便立刻表示允许。

之后赵贵带着贺拔岳的尸首回去，大家决定先回大本营平凉。

而侯莫陈悦也怕贺拔岳手下这帮如狼似虎的马仔对自己实施报复，便也匆忙率军返回自己的老巢水洛城。

同时他立即派人到晋阳向高欢送信：贺拔岳已被杀，交易已完成。请速派人前来收编贺拔岳的部下。另，请兑现你的承诺，把余款付清。要知道，没有买卖，就没有伤害！

侯莫陈悦刺杀贺拔岳的动机让人很难理解。

如果说他和贺拔岳有仇，那就好理解了，可从史书上的记录来看，两人关系很好，几乎连牙齿误咬舌头的事都没发生过。

如果说他由于心理不平衡想取而代之，那也很正常，可他却没有这么做。而且他似乎也没有那么大的野心。

如果说他仅仅是想要改换门庭而投靠高欢，好像也不太可能。贺拔岳把他当作盟友，对他如此信任，在高欢那里难道会更受重用？即使这样，也没有必要冒这么大的风险去搞刺杀吧？

如果说是因为高欢许诺给他高官厚禄，似乎也不对。枪杆子里出政权，有枪就是草头王。乱世最重要的是实力，侯莫陈悦不会连这个道理都不懂吧。

笔者实在想不明白，所有的历史学家也都想不明白，唯一说得通的解释似乎只能是他太贪了，太爱钱了。

否则的话，恐怕只有单细胞的草履虫才能理解侯莫陈悦的行为。

迎难而上

却说贺拔岳的这些部下纷纷回到平凉，但大家还是惊魂未定，仿佛做了一场噩梦。

军中不能一日无主，贺拔岳平时最倚重的将领除了宇文泰，就是寇洛、李虎、赵贵、侯莫陈崇以及梁御、达奚武、若干惠、怡峰等人，他们大多出生于武川，其中寇洛年纪最大，资历最深，大家就推他为主。

但寇洛以自己的能力不够为由坚决推辞。

谁来当这个头呢？

赵贵再次挺身而出：宇文夏州英略冠世，远近归心。赏罚严明，士卒用命。而且他一直深受贺拔公的信任，他才是贺拔公的最佳接班人。

宇文泰的能力向来为大家所折服，侯莫陈崇、梁御、达奚武等人纷纷表示赞同。

但李虎有不同意见。

他认为宇文泰虽然谋勇双全，可还是太年轻，资历尚浅。而荆州的贺拔胜既是贺拔岳的兄长，又是威名远扬的宿将，才是最合适的人选。

毕竟，姜还是皮皱的辣嘛。

李虎此时在贺拔岳的手下担任左厢大都督（大体相当于参谋长），在军中威望颇高，加上他的说法似乎也有一定道理，马上有人赞同他的意见。

还有的人认为应该去洛阳禀告孝武帝，让他派人来领导，只有这样才名正言顺。

一时大家公说公有理，婆说婆有理，意见无法统一，陷入了僵局。

这时，都督杜朔周看不下去了，他说，荆州离这里太远，远水救不了近火。赵将军所言极是，今日之事，非宇文夏州不可。再这样议而不决，咱们就会变成一盘散沙，一触即溃，一败涂地，一蹶不振，一命呜呼。诸位都别争了，我现在就出发前往夏州，迎接宇文泰。

赵贵、侯莫陈崇等重量级人物纷纷表示赞同，并催他赶快动身。

杜朔周也就不再废话，立刻出发。

而倔强的李虎眼看自己成了少数派，却依然不肯少数服从多数。

他干脆单枪匹马，不告而别地脱离组织，前往荆州告知贺拔胜。

夏州离平凉不是太远，心急火燎的杜朔周很快就把这个消息带给了宇文泰。

听说与他亲如兄长的贺拔岳突然被杀，宇文泰的心情十分难过。但他现在顾不上悲痛，他觉得当务之急应该是迅速赶赴平凉，尽快稳定局势。

不过他的部下将领大多认为事发突然，情况复杂，且侯莫陈悦的老巢水洛城与平凉相距很近，万一侯莫陈悦已经把部队收编了怎么办呢？

总之，大家都觉得，仅凭杜朔周一面之词就仓促行动的话，实在是太草率了，目前不应轻举妄动，还是先坐观其变、静待良机为好。

第十一章 危难时刻显身手

但宇文泰的态度非常坚决：什么坐观其变，静待良机？那是作茧自缚，坐失良机！侯莫陈悦杀害了元帅以后却不趁势攻取平凉，反而退守水洛城，仅凭这一点就能看出他肯定是无所作为的。我如果不早点赶赴平凉的话，平凉那边定会军心离散，甚至会被别人收编。我们一刻都不能等，必须马上行动。如果等待真的这么有用，那么全世界谁能比蜗牛更牛！

就在宇文泰打点行装将要出发之际，却接到了一个惊人的消息——他手下的都督弥姐元进阴谋策应侯莫陈悦，要在原州发动叛乱！

宇文泰不动声色，立即召请包括弥姐元进在内的将领们开会议事。

在会上，他和颜悦色地对大家说，我马上就要赶赴平凉，声讨叛贼侯莫陈悦，可是听说好像你们中有人有不同意见啊。

话音未落，突然有人身披重甲、手持钢刀闯进了会议室。

此人名叫蔡佑。

蔡佑，字承先，高平（今宁夏固原）人，史称其有膂力，善骑射。当年宇文泰担任行原州事时，对他就非常赏识，引为亲信，此后他一直跟在宇文泰身边。

两人的关系极为亲密，宇文泰甚至认他为义子。不过，实际上两人年龄相当，当时都是二十几岁。

此事看起来似乎很难理解。

如今这个时代，八十岁的男人认十八岁的女人当干女儿那是司空见惯，但二十八岁的男人认同样二十八岁的男人当干儿子实在是让人匪夷所思。不信，你试试看，对一个年纪和你差不多的男人说，你做我儿子吧！如果他不揍你，有两种可能：要么他有精神病，要么他把你当成精神病人。

从这件事也可以看出，宇文泰确实具有不同于常人的领袖魅力，少年老成，颇有长者之风。

后来发生的一切可以证明，蔡佑认他为干爹（这个称呼现在听起来似乎有点暧昧），绝不是因为他的权势，也不是因为他的地位，而只是因为他是宇文泰，除此之外，再无附加。

让我们回到现场。

蔡佑瞪大双眼，怒斥弥姐元进，并当场将其斩杀。

诸将都吓傻了，纷纷表示愿意听从指挥，共同讨伐侯莫陈悦，绝无二心。

会议完毕，宇文泰立刻点起兵马，赶赴平凉。

一路自然是急行军，走到安定（今甘肃泾川），宇文泰碰到了一队风尘仆仆的人马。

为首的是侯景。他是奉高欢之命前来接收贺拔岳余部的。

话说高欢听到死对头贺拔岳被刺身亡的消息，自然兴奋不已。

下一步如何行动？要不要趁势发兵攻打群龙无首的贺拔岳余部？

不，那是做减法，喜欢追求完美的高欢想要的是做加法——收编其部众、壮大自己的实力。

可是谁能担当起这个重任呢？

他选择了侯景。

侯景这人腿有残疾，搁现在是个坐公交有人让座的角色，但他精于韬略，足智多谋，人称"猴精"。据说他当年在尔朱荣麾下时，曾拜慕容绍宗为师，学习兵法。可是没过多久，他就青出于蓝而胜于蓝，很多时候慕容绍宗反而要请教他，由此可见其悟性之高。

要收编贺拔岳手下那帮虎狼之师，要面对变幻莫测的陌生形势，没有善于应变的头脑是不行的，从这点看，在高欢手下的将领中，侯景确实是最好的人选。

可惜，这次侯景遇到的对手是宇文泰。

宇文泰先问了侯景三个哲学上的终极问题：你是谁？你从哪里来？你要到哪里去？

侯景并不认识宇文泰，看到对方是个毛头小子，觉得自己向来威名赫赫，自然不能在气势上输掉，便大声回答：在下乃尚书仆射侯景，奉大丞相高欢之命前往平凉。你是何人，敢如此无礼！

没想到宇文泰更加咄咄逼人，厉声说道：贺拔公虽死，宇文泰尚存，你想要干什么！

此时侯景突然感到这个年轻人有一种巨大的气场，它无影无形却无坚不摧，令他不由得倒吸一口凉气。

看到对方气势汹汹且人多势众，想到这次自己只带了几十个人，他明白这趟差事肯定是完不成了。

本着"好汉不吃眼前亏"的原则，他顺势借坡下驴服了软：我不过是一支箭耳，人家把我射到哪儿就是哪儿！

说完，侯景立即掉转马头，打道回府。

就这样，宇文泰在第一时间赶到了平凉，在贺拔岳的灵柩前痛哭不已，尽情发泄着滔天的悲伤，肆意流淌着泛滥的泪水。

毕竟，贺拔岳对他有知遇之恩啊！

哀悼完毕后，在寇洛、赵贵、侯莫陈崇等人的拥戴下，宇文泰登上了大都督的宝座，自此成为关陇集团第二代掌门人。

就像金银天生就带有货币属性一样，宇文泰天生就带有领袖魅力。

他一到平凉，诸将就有了主心骨，一切安排得井井有条，军中局势迅速稳定下来。

眼看大局已定，宇文泰终于松了一口气。

这时又有三路人马先后到达平凉。

一路是武卫将军元毗（pí），他是孝武帝派来的。

孝武帝听说贺拔岳被刺身亡，心里很不是滋味，本来是他寄予厚望的栋梁之材，没想到这么快就被送进了棺材。这种感觉就好像一个极度干渴的人好不容易找到一瓶水，正要喝的时候却被人打破了水瓶，那个失望啊。

但随后他和斛斯椿等人一商量，觉得这倒是收编这支部队、扩充自己实力的好时机。

于是他马上派元毗带着圣旨前往平凉，宣召他们回洛阳驻防。

不过，元毗还是比宇文泰迟了一步。

没办法，他只好宣读皇帝诏书，要求宇文泰立即率军前往洛阳。

宇文泰自然不愿意离开关中这块自己的地盘，便让元毗带信给皇帝，说自己手下的将士多是西北本地人，故土难离，不愿东去。让我耐心诱导，等做通工作后一定会来。

至于具体什么时候来，这个就不好说了。可能早点，可能晚点，可能明天，可能明年，也可能过一万年。不过，你别真指望他会来。其实这个就和我们现在拒绝人家推销的产品时，总是说"需要的时候我会打你电话"是一样的意思。

当然，为了让孝武帝放心，宇文泰做足了表面文章，他当着元毗的面，宰杀牲口，召集诸将，共同发誓效忠皇帝。

无奈，孝武帝也只好承认了这个既成事实，随即任命宇文泰为大都督，让他统领贺拔岳的军队。

为了安抚宇文泰，孝武帝又下诏给侯莫陈悦，严厉斥责他无端杀害贺拔岳，并要求他返回洛阳，听候处理。

另一路是独孤信，他是贺拔胜派来的。

话说李虎单骑跑到荆州，痛哭流涕地请贺拔胜到关中当统帅，然而贺拔胜却舍不得放弃自己亲手打下的荆州，没有答应，而是把这个任务交给了自己最信任的助手独孤信。

他觉得独孤信文武全才，而且和关中诸将一样都是武川同乡，应该能不辱使命。

可是，荆州到平凉距离太过遥远，等独孤信赶到的时候，已经太迟了——迟到的时间足以孵出一窝小鸡，宇文泰早已经坐稳了大都督的位子。

独孤信虽然有一丝失落，但还是很愉快地接受了这个现实。因为他和宇文泰当年在武川的时候就是发小，两人关系极好，现在自然是相见甚欢。

不过，宇文泰对独孤信却是另一种看法。

他觉得独孤信人气高，资历深，战功多，又有贺拔胜的支持，要是民主投票的话估计也能得到不少选票，如果留在军中对他始终是一个威胁。

于是，他悄悄地耍了个手腕，派独孤信作为使者去京城奏事。

此后独孤信便被孝武帝任命为武卫将军，留在了洛阳任职。

第三路是高欢派来的——侯景以及散骑常侍张华原、义宁太守王基。

听说宇文泰继承了关西大都督之位，高欢便派他们前来安抚，名义上是表示慰问，其实是想窥探虚实，看看是否有机可乘。

他们在关中碰了一鼻子灰，最后只好悻悻而归。

回到晋阳后，王基向高欢汇报说：宇文泰这个人绝对不可小觑，咱们应该趁他立足未稳，立即出兵，一举把他击溃。

然而此时的高欢还沉浸在除掉贺拔岳的欣喜中，他不以为意地说：要文斗不要武斗，要用阴谋不要用阳谋，要动脑子不要动刀子。不要急嘛！你看到贺拔岳的下场了吧，我会用计来取宇文泰的性命！

就这样，高欢拒绝了王基的建议，日后他一定会为自己的轻敌而后悔不已。

威震西北

关中的形势从此稳定下来。

宇文泰的下一步很自然地瞄准了侯莫陈悦,对他来说,通过为贺拔岳报仇,一方面可以显示出自己的重情重义,借此增强队伍的凝聚力;另一方面也可以扫清自己的后方,将来与高欢对决的时候免除后顾之忧。

先礼后兵。

宇文泰写了一封信给侯莫陈悦,先是严厉谴责他忘恩负义杀害贺拔岳的恶劣行径,随后敦促他按照皇帝的诏书前往洛阳,否则自己就要和他兵戎相见。

如果去洛阳,那不是往火坑里跳吗?

连只鸡看到坑都知道绕着走,侯莫陈悦当然对此置之不理。

既然如此,宇文泰出兵就有了充分的理由。

宇文泰西征的第一个目标对准了原州(今宁夏固原)。

原州刺史史归,本来是贺拔岳的亲信爱将,在贺拔岳死后他却当了叛徒,投靠了侯莫陈悦。

宇文泰派勇将侯莫陈崇率骑兵一千前往攻取原州。

兵贵神速,侯莫陈崇率军衔枚疾进,趁着黑夜,猛攻城门。

与此同时,早已暗中投靠宇文泰的高平县令李贤,以及他的两个弟弟李远、李穆则在城内接应,伏兵四起,杀声震天。

里应外合,侯莫陈崇很快就攻下了原州,俘虏了史归。

李贤,自称是西汉名将李陵之后,从其祖父辈起就定居于原州州城高平,是当地望族。在尔朱天光攻打关中时,李贤率乡人响应,后被任命为高平县令。

而在这次收复原州的战斗中,李贤、李远、李穆三兄弟立下大功,从此他们一直追随宇文泰南征北战,李氏一门也成为西魏、北周、隋三朝世代显贵的著名豪门,直到隋朝末年因"李氏当为天子"的谶言而被灭族。

在取得原州后,宇文泰率领大军在原州誓师,正式宣布讨伐侯莫陈悦,为大都督贺拔岳报仇。

在出征仪式上,宇文泰慷慨激昂地说,侯莫陈悦无端残害忠良,又不从诏命,实在是罪孽深重,罪大恶极,罪不容赦,罪该万死。替天行道,替国家除害,替贺拔公报仇,我等责无旁贷!

随后他立刻点起大军向侯莫陈悦的老巢水洛城进发,一路上军纪严明,秋毫无犯。

时值农历四月，陇右大地却依然大雪纷飞，积雪深达二尺。

在侯莫陈悦的印象中，这种天气就是安全期，因此也就放松了警惕。

不过安全期并不是绝对安全，一切总有意外。

正如生理上的安全期有可能会意外怀孕一样，这次侯莫陈悦也遭到了意外攻击——当然是宇文泰。

他猝不及防，只好匆忙放弃水洛，退守略阳（今甘肃张家川回族自治县）。

可是宇文泰完全不给他喘息的机会，又马不停蹄地进军略阳。

侯莫陈悦根本就来不及反应，无奈只能再慌忙放弃略阳，退回秦州州城上邽（guī）（今甘肃天水），想以此坚城为依托固守。

同时他又赶紧召请南秦州（今甘肃西和县）刺史李弼率军前来协助。

李弼，字景和，辽东襄平（今辽宁辽阳）人，是侯莫陈悦的姨父，因此随其出征关中。

他作战极其勇猛，经常身先士卒冲锋陷阵，敌军畏之如虎，以至于听见他的名字就要尿急。据说流传很广的一个保命诀窍就是"莫当李将军前也"——谁挡在他前面，要么是找死的，要么是活腻的。

顺便说一下，隋朝末年叱咤风云的瓦岗军领袖李密，是李弼的曾孙。

却说侯莫陈悦在上邽刚刚安定下来，还没来得及喝杯酒压压惊，也没来得及开个战前动员会，就听说宇文泰的大军即将杀到。

这就是宇文泰的作战风格，快、准、狠，不给对手任何喘息的机会！

侯莫陈悦已经蒙了。

怎么办？

他彻底没了主意，只好以不变应万变——继续坚持"敌进我退"这个原则，你进一尺，我退一丈。因此他又放弃了上邽，率领李弼等部将向南部山区撤退。

然而，一味地退，迟早会无路可退；一味地逃，总有一天会插翅难逃！

看到侯莫陈悦像小贩看见城管一样地四处逃窜，李弼也对这个不成器的外甥彻底失去了信心。

跟着这种人走肯定是条死路，他必须要赶紧找条退路。

他开始秘密派人与宇文泰接洽，表示愿意作为其内应。

同时，他又以侯莫陈悦的名义，命令其部下返回上邽。

由于李弼既是侯莫陈悦最信任的助手，又是他的亲戚，这些部下当然不会怀疑。

就这样，李弼马上回军占领了秦州，随即向宇文泰投诚。

李弼在军中的名望很高，宇文泰如获至宝，忍不住拍着他的肩膀开心地说：公与吾同心，天下不足平也。

随后，宇文泰连夜出兵，追击侯莫陈悦。

侯莫陈悦失去了李弼这个左膀右臂，部下又被带走了一大半，剩下的也都人人自危，士气低落——谁都知道，在这样一个连店面都没有的流动摊贩手下打工实在是没什么前途，不如主动下岗吧，因此与宇文泰刚一交战，其部众就纷纷溃散，或降或逃。

眼看大势已去，侯莫陈悦只好带着自己的儿子、兄弟等七八个人狼狈逃到山中。在山里面漫无目的地转来转去，不知该往哪里去，最后总算有了主意——到灵州去，投靠亲高欢的灵州刺史曹泥。

没想到竟然是自投罗网——宇文泰料事如神，早就派其侄子宇文导率军在前方截击，而都督贺拔颖则在后面紧追不舍。

前有堵截，后有追兵，侯莫陈悦，这个关西军团的叛徒、内奸、腐败分子，知道自己已经走投无路，只好找了一棵歪脖子树，自缢而死。

侯莫陈悦本来也是一员勇将，何以会变得如此胆怯？

据说原因是这样的，自从杀害老朋友贺拔岳后，侯莫陈悦就变得精神恍惚，经常梦见贺拔岳来找他，导致每晚都睡不好觉。他再也无法相信任何人，感觉到处都是诡秘的人，到处都是叵测的心。一直疑神疑鬼，惴惴不安。

现在，他终于可以安息了，也终于可以安心了。

宇文泰大获全胜，驻军于秦州。

他派人搜查侯莫陈悦的府库，发现财物堆积如山。

唉，世界上最悲哀的事情是：人死了钱没花完，世界上最最悲哀的事情是：人不能把钱带进坟墓，钱却能把人带进坟墓！

对此，宇文泰分文不取，全部用来犒赏三军。

有个随从偷拿了一个银碗，他知道后立刻将其斩首。

之后，宇文泰派赵贵镇守秦州，李弼镇守原州，自己则率军返回大本营平凉。

从此，宇文泰威名大振，西北地区各州郡都望风而从。

对于年轻气盛的宇文泰来说，偏安关中，不是他的目标，雄霸天下，才是他的梦想。

可是，该从何处着手？

有人给他出了个主意。

出主意的是时任夏州长史的于谨。

于谨，他其实应该叫"郁紧"——郁闷得紧。

与同时代的很多人相比，他的资格很老，称他为老前辈、长老、元老都不过分。

十年前作为广阳王元渊的参军，他就曾大放异彩，为平定破六韩拔陵叛乱立下了汗马功劳。

可是自从对他有知遇之恩的元渊去世后，于谨就一直郁郁不得志。

孝庄帝时期，尔朱荣控制朝政，重用的多是代北人，而于谨是出身于洛阳的南迁鲜卑，自然不受青睐。后来他一直效忠于尔朱天光麾下，但依然不受重用，也并无太出彩的表现。

虽然说是金子到哪儿都能发光，可是如果没人看到那就是白搭；虽然说酒香不怕巷子深，可是如果人家天生不爱喝酒，那么明明是茅台的酱香，反而会引起他脚气的联想。

于谨就这样被埋没了整整十年。

直到尔朱天光败亡后，于谨重新回到关中，结识了宇文泰，这块金子才终于重见天日。

宇文泰慧眼识英才，与他结为密友，并且在自己出镇夏州时，任命他为防城大都督兼夏州长史，从此成为宇文泰最为倚重的心腹之一，这时，他已经年满四十。

于谨进言道：皇帝在洛阳，受到权臣的逼迫，只要咱们诚恳邀请，分析时势，讲清利害，请他迁都长安，他一定会答应。然后咱们就可以效仿曹操，挟天子以令诸侯，奉王命以讨暴乱，如此，则明公您大业必成。

宇文泰对此深表赞同。

可是要让皇帝心甘情愿地西迁，还有很多工作要做。

毕竟作为一个新人，孝武帝对宇文泰的能力并不了解，对宇文泰的忠诚度也并不是十分放心。

如何让孝武帝更加信任自己呢？

就在他苦思冥想之际，高欢却给他送了一个机会。

当初在宇文泰攻打侯莫陈悦时，作为盟友，高欢并没有派兵救援，只是派都督韩轨（高欢年轻时的好友，也是他初恋情人的哥哥）率军一万驻扎在蒲坂（今山西永济），做出随时准备渡过黄河进犯关中的样子，却没有任何实际行动。

显然，高欢的本意是要重演当年救援尔朱兆的那一幕，等他们两败俱伤时再出兵摘桃子。

没想到这次他却失算了——侯莫陈悦这个孬种，实在太没用了，不要说还手，连招架都没有，就一触即溃，一泻千里，也就搓几圈麻将的工夫，居然就被宇文泰给灭了！

无奈，高欢只好改变方案，派使者带着厚礼以及他的亲笔信，前来结交宇文泰。

使者前脚刚走，宇文泰立即把信和礼物让人转送到洛阳。

孝武帝自然极为高兴，看来宇文泰和高欢势不两立，确实是一个可以依靠的对象。

于是，孝武帝加封宇文泰为侍中、骠骑大将军、开府仪同三司、关西大都督、略阳县公，享有自行封官的特权，并且要求他引军向东，声援洛阳。

宇文泰遂任命大将梁御为雍州刺史，率军五千镇守长安。

同时他又让于谨前往洛阳，盛情邀请孝武帝西迁长安，孝武帝因此更加觉得宇文泰忠心可嘉。

第十二章　才出虎穴，又入狼窟

君臣决裂

如宇文泰所愿，此时京城的形势也发生了翻天覆地的变化。

高欢派在京城的两位亲信担——任侍中的封隆之和孙腾两人先后逃回了晋阳！

事情源于一起三角恋——主角是他们两人和平原公主元明月。

元明月是南阳王元宝炬的妹妹，也是孝武帝的堂妹。

自古红颜多薄命，她年纪轻轻就守了寡。

孙腾看上了她的美貌，拼命追求她，然而元明月对他却根本不感冒，她的意中人是同样丧偶的封隆之。

这也难怪，南北朝时重门第，孙腾虽然长得不丑却是农村户口，出身于寒门小户，与元明月门不当户不对，而封隆之则出身于世代官宦的高门大族，自然对元明月更有吸引力。

如果说，恋爱中的女人是傻瓜，那么单相思的男人就是疯子。痛苦的单恋让孙腾失去了理智，为赶跑情敌，他竟然不顾组织原则，丧心病狂地在斛斯椿面前说自己的同事封隆之的坏话，封隆之害怕孝武帝怪罪，只好偷偷逃回家乡。

情敌就这样被赶走了，可是孙腾的这种卑劣行径，恐怕连十字路口摆西瓜摊的老太婆都会感到不齿，何况是心高气傲的元明月！

从此，元明月对他更加不屑一顾，竟然转而投入了堂兄孝武帝的怀抱——一起三角恋就这样华丽转身，变成了不伦恋。

原本孙腾是个闷骚的人，现在心上人被皇帝抢走了，想骚也骚不起来，只剩下闷了。

第十二章　才出虎穴，又入狼窟

更令他郁闷的是，当年受高欢委托在洛阳与他一起担任侍中的高乾、封隆之等人或死或逃，导致他如今孤掌难鸣，处处受到孝武帝和斛斯椿等人的刁难算计，穿小鞋那是常事，背黑锅属于便饭，孝武帝甚至扬言要治他的罪。

为了避免和高乾一样的悲剧，孙腾在洛阳再也不敢待下去了。

不久他就和高欢的小舅子——担任领军（禁军统领）的娄昭先后逃回晋阳，投奔高欢了。

这样一来，高欢的党羽在京城洛阳被清除得一干二净，干净得仿佛被暴风雨洗礼过的天空，一尘不染，明亮异常。

孝武帝的心情也无比明亮，这一切让他的自信心无限膨胀。

但俗话说，上帝欲让人灭亡，必先使人疯狂；欲使人疯狂，必先使人膨胀。

正是这无限膨胀的自信心加速了他和北魏帝国的灭亡！

信心爆棚的孝武帝下定决心，要与高欢彻底决裂，随即迅速开始了紧锣密鼓的行动。

这次他把矛头对准了高欢的两位心腹爱将——建州（治所今山西晋城）刺史韩贤和济州（治所今山东茌平）刺史蔡俊。

他先是撤销了建州的编制，让韩贤从此变成了"韩闲"——赋闲在家；接着又找了个借口把蔡俊免职，让汝阳王元叔昭接任。

高欢以前一直在忍耐，但他现在实在是无法再忍下去了。

元脩啊元脩，我对你客气你当我是空气，我对你尊重你当我没种，我对你心软你当我疲软，我对你示弱你当我虚弱，我对你仁至义尽你当我筋疲力尽。

你实在是欺人太甚！

于是，高欢向孝武帝上疏，说蔡俊功勋卓著，不能免职，请皇帝收回成命。同时授意蔡俊拒不离任。

孝武帝对此当然不能接受，他转而任命与斛斯椿关系亲密的贾显智出任济州刺史，并率军征讨蔡俊。

蔡俊依然坚持抗命，在济州城严阵以待。

首鼠两端的贾显智则停留在东郡（今河南濮阳），徘徊不前。

两人就这样一动不动地僵持着，好像在玩游戏：一、二、三，我们都是木头人，不许讲话不许动！

但心急的孝武帝不愿意这样拖下去，他准备动用武力，一举解决高欢。

经过几年的苦心经营，他现在手中也有了十余万军队，加上荆州的贺拔胜，关中的宇文泰，以及他自己那皇帝的金字招牌，他觉得可以动手了。

行动不一定能成功，但不行动一定不能成功。虽然一口吃不成胖子，但不吃更不可能变成胖子。

明日复明日，明日何其多，他不想再等下去，一刻都等不了了！

公元534年五月，孝武帝下诏说准备讨伐南方的梁朝，征召河南各州的兵马，在洛阳举行大规模的阅兵式。

大军云集，北达邙山，南到洛水，旌旗遮天蔽日，呐喊声震耳欲聋。

孝武帝身披戎装，和斛斯椿等人亲临现场，威风凛凛地检阅部队。

为了麻痹高欢，孝武帝考虑再三，终于想了一个办法。

有人憋了很久却只憋出一个臭屁，这次孝武帝想了很久却想出了一步臭棋。

他给高欢下了一个密诏：宇文泰和贺拔胜两人颇有异志，所以我假称讨伐南方，征召了这些部队。

诏书的最后还故意神秘兮兮地说：读完请把此密诏烧掉。

谁不知道皇帝你和宇文泰、贺拔胜打得火热？

你自己可以有突发性糊涂，但你不可能指望高欢也会和你一样突然糊涂。

得到诏书后，高欢正好将计——就计他本来就想出兵洛阳，正愁没有借口呢。

于是他干脆一本正经地按照密诏的要求，给孝武帝回复：为了配合皇帝陛下对付贺拔胜和宇文泰这样的逆臣，我现在率三万兵马，从河东渡河，又派遣恒州刺史库狄干、汾州刺史斛律金等人统军四万从来违津渡河，领军将军娄昭、相州刺史窦泰等人率军五万讨伐荆州，冀州刺史尉景、前冀州刺史高敖曹等人率七万山东兵、五万精锐骑兵讨伐江东地区，已经全部部署完毕，即刻出发。

孝武帝这才感到了压力，他一面召集群臣讨论对策，一面赶紧下诏给高欢，让他不要出兵。

高欢这时终于亮出了自己底牌，他在给孝武帝的回复中说，臣对皇帝一直忠心耿耿，若有负陛下，则臣必身受天殃，断子绝孙。陛下如今不信任我，是因为我受到了一小撮奸臣的诋毁。如果您不想与我兵戎相见，那么请您

第十二章 才出虎穴，又入狼窟

清除您身边那几位奸臣——毫无疑问他是指斛斯椿、王思政等人。

孝武帝当然不可能自剪羽翼，便命令时任中书舍人（秘书长）的大才子温子昇起草诏书回复高欢。

温子昇有些犹豫，惹得性如烈火的孝武帝怒而拔剑，苦苦相逼：不动笔杆子就动刀子！

温子昇这才勉强从命。

不愧是大才子，这篇诏书写得真是文采斐然。

先扬后抑，开头对高欢的功劳予以肯定：朕不劳尺刃，坐为天子，所谓生我者父母，贵我者高王。

随后为自己的行为做了解释，劝高欢退兵：近来由于担心宇文泰和贺拔胜犯上作乱，所以采取了戒严措施，想和您相互声援。如今观察他们的所作所为，没有叛逆的迹象。眼下天下的户口减了一半，所以不宜穷兵黩武——这一段真是有些睁眼说瞎话了，要出兵讨伐宇文泰和贺拔胜等人是皇帝你白纸黑字在密诏上写的，可不是什么谣言社、扯淡网、瞎掰电视台发布的假消息。

接着矛头一转，开始指责高欢：朕昏暗不明，不知道您所指的奸臣是谁。听说库狄干对您讲过要废掉朕这样大逆不道的言论，去年封隆之叛变，今年孙腾逃走，您不惩处他们，也不把他们送过来受审，您要是为君主做事尽心尽力，为什么不斩了他们的头颅送给我！

最后表明了自己的决心：王若晏然居北，在此虽有百万之众，终无图彼之心；王若举旗南指，纵无匹马只轮，犹欲奋空拳而争死——这句写得极有气势，足以编入中学语文课本。

温子昇的文章写得酣畅淋漓，然而孝武帝却感到大汗淋漓。

他知道这封诏书一旦发出去，他与高欢之间的生死对决也就正式开场，再也没有任何回旋的余地。

因此他觉得应该找条后路。

万一真的打不过高欢，还可以有个避难之所。

而此时他只有两个选择，贺拔胜的荆州和宇文泰的关中。

究竟选择哪个？

由于于谨在洛阳做了不少工作，因此中军将军王思政、散骑侍郎柳庆等人都赞成去关中。理由是荆州地区靠近梁朝，又处于四战之地，无险可守；

而关中则地形险要，进可攻退可守，是理想的去处。而且宇文泰智勇双全又非常忠诚，足以依靠。

　　孝武帝遂派柳庆前往关中，与宇文泰接洽。
　　宇文泰早就洞悉柳庆的来意，便主动要求奉迎皇帝御驾。
　　孝武帝闻之自然大喜过望，就此与手下这帮心腹达成一致，一旦失败就去关中。
　　只有左中郎将裴侠有不同意见，他说，不要想得这么美，天下乌鸦一般黑。如果高欢是狼外婆，宇文泰也不见得是小红帽。弃高欢而去投奔宇文泰，无异于避汤赴火——刚避开开水又掉入火堆。后来的事实证明，还是裴侠有先见之明。
　　可是现在与高欢已经彻底决裂，除了去关中，还有别的路可走吗？
　　至于到了关中以后会有什么样的遭遇，只有到时再说了。

　　山雨欲来风满楼，高欢没到谣言就到处流。
　　此时的京城洛阳，官员们人心惶惶。孝武帝和丞相高欢已经势不两立，情同水火，如何站队成了他们最急迫的问题。
　　刚刚被任命为尚书左仆射的任祥用实际行动做出了回答，他弃官北上，投奔了高欢。
　　孝武帝对此无可奈何，只好颁下诏书，文武百官可任其去留。
　　随后他又下诏给荆州的贺拔胜，让他率军赴洛阳勤王。
　　但贺拔胜的小算盘很精，他可不愿去当炮灰，行至中途即逡巡不前，采取观望态势。

　　而孝武帝的下一步动作当然是要继续笼络宇文泰，毕竟以后的日子就得靠他了。因此便加封他为尚书仆射、关西大行台，同时又与他攀亲——把自己的妹妹冯翊公主许配给他为妻。
　　宇文泰当时已经二十八岁，冯翊公主也老大不小了，难道真是大龄剩男剩女？
　　非也，两人其实都算是二婚。
　　冯翊公主的前夫叫张欢，是个小心眼，爱与公主怄气；他这一怄气，孝武帝就很生气；孝武帝这一生气，就想帮妹妹出气；孝武帝帮妹妹出气，张欢就断了气；张欢这一断气，公主就只好哭泣——她成了寡妇，呜呜呜呜。

166

宇文泰呢，此前不仅已有个老婆姚氏（也有可能没有领证，只是同居），而且已经有了一个儿子宇文毓。现在公主下嫁，姚氏的地位毫无疑问要从主力降为替补，把正妻的位子让出来。

当然，在送去聘书的同时，孝武帝当然也没忘了让人带信给宇文泰，叫他做好准备迎接皇帝的御驾。

皇帝出走

公元534年六月，高欢开始行动了。

他让其弟高琛留守晋阳，以大将高敖曹为先锋，自己亲率大军，打着"清君侧"的旗号，浩浩荡荡地杀向洛阳。

为表示声援孝武帝，宇文泰也针锋相对地向各州郡发出檄文声讨高欢，同时率军向东进发，先头部队直抵弘农（今河南灵宝），随后即停军不前。

孝武帝则亲自率领十几万大军，屯驻于河桥，与高欢隔河对峙。

斛斯椿认为高欢军数日之内行八九百里，定然疲惫不堪，为兵家所忌，便请求率军北渡黄河，偷袭敌军。

孝武帝深以为然，想要答应，但黄门侍郎杨宽偏偏出来搅局，说：斛斯椿此次如果成功了，恐怕又是另一个高欢。

于是，孝武帝赶紧下诏制止斛斯椿的行动——都已经火烧眉毛了，还考虑那么多干吗？一个快要淹死的人难道会因为担心上岸后没钱吃饭而不肯抓住唯一可以救命的木板吗？

唉，不得不说，孝武帝这个人有时还真是有点二，分不清轻重缓急。

否决斛斯椿的提议后，孝武帝的应对是：任命斛斯椿与老将长孙稚等人镇守虎牢，长孙子彦（长孙稚之子）守陕城（今河南陕县），贾显智镇守滑台（今河南滑县），防线长达几百里。

这么长的黄河防线能守住吗？

贾显智最不缺的就是心眼，他当然知道答案是否定的。

于是他马上率军投降高欢。

高欢随即挥军渡过黄河。

孝武帝知道大势已去，只好长叹一声，赶紧派人召回斛斯椿等人，随后与南阳王元宝炬、清河王元亶（dàn）、广阳王元湛等人在瀍（chán）西（今河南洛阳西北）宿营，并召开动员大会，准备西入关中。

但很显然并不是所有人都愿意与中央保持一致。

当天夜里，随行人员就已逃亡过半，其中包括清河王元亶、广阳王元湛等王公贵族。

第二天，孝武帝一行匆匆奔向长安。一路上，依然陆续有随从纷纷开小差，人员越来越少，士气越来越低。

但武卫将军独孤信却单枪匹马从洛阳追了过来，孝武帝不由得对此大为感慨：疾风知劲草，世乱识忠臣！

由于怕被高欢追上，孝武帝一行像逃犯一样狼狈，日夜兼程，人不下马，马不停蹄，一路狂奔，疲惫不堪。解渴靠喝山涧水还能勉强解决，但吃饭就成了问题，一个个饿得前胸贴后背，身体瘪得像塑料袋一样，感觉只要一刮风，就能飞起来。

平日养尊处优的孝武帝哪里受过这种苦，忍不住垂头丧气：寡人快要饿死，以后别忘烧纸。

好不容易到了稠桑（今河南灵宝函谷关镇），潼关守将毛鸿宾在此迎接，送上酒水和食品，一行人这才终于解决了温饱问题。

再往西去就到了宇文泰的地盘。

宇文泰早就派赵贵、梁御二将率军在此恭候，随后两人护送孝武帝前往长安。

进入长安后，孝武帝又加封宇文泰为大将军、尚书令、驸马都尉，军国大事全都由其掌控。

与此同时，高欢率军进入洛阳，随后立即派大将高敖曹率军向西追赶孝武帝。高敖曹一口气追到陕州（今河南陕县），却依然没有追上孝武帝，只好悻悻地返回。

酿成今天这样不可收拾的局面，高欢的心里非常窝火。

经过反复思考，他认为主要还是因为自己此前心太软，他吸取了尔朱荣残忍嗜杀、不得人心的教训，却有些矫枉过正，几乎没怎么杀过大臣，以至于养虎遗患，铸成大错。

他感觉对皇帝的态度就和教育子女一样是个两难的问题。

尔朱荣采用的，是棍棒教育高压政策，导致孝庄帝表面顺从，内心却充满了仇恨；而他却是一味地宽容包容乃至纵容，结果竟然导致孝武帝不知天高地厚，尾巴翘到天上去了。

看来，一味地软和一味地硬都不行，必须软硬兼施，刚柔相济，高帽子和刀子齐飞，胡萝卜和大棒共用。

高欢恍然大悟，悔不当初。

为了实践他的心得，也为了出气，为了诛锄异己，为了树立威信，他决定大开杀戒。

一声令下，尚书左仆射辛雄、仪同三司叱（chì）列延庆、吏部尚书崔孝芬、散骑常侍元士弼等一帮元老重臣全都人头落地。

随后，高欢推举清河王元亶为大司马，暂时主持朝廷政务。

高欢自己则率军西进，前往弘农，摆出迎接孝武帝归来的样子，同时不断派人给孝武帝送奏折，请他回来。

据说从他出兵开始，一共送了四十封，孝武帝对此全都置之不理。

在弘农停留了整整一个月，高欢觉得戏演得差不多了，便返回了洛阳。

回到洛阳后，高欢又给孝武帝写了最后一封奏折，或者也可以说是最后通牒：陛下您如果再不回来，那么天下不可无主，万民须有所归。臣宁负陛下，不负社稷。

嫁出去的女儿泼出去的水，逃出去的皇帝怎么可能回？

孝武帝早已铁了心，当然不可能答复。

于是，高欢决定重新再立一位皇帝。

立谁呢？

本来高欢初定的人选是清河王元亶。

作为孝文帝的孙子，现在又总摄朝政，元亶以为这个皇位非己莫属，故而早早就摆出了皇帝的排场，没想到这反而让高欢十分厌恶。

还没有登基就开始摆谱，相当于工资还没有到手就乱花钱的月光族，这样的人肯定不靠谱。

高欢因此改变了主意。

他召集百官，公布了他认定的人选：经过认真审议，我们做了一个艰难的决定。谁可以继承皇位呢？啊，这个人就是清河王（停顿三十秒钟）……

元亶虽然喜不自胜，但他毕竟出身贵族，修养很好。所以他还是故意装出扭扭捏捏的样子，总要谦虚一下嘛：朕有何德何能，可为天下之主？不过既然大丞相和各位爱卿如此看重朕，朕一定会尽心尽力，为大魏帝国

的繁荣昌盛而努力奋斗……（以下省略一万字）

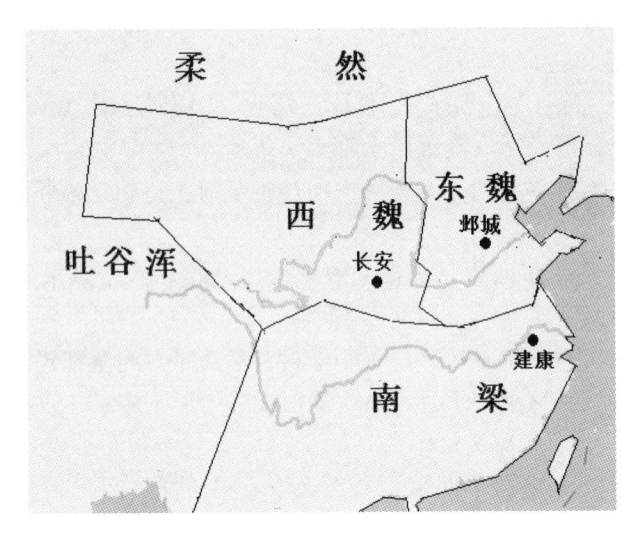

高欢耐心地听了一个时辰，终于忍不住打断他：清河王，您真是个话痨，让我把话说完嘛，啊……这个人就是清河王（停顿十秒钟）的儿子元善见。

元亶想死的心都有了。

公元534年北魏分裂为东魏和西魏示意图
（仅用于显示各政权的大致方位，不代表精确位置）

公元534年十月，在高欢的拥戴下，十一岁的元善见正式登基，改年号为天平，史称孝静帝。

从此，原北魏的地盘上出现了两个皇帝，东面的孝静帝和西面的孝武帝，这也标志着北魏正式分裂为东魏和西魏。加上南方的梁朝，时隔三百多年后，三国鼎立的局面又再次出现在了中华大地上。

明争暗斗

孝静帝即位后，高欢觉得洛阳离西魏太近，离自己霸府所在的晋阳又太远，便决定把都城迁到邺城（今河北临漳），同时被迁移的还有四十万户洛阳居民。

之后，高欢返回了自己的根据地晋阳，他的四个亲信尚书左仆射司马子如、尚书右仆射高隆之、侍中高岳、孙腾则留在首都邺城控制朝政，人称"四贵"。

可能是吸取了前几年的失败教训，高欢决定不再心慈手软，他的下一步是要搞一次大清洗——清除所有持不同政见的地方实力派。

首当其冲的是荆州的贺拔胜。

高欢命侯景率军攻打荆州。

此时贺拔胜却并不在家，原来他听说孝武帝已经到了长安，便让长史元颖守卫荆州州城南阳（今河南南阳），自己率军西进，准备前往关中。

然而，到了淅阳（今河南西峡县），他又开始犹豫起来了。

毕竟关中是宇文泰的地盘，去了那里自己这个老前辈肯定要屈居于这个小辈之下，只能当宇文泰的下属，而宇文泰以前是他们贺拔家的马仔，这种感觉就好像当年的小姐要去给自己曾经的丫鬟当丫鬟一样，心比天高的贺拔胜实在是难以接受。

正当他感到无比纠结、在淅阳进退两难的时候，善抓战机的侯景乘虚而入，迅速攻占了南阳。

贺拔胜闻之，慌忙回军来救，但被以逸待劳的侯景打得落花流水，几乎全军覆灭，只好带着几百名残兵投奔梁朝，梁武帝对他待之甚厚。

接下来，高欢的矛头指向了山东一带的兖州刺史樊子鹄（hú）和齐州刺史侯渊，这两人都是当年尔朱荣时代的大将，对高欢一直若即若离，面服心不服。

高欢派他的小舅子娄昭征讨兖州的樊子鹄，樊子鹄很快兵败被杀。

济州刺史蔡俊则奉命攻打齐州刺史侯渊。迫于高欢大军的压力，侯渊的部下纷纷叛逃，无奈的他只好投奔梁朝，却在途中被一个做小买卖的人斩杀并传首京师。

至此，东魏境内所有地盘都牢牢地控制在了高欢的手里，再也没人敢对他说不了。

与在东魏一手遮天的高欢相比，逃到长安的孝武帝却发现自己的日子越来越难过。

在洛阳的时候，他以为到了长安就会过上他梦想中的理想生活，对此充满了憧憬。

然而，梦想和现实的差距却往往比天堂和地狱的差距更大。

就像笔者的梦想是：睡觉睡到自然醒，数钱数到手抽筋；而笔者的现实却是：数钱数到自然醒，睡觉睡到手抽筋。

孝武帝权力欲极强，他的梦想是能掌控一切、说一不二，但现实是宇文泰掌控一切、说一不二。

在洛阳的时候，孝武帝本来以为高欢是个恶魔；到了长安，他才发现和跋扈的宇文泰相比，高欢简直可以称得上天使。

在洛阳，孝武帝至少还有一个相对自由的空间；在长安，他却只能待在狭小的房间。

向来强势的孝武帝当然不愿这样忍气吞声，所以他很快就与更加强势的宇文泰产生了严重的冲突。

宇文泰做事可不像高欢那么拖泥带水，他决定给这个不识时务的傀儡皇帝好好地上一课，让你看看我的厉害。

他瞄准的打击对象是孝武帝最喜欢的女人——平原公主元明月。

孝武帝这个人有个很大的毛病——乱伦。他对自己的皇后也就是高欢的女儿毫无感情（这次到长安，他就把高皇后丢在了洛阳），却喜欢和自己的堂妹乱搞。据说他最宠幸的三个女人都是他的堂妹，其中最钟爱的，就是那个当年在洛阳让封隆之和孙腾争风吃醋的大美女元明月。

宇文泰当着皇室各位亲王的面，痛骂元明月不知羞耻，随即以有伤风化的罪名当场处死了她。

连自己心爱的女人都保护不了，这让性格刚烈的孝武帝怎么承受得了？

可是他又能怎样？

即使是怒气冲天，怒不可遏，他也只好在宫里发威，把桌子乱拍一通，拿着弓箭乱射一通，再把宇文泰给痛骂一通。

看到孝武帝这么不识相，宇文泰也就没什么好说的了。

既然你摆不正自己的位置，那就马上给你在坟墓里安排一个位置；既然你不肯当木偶皇帝，那就只能让你成为先帝！

公元534年十二月十五日，二十五岁的孝武帝元脩"饮酒遇鸩而崩"——喝酒时中毒而亡。

这时，距他来到长安还不到半年。

孝武帝有血性，却缺乏理性；

有刚性，却缺乏韧性；

有热情，却缺乏冷静；

第十二章　才出虎穴，又入狼窟

他豪情万丈，却太过莽撞。

他像飞蛾扑火一样为复兴北魏帝国发动了最后一击，却最终导致玉石俱焚——统一强盛的北魏王朝在他的手里彻底分裂，狼性十足的鲜卑拓跋皇族从此彻底沦为待宰的羔羊！

宁为玉碎不为瓦全，这也许就是这位性如烈火的北魏最后一位皇帝的真实写照。

孝武帝死了，该让谁来继承帝位呢？

群臣大多推举孝武帝的侄子——年幼的广平王元赞，这样的小屁孩儿显然更好控制。

但宇文泰的选择让人大跌眼镜——他选择的是时年二十八岁的南阳王元宝炬。

宇文泰的想法总是和别人不同。

他知道，高欢前不久刚立了一位幼君，自己偏偏要反其道而行之。要欺负，就要欺负大人。欺负小朋友算什么本事！

宇文泰有这个自信。

是的，有孝武帝元脩为反面教材，谁还敢对他说不？

公元535年正月，元宝炬在长安即位，史称"西魏文帝"，改年号为大统，加封宇文泰为都督中外诸军事、安定公。

事实证明，宇文泰的选择是正确的。

元宝炬是个明白人，对自己的定位很明确，天是用来刮风下雨的，地是用来种菜种花的，猪是用来宰杀吃肉的，他这个皇帝，就是用来签字盖章的。

宇文泰要吃饭，他递筷子；宇文泰上厕所，他递手纸；宇文泰要出征，他总是在送行的队伍中卖力地挥舞小旗子。

就这样，当年在洛阳曾经痛打高欢亲信高隆之的热血青年元宝炬，在宇文泰的手里，成了一个唯唯诺诺的软蛋，成了中国历史上有名的模范"傀儡"。

与元宝炬一样，孝武帝原先最主要的支持者斛斯椿和王思政等人也改变了立场。

来到长安后，斛斯椿被加封为司徒、太保、太傅，但显然已没有任何实权，没过多久他就郁郁而终，死后备极哀荣，追赠大将军、录尚书、都督三十州诸军事、常山郡王，谥曰文宣。

反复无常却得以善终，斛斯椿也算得上是一代奇人。

而王思政则被加封为太原郡公，以后他将成为宇文泰麾下的一员名将。

解决了桀骜不驯的孝武帝及其党羽，宇文泰开始把注意力放在了东魏刚取得的内部还不安定的荆州。

他任命独孤信为尚书右仆射、东南道行台兼荆州刺史，与安西将军杨忠等人率军南下攻打荆州。

由于独孤信之前曾在荆州当官多年，在那里很得民心，因此城中百姓纷纷响应。

西魏军很快就攻占了荆州城，猛将杨忠一马当先冲进城内，擒斩东魏荆州刺史辛纂。

不过，好景不长，仅仅半年后，高欢派麾下大将侯景、高敖曹率领大军前来攻打，由于众寡悬殊，独孤信被击败，只好与杨忠等人逃往梁朝避难。

就这样，他们与老上级贺拔胜在异国他乡再聚首。

昔日的荆州三杰，如今成了三个无家可归的流浪者，幸运的是，他们依然受到了慈善家梁武帝萧衍的热情招待。

荆州则再次落到了东魏的手中。

在荆州竹篮打水一场空，宇文泰不禁大为恼火。然而此时却发生了更令他恼火的一件事——后院起火，渭州刺史可朱浑道元叛逃到了东魏。

可朱浑道元，怀朔人，本来是侯莫陈悦的部下，后来被迫投降宇文泰。

高欢利用他的同乡身份，偷偷派人策反他。可朱浑道元遂率领部下三千余人从渭州北上，进行了一次长征，历尽千辛万苦，最后终于在灵州刺史曹泥及其女婿刘丰的帮助下，顺利抵达晋阳。

直到这时，高欢才知道孝武帝的死讯。

对此他自然要大做文章，又是为孝武帝举哀服丧，同时又发檄文声讨宇文泰。

除了舆论声讨，还要有实际行动。

高欢派大行台尚书司马子如、大都督窦泰、泰州刺史韩轨等人率军西进，攻打西魏控制的潼关。

由于发现宇文泰亲率大军驻屯在不远处的灞上（今陕西蓝田西），司

第十二章 才出虎穴,又入狼窟

马子如等人自然不敢强攻潼关。

但他们只犹豫了一下,很快就有了主意:吃不到天鹅肉,我还不能吃只鸡吗?

于是他们马上改变方向,掉头北上,在黎明时分突袭华州(今陕西大荔县)。

当时华州正在整修城墙,梯子就倚在城墙外,因此东魏军很轻松地就进了城。

西魏的华州刺史王罴(pí)这时还没起床,突然听到外面一片喧哗声,知道不好,便赶紧拿了一根大棒,赤着脚,光着身子就冲了出去,嘴里还不停地大吼大叫:不把你们这些贼人赶出去,我王罴的王字就倒过来写!

看到这么一位疯子一样的裸奔老男人,就算是再重口味的人也受不了。

东魏军一时来不及反应,都惊得目瞪口呆,一边大叫晦气,一边纷纷退却。

也许是受到王罴这样不要命的精神的感染,西魏守军士气大振,竟然一鼓作气把东魏军赶出了华州城。

高欢对西魏发动的一次试探性的攻击就这样无疾而终。

双方进入了短暂的和平阶段。

奇才苏绰

宇文泰开始把主要的精力放在内政上,这方面他的主要助手是苏绰。

苏绰,京兆武功(今陕西武功)人,时任行台郎中(估计相当于秘书)。

据说宇文泰和尚书仆射周惠达议事时,周惠达只要碰到疑难的事,就会借口上厕所溜出去,偷偷请教苏绰,然后他再按照苏绰的建议回答宇文泰的问题。

久而久之,宇文泰发现了其中的猫腻——这小子碰到难题就上厕所,这事太让人奇怪了。人家上厕所是解决内急的问题,他上厕所能解决内政的问题。

这到底是厕所还是研究所?

因此宇文泰拉着周惠达的手亲切地说,弱弱地问一句,究竟是谁教你的?

周惠达无法抵赖,只好把苏绰的名字报了出来,宇文泰这才知道自己手下还有这么一个人才存在。

第二天的活动安排是宇文泰带着官员们出去散心——钓鱼，路上看见了一个水塘——据说是汉朝的古迹。

宇文泰是个好奇宝宝，就问这个水塘的来历。官员们没有人能够回答。这时宇文泰猛然想到了苏绰这个名字，赶紧让人把他叫来，并当场面试，面试的题目就是这个水塘的由来。

苏绰的回答让宇文泰非常满意——这个其实笔者也会，反正在场也没人知道正确答案，随便说说不就行了嘛。

接着，宇文泰又向他问了有关治理国家的各种问题。

苏绰自然不会放弃这个难得的机会，他对答如流，说得恰到好处，增之一分则太啰唆，减之一分则太简单。

宇文泰听得眉飞色舞，频频点头。

最后他干脆连鱼也不钓了，直接打道回府，与苏绰在卧室里密谈。

开始的时候，苏绰坐着讲，宇文泰躺在床上听。

听了一段时间，他情不自禁地爬了起来。

再听下去，他又情不自禁地整了整衣冠，变成正襟危坐。

到后来，他又情不自禁地身体往前倾，离苏绰也越来越近。

不知不觉中，两人竟然谈了整整一夜！

宇文泰对苏绰的评价只有四个字：真奇士也！

随后，他任命苏绰为大行台左丞（总司令助理），参与机密，宠遇日隆，内政方面的大小事宜大多委托其处理。

乱伦家族

与此同时，高欢忙的却是自己的家事。

高欢是个好色的人，而且他的口味和曹操有点类似，偏好风韵犹存的成熟女子；又因为出身比较低微——怀朔镇兵，所以特别喜欢什么前皇后、前王妃之类的贵妇人。

因此，他在控制朝政以后，一下子就纳了好几个妾，其中比较著名的有以下七个：

大尔朱氏，芳名尔朱英娥，是尔朱荣之女，孝明帝的妃子，孝庄帝的皇后，可能是因为与她在一起时找到了皇帝般的感觉，高欢对她特别尊重。据说在她面前必自称下官，这个听上去好像比较别扭，比如"下官给你带了礼物"，听着像行贿；"下官只在乎你，你是下官的宝贝"，听着实在是一点情调也没有。

小尔朱氏，是尔朱兆的女儿，节闵帝的皇后。

韩氏，是高欢当年青梅竹马的初恋情人。高欢在发迹之后，发现她已经守寡，当然要与她鸳梦重温。然而时过境迁，物是人非，他们还能找到当年的感觉吗？但无论如何，笔者要为他们献上一首歌：有多少爱可以重来，有多少人愿意等待。当韩氏再次遇到高欢，却不知那份爱，会不会还在……

郑大车，出身于著名世家大族——荥阳郑氏，是广平王元悌之妻，孝武帝的嫂子。

冯娘，先嫁任城王元澄，后嫁尔朱世隆，高欢算是他的第三任夫君。

李娘，前城阳王元徽的王妃。

游氏，相州长史游京之之女，可能是除娄昭君以外唯一一个没有过婚史的。

不过，高欢虽然喜欢熟女贵妇，但他很讲道德，从不强娶有夫之妇，他这几个小老婆（除游氏外）大都是寡妇——我感觉如果他要参加《非诚勿扰》之类的相亲节目的话，他的心动女生很可能是离异女子。

这段时间，高欢家里连续发生了多起伤风败俗的丑事——乱伦（话说后来这竟然成了高欢家族的标志和光荣传统，你要是不乱伦，你都不好意思说自己是高欢的子孙）。

先是叔嫂乱伦——他唯一的亲弟弟赵郡公高琛与小尔朱氏私通。

高欢怒不可遏，竟然一顿乱棒把高琛活活打死。

但他对小尔朱氏网开一面，只是把她休了，不久又把她改嫁给范阳卢氏。

有人说，兄弟如手足，女人如衣服。我宁愿残疾，也不愿裸奔。

很显然，高欢是这句话的忠实信徒。

没过多久，高家又发生了母子乱伦——当事人是他的宠妃郑大车和其长子高澄。

高澄是典型的高帅富，长得玉树临风，加上聪颖过人，很得高欢的欢心。

他十三岁时就结了婚，老婆是东魏孝静帝的妹妹冯翊长公主，孝静帝时年才十岁，高澄的这个老婆当然更小，毫无疑问还是个幼女——很可能还在上幼儿园，尚处于以尿床为己任的时期。

这如何能满足得了早熟的高澄？

长江后浪推前浪，一代更比一代浪。高澄显然比他老子更好色。

与他老子相似的是,他也喜欢成熟的女人,但比他老子缺德的是,他喜欢有夫之妇,他的信条是:妻吾妻以及人之妻。

年仅十五岁的他居然给他老爸戴了绿帽子,他趁高欢率军攻打山胡人时,与自己的后母郑大车勾搭成奸——对比一下,笔者十五岁的时候,不顾漂亮女同桌的频送秋波,坚决和她画三八线,坚决不准她越线,坚决不准她碰自己一下,人和人之间的差距,咋就这么大呢?

此事高欢本来并不知情。

但有个婢女眼里容不得沙子,把这事捅了出来,另外还有两个婢女在旁边为她做证。

高欢肺都要气炸了。

这个世界上也许会有人可以容忍他的小老婆和别人乱搞,但肯定没有人容忍他的小老婆和自己的儿子乱搞!

一怒之下,他把色胆包天的高澄给关了起来。

大尔朱氏则乘机狂吹枕边风,高欢这个"下官"自然不可能不听。

正在气头上的他又软禁了娄昭君,并打算废掉这个结发妻子,改立大尔朱氏为王妃。

机灵的高澄当然不会就这样坐以待毙,他让人搬来了一个救兵,高欢的老朋友、能言善辩的司马子如。

司马子如假装不知内情,上门来找娄妃。

高欢只好把娄妃被关禁闭的事告诉了他。

司马子如以老朋友的身份给高欢来了个忆苦思甜:

当年是谁广散家财,资助你这个穷小子的?是娄妃;你在怀朔的时候,曾经被打得体无完肤,是谁昼夜服侍你的?是娄妃;在葛荣那里流离失所,是谁陪你受苦受难毫无怨言的?还是娄妃……

司马子如向来口才极佳,江湖人称"天不怕地不怕,就怕司马子如的铁嘴钢牙",这次他说得更是极为动情,声泪俱下,言辞恳切,高欢听了也大为感动。

本来高欢的想法是无论如何都不愿意与娄妃、高澄和好,被他这么一说,居然彻底改变了立场——变成了无论如何也要与娄妃、高澄和好。

接着,司马子如又想方设法引诱两个做证的婢女推翻了原来的证词,并胁迫那个告状的婢女自杀,随后向高欢汇报说,这婢女是诬告,所有的一切都是无中生有。

就这样，娄昭君和高澄终于保住了正妻和世子的地位。

从此高家父子夫妻和好如初。

为了培养接班人的能力，高澄年仅十六岁时，就被加封为尚书令、领军、京畿大都督，驻在首都邺城，执掌朝政。

一个小孩儿，怎么可能当此重任？

所有人心里都有这个疑问。

然而高澄却用自己的表现让人心悦诚服。

他少年老成，办事雷厉风行，既有胆略又有策略，朝廷内外没有人敢轻视他。

这段时间，东魏的内部逐步趋于稳定，北面则通过和亲——把宗室女子嫁给柔然头兵可汗，与柔然交好。

接下来，高欢又开始把注意力投向了西魏。

公元536年正月，高欢亲自率军从北路西进，出人意料地突袭了当年宇文泰曾经待过的夏州（今陕西靖边），西魏夏州刺史斛拔俄弥猝不及防，城破被俘。

高欢留下都督张琼镇守夏州，自己随即率军返回晋阳，与他一起返回的，还有五千户夏州的居民。

他知道西魏地广人稀，缺的就是人力资源，你越缺少什么，我就越要抢什么。这就叫落井下石，下雪天给你脱衣服，大热天让你烧锅炉，嘿嘿。

对此，宇文泰当然要还以颜色。

他派兵包围了亲高欢的灵州（今宁夏灵武）刺史曹泥，并引水灌城。

眼看曹泥就要支持不住了，高欢自然要去救援，可是灵州路途遥远而且孤悬敌后，怎么办呢？

一番思考后，高欢想到了一支奇兵——他的盟友阿至罗人。

阿至罗人据说是敕勒族的一支，高欢在执掌朝政后，不顾旁人的反对，大搞慈善事业，经常捐款捐物支持他们这些边远地区的少数民族兄弟，阿至罗人因此对高欢感激涕零，成了他的铁杆粉丝。

这次，高欢命令阿至罗人绕到西魏军的后面大肆骚扰，西魏军不堪其扰，无奈只好撤退。

随后，在高欢的接应下，曹泥和其女婿刘丰带着麾下五千余户顺利撤到了晋阳。

刘丰后来成为高欢麾下的一员名将。

之后，高欢把目光投向了南方的梁朝。

他任命侯景为南道行台，率军七万南下，进军江淮。

侯景势如破竹，很快攻下了楚州（今江苏淮安），俘虏了梁朝楚州刺史桓和，随后又乘胜前进，想要饮马长江，不料却在黎浆（今安徽寿县东南）被时任梁朝司州刺史的陈庆之打得落花流水，大败而回——这也是一代传奇名将陈庆之的最后一战，三年后他就与世长辞了。

既然占不了便宜，那就求和吧。

高欢遣使向梁朝请和。年过古稀的梁武帝此时只想安度晚年，不愿多事，当然不会不应允。

第十三章　出其不意，智战小关

声东击西

在与南方的梁朝、北方的柔然都缔结了互不侵犯条约后，免除了后顾之忧的高欢决定向西魏发动大规模的进攻，一举灭掉西魏。

在实力上，东魏相对西魏占有极大的优势。

从土地上来看，东魏占据的地盘相当于战国时齐、燕、韩、赵、魏五国的国土，西魏所占的地盘仅相当于战国时的秦国，而且东魏所处的是当时中国最发达的地区，而西魏除了关中平原，其余大多是地广人稀的荒漠。

从人口数量上来看，差距则更为明显，按照《中国人口史》的考证，东魏八十个州约有270万户，而同期西魏三十三州只有约66万户，仅为前者的四分之一。

更重要的是，这一年，西魏经济最发达的关中地区还发生了旱灾，导致了严重的饥荒，据史籍记载：人相食，死者十之七八。

对宇文泰来说，这是百年一遇的天灾；

对高欢来说，这却是百年一遇的天赐良机。

如果用打麻将来打个比方，那么高欢手里本来就有一把好牌，西魏的这次旱灾对他来说相当于又抓到了一个百搭，如今他可以说差不多已经听牌，可谓胜利在望。

机不可失，高欢决定出手了。

别怪我趁火打劫，我只想结束分裂；

别怪我乘人之危，这只是天命难违！

公元537年正月，也就是东西魏分裂两年多以后，经过精心准备和周密策划，高欢下令兵分三路，大举进攻西魏。

南路以司徒、豫州刺史、西南道大都督高敖曹为主将，从荆州出兵，进军上洛（今陕西商洛），兵锋直指长安东南方向的门户蓝田关。

中路是高欢的连襟——京畿大都督（京城卫戍司令官）窦泰，他率军从邺城出发，从风陵渡（今山西芮城西南）渡过黄河，沿殽（xiáo）函古道，攻击潼关。

北路则由高欢亲自挂帅，从晋阳出发，驻军于蒲坂（今山西永济），大张旗鼓地督造三座浮桥，随时准备西渡黄河。

东魏三路大军三箭齐发，来势汹汹。成立不久的西魏帝国面临着严峻的生存考验。

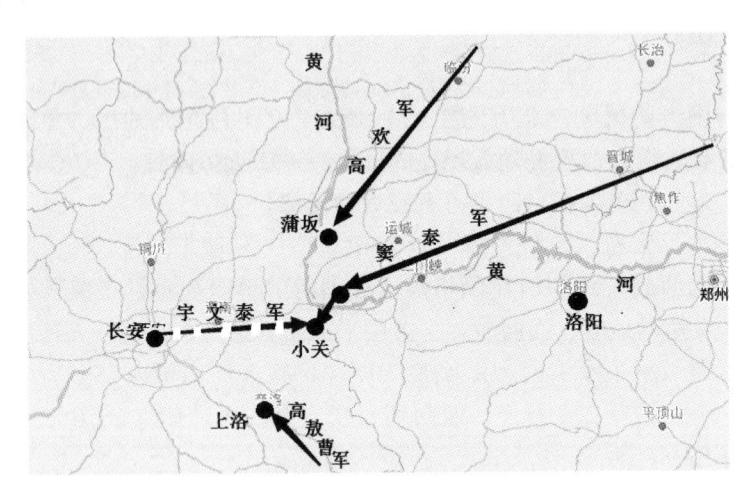

小关之战示意图

此时，宇文泰正驻军于广阳（今陕西临潼），闻讯后他马上召开作战会议，研究如何应对。

大敌当前，会场上气氛十分凝重，所有参加会议的将领都眉头紧锁，忧心忡忡。

宇文泰却脸色平静，一如平常。

他分析说，敌众我寡，如果我们分兵抵御，力量必定分散，这样就正中敌人下怀，很容易被敌人各个击破。我个人判断，高欢在蒲坂造桥，声势很大，却不急于进攻，显然这一路只是疑兵，其目的是吸引我军注意力，牵制我军主力；高敖曹这一路，山高路险，行军困难，应该只是偏师；高欢的主攻方向肯定是窦泰兵锋所指的潼关。

随后他喝了口水，清了清嗓子，语气也变得更加激昂：自从高欢起兵以来,每次作战几乎都以窦泰为前锋,而且他屡战屡胜,号称常胜将军,因此其部下多是骄兵悍卒,有轻我之心,如果我军集中全部兵力,突袭窦泰,一定能马到成功!

诸将先是面面相觑,随后纷纷表示反对:这样做简直是在赌博,小赌怡情,大赌伤身,这个赌局实在是太大了。我军全军出动去打窦泰,如果高欢乘虚而入的话,后果将不堪设想。分兵抵御虽然会造成力量的分散,却是目前最稳妥的办法。

但宇文泰丝毫不为所动,依然力排众议。

他的话可谓掷地有声:以前每次都是高欢自恃实力强大而主动进攻,我军一直都取守势。因此高欢所部都有轻敌之心,以为我们一定会被动防守。这次我们如果一反常态主动出击,肯定可以成功,更何况高欢虽然现在在大力督造三座浮桥,但他想要渡河,至少也要几天时间。我认为不出五日,我军定能歼灭窦泰!

然而众将依然觉得这么做太冒险,有人坚决反对,也有人将信将疑,只有行台左丞苏绰和中兵参军达奚武两人赞成宇文泰的意见。

世界上本没有理,说的人多了就有了理。

宇文泰一时无法说服大家,只好以不辩应万辩,宣布散会。

兹事体大,宇文泰不得不慎重,但也不得不抓紧。就像打俄罗斯方块游戏一样,你必须在最短的时间内找到正确的解决方案,否则很快你就会完蛋。

回去后,宇文泰立刻找来他的同族侄子,时任直事郎中的宇文深。

宇文深以足智多谋著称,宇文泰对他极为倚重,把他与楚汉相争时刘邦手下的著名谋士陈平相提并论,曾经称赞他说"君即吾家之陈平也"。

不过,此时宇文泰当然不可能直接说出自己的想法,只是问道:高欢三路来攻,我军该如何应对?

宇文深善于心理分析,看问题的角度与宇文泰略有不同,然而殊途同归,结论却如出一辙:高欢向来谨慎多疑,不会轻举妄动;而窦泰则性格急躁,刚猛果决。如果我们在蒲坂与高欢相持的话,窦泰在攻破潼关后,必定趁势西进直取长安或者北上救援高欢,到时我军将腹背受敌,形势岌岌可危。不如我们出其不意,悄悄急行军至潼关附近,突袭窦泰。窦泰毫无防备,定会为我军所擒。然后我军主力再挥师北上对付高欢。窦泰是高欢最倚重的心腹爱将，他这一路失败的话，高欢所部必然军心浮动，以高欢的性格，我料他一定会不战而退。"

宇文泰听得连连点头，如果说先前他只有九成把握，那么现在他已经胸有成竹。

这就好像先前已烧到99℃的水，如今宇文深又加了一把火，立刻达到了沸点！

主意已定，宇文泰马上率领西魏军主力悄悄向东进发。

很快，他们就在潼关北侧的小关与东魏军相遇，如神兵天降般突然出现在窦泰的面前。

天上掉下个林妹妹，让贾宝玉怦然心动；天上掉下个宇文黑獭，却令窦泰胆战心惊！

窦泰这一路上一直顺风顺水，几乎没遇到像样的抵抗，他以为西魏军主力已被高欢的北路军牢牢吸引住，自己正好乘虚而入，直捣长安，做梦也想不到宇文泰和西魏军主力竟然会出现在这里——高欢的声东击西之计没能让对手上当，反而麻痹了自己人，唉。

不过，窦泰毕竟是个身经百战的虎将，虽然猝不及防，但他还是很快稳住了阵脚，利用有利地形，背山为阵，准备应战。

然而宇文泰根本不等他摆好阵形，就下令发起总攻，西魏军如猛虎下山般猛冲猛打，东魏军还没回过神来就已经分割成数块，顿时乱作一团。

常言说，成功总是垂青有准备的人。

这句话反过来说也成立：失败总是垂青没准备的人。

一方是有备而来，一方则毫无防备，结果自然是毫无悬念。

这场战斗的结果是：东魏军数万鲜卑精锐几乎全部被歼，只有监军杜弼等六人得以逃脱。

眼见突围无望，性情刚烈的窦泰哪里能接受做俘虏的命运，只好长叹一声，然后拔剑自刎。

可怜他本来一心想建功立业，没想到就这样暴尸荒野！

宇文泰把窦泰的首级送至长安告捷，随后立即率军北上，准备迎击高欢。

其实在宇文泰和窦泰刚交上火的时候，高欢就得到了消息。但他生性谨慎，在探不清虚实的情况下贸然行动不是他的风格，因此他虽然心里忐忑不安却依然按兵不动。

高欢这样稍一犹豫，前线就传来了坏消息，窦泰全军覆灭！

窦泰勇冠三军，威望极高，是高欢麾下与侯景、高敖曹齐名的大神级人物，而作为亲属，高欢对他的信任更是远超侯、高二将。

窦泰在小关兵败身亡，这惊天的噩耗让高欢像岩石一样坚硬的心顿时碎成了一堆沙砾，每一颗沙砾里装的都是疼。

窦泰是他心腹中的心腹，这数万精兵是他精锐中的精锐。

他怎么可能不难受？

高欢伤心欲绝，几欲晕倒。

他麾下这些东魏部队也顿时军心大乱。

按照高欢出兵前的计划，他本想以自己的北路军作为诱饵，牵制宇文泰的主力；而把窦泰的中路军作为主攻方向，高敖曹作为偏师，两军夹击，直捣长安。

现在宇文泰已经全歼中路窦泰所部，自己的计划已经不可能实现，再加上如今士气受损，军无斗志，考虑再三，谨慎的高欢决定撤军。

留得青山在，不怕没柴烧，自己虽然损失了数万精锐，但并未伤元气，下次找机会再卷土重来。

于是高欢下令拆毁浮桥，率军撤回晋阳，让勇将薛孤延断后。

宇文泰则率军乘胜追击，幸亏薛孤延极为勇猛，奋力苦战，居然连续砍坏了十五把战刀，在他的掩护下，东魏军主力才得以全身而退。

而宇文泰知道高欢的实力依然占优，也不敢穷追猛打，随即率军返回了长安。

笔者感觉，高欢及时退兵，其实就相当于现在炒股时的止损，俗称割肉。既然判断失误，就要承认失败，把损失减小到最低限度。笔者就是不会止损，所以才会买了一只四十多元的股票一直捂到如今的六元多，看着损失不断扩大而欲哭无泪，只好准备留给子孙十八代。

这事想起来就伤心，说起来还丢人，不提它了，还是言归正传。

铁血硬汉

在高欢撤兵的同时，南路的高敖曹却在高歌猛进。

他率军沿着商山（位于今陕西丹凤）一路西行，势如破竹，很快就到了上洛（今陕西商洛）城下。

西魏守将洛州刺史泉企也是个硬汉，毫不畏惧，据城死守。

泉企出身于洛州本地大族，智勇双全，在当地很得人心。

高敖曹猛攻不下，自己还被流矢所伤，其中"通中者三"——有三支箭射穿了他的身体，顿时昏死过去。

但硬汉就是硬汉，他刚刚苏醒过来，就立刻巡视部队，连盔甲也不穿，威风凛凛地继续组织进攻。

东魏军士气大振，西魏军则瞠目结舌，被三支箭射穿身体还能这么生龙活虎，难道他真是刀枪不入的超人？

狭路相逢勇者胜。

如果说泉企是在拼斗志，那么高敖曹是在拼命；如果说泉企是勇悍之徒，那么高敖曹就是亡命之徒；如果说泉企的硬度相当于黄铜，高敖曹的硬度则相当于淬火后的合金钢。

泉企再硬也硬不过高敖曹！

坚守十几天后，上洛城终于陷落，泉企兵败被俘。

然而，高敖曹再猛，他也是血肉之躯，穿少了会冷，受伤了会疼，伤重了也得死。

攻占上洛城后，他的伤势却日趋严重，高敖曹自以为将不久于人世，便在无意中说了一句话：可惜我生前看不到四弟高季式做刺史了。

有人立刻报告高欢，高欢马上加封高季式为济州刺史。

硬汉高敖曹的命就是硬，几天后他居然奇迹般地起死回生。

身体刚有好转，他就决定率军继续西进，攻打蓝田关。

就在这时，高欢传来了密令。

他这才知道，窦泰已经兵败身亡，高欢也已经撤军，他这一路成了孤军深入，四面受敌。因此高欢让他立即撤退，而且特别强调，由于道路艰险且敌军势大，要他只身返回就可以了。

但高敖曹本是义薄云天之人，与他手下这帮将士情同兄弟，怎么可能忍心抛下他们不管呢？

他让降将杜窋担任洛州刺史，自己则带着泉企等战俘撤回荆州，经过连番苦战，最终全军而退。

不久，泉企的儿子泉元礼、泉仲遵等人联络城中大族，杀掉杜窋，宇文泰随即任命泉元礼为世袭洛州刺史。

洛州重新回到了西魏手中。

至此，高欢对西魏发动的第一次大规模的军事行动以失败结束，史称"小关之战"。

霸气高敖曹

高欢随后率军回到老巢晋阳，心里却极为不甘。

自己本想仿效韩信，来一个漂亮的声东击西，没想到却被宇文泰将计就计，还依样画葫芦地还给他一个声东击西——偷袭窦泰成功。这种感觉就好像足球场上面对高手玩假动作，不仅没有晃倒对方却反而晃倒了自己，实在是太窝火了。

不是自己发挥不佳，而是宇文泰太狡猾。

看来，自己有点太轻敌了，对付这样的对手，与其和他玩花活，不如和他来个铁锤敲钉子——硬碰硬，硬吃。

好在这次失败的损失并不大，他的实力依然占有压倒性的、就像铁锤面对钉子一样的优势，他对剿灭西魏伪政权依然信心满满。

宇文黑獭，你等着，我一定会回来的。

他像灰太狼一样恨恨地说。

不过，现在他还是得先把主要的精力放到东魏国内。

国内最大的问题是民族问题——鲜卑人和汉人之间矛盾重重。

汉人看不上鲜卑人，认为他们鄙陋粗俗没文化；而鲜卑人则看不起汉人，认为他们没血性。

总之，当时汉人和鲜卑人互相轻视，互相鄙视，甚至互相敌视，这个问题实在不可小觑，否则迟早会出大事，从而坏了高欢的大事。

高欢需要尽可能地化解双方的矛盾，他必须成为双面胶——把双方给黏合在一起。

老谋深算的高欢充分利用了自己鲜卑化汉人的身份。

在鲜卑人面前，他是出生于六镇的根红苗正的鲜卑人；在汉人面前，他的身份则变成了河北大族渤海高氏的后人。

高欢对鲜卑人说：你们是汉人的主子啊，汉人是你们的奴隶，男的为你们种田，女的为你们织布，让你们吃饱穿暖生活小康，你们为什么要欺负他们呢？

对汉人则是另一套说辞：你们是鲜卑人的主子啊，鲜卑人是你们的雇佣军，为你们打仗流血，为你们守卫边疆，让你们过上了和平安定的生活，你们为什么要恨他们呢？

　　高欢的用人政策也是如此，按照所谓"泼墨汉家子，走马鲜卑儿"这种在当时举世公认的常识，他的武将多是鲜卑人或鲜卑化的汉人，文官则大多出身于汉人大族。

　　凭借高欢的圆滑手腕，胡汉双方的矛盾总算没有激化，得到了一定程度的缓和。

　　不过当时鲜卑人还是普遍轻视汉人，只有高敖曹是个例外。

　　高敖曹以勇冠三军而闻名于世，他麾下的骨干出自当初在河北招募的三千名汉兵，这些年为高欢东征西讨，立下了赫赫战功。

　　这次小关之战，虽然东魏总体上是失败了，但高敖曹所部却是所向披靡，势如破竹，最后得以全军而退。之后他善打硬仗的名声更是传遍了全国，他是如今东魏军界最闪亮的一颗明星！

　　高敖曹性格霸气，疾恶如仇，套用一句现在的流行语来说，那就是：他这个人从不记仇，有仇当场就报了。

　　据说有一次高敖曹和北豫州刺史郑严祖在家里玩，御史中尉、鲜卑人刘贵派使者来叫郑严祖，高敖曹此时玩得正开心，就坚决不让郑严祖去。

　　刘贵是高欢在怀朔时的老朋友，又在其起家的过程中立下了大功，堪称是高欢嫡系中的嫡系，亲信中的亲信，因此一向飞扬跋扈，目空一切。

　　这使者倚仗主子刘贵的权势，对汉人高敖曹的态度颇为轻慢——现实生活中，很多人都摆不正自己的位置，这种现象就和老鼠坐在飞机上以为自己也会飞一样，完全没有自知之明。

　　高敖曹一怒之下，让人把使者用木枷锁了起来。

　　没想到这使者臭脾气还挺大：枷则易，脱则难——你用木枷锁我容易，我解开后你就麻烦了。

　　高敖曹大怒：这有何难！

　　随后手起刀落，一刀就把使者和木枷都分成了两半。

　　有句话是这样说的：头等人，本事大脾气小；二等人，本事大脾气大；三等人，本事小脾气小；末等人，本事小脾气大。

　　按这种说法，这使者显然属于末等人，下场也是末等——身首分离、死于非命。咱们大家可要引以为戒啊。

第十三章 出其不意，智战小关

第二天，高敖曹、刘贵、侯景以及冀州刺史万俟洛等人在一起开会，有人前来汇报说，在治理黄河的工地上发生了一起严重的事故，死了很多民工。

刘贵心里有气，便故意含沙射影地说，一钱汉，随之死——只值一文钱的汉人，随便他死多少。

高敖曹听了，二话不说，拔出刀来要砍刘贵。

不过刘贵到底以前干过多年间谍，反应也蛮快，马上逃到了自己的军营中。

高敖曹也立即回营，并集合部队，擂响战鼓，下令攻打刘贵。

眼看就要出大事，侯景、万俟洛等人连忙苦苦相劝。

劝了很久，高敖曹才勉强没有发兵。

其实不光刘贵惹不起高敖曹，就连高欢这个主公对高敖曹也不得不另眼相待。

一般高欢发布命令都是用鲜卑语，但只要高敖曹在场，他就一定会改用汉语。

有一次，高敖曹去丞相府找高欢，被门卫拦住，不让进。他马上弯弓搭箭、一箭就把门卫射死了。

高欢知道了也只能苦笑，并没有责怪高敖曹。

平心而论，这门卫死得挺冤，他只是比较敬业，其清白无辜的程度能赶上刚出生的婴儿，可是谁让你挡了高敖曹的道呢？

高敖曹就是这样蛮横，这样霸气，这样无所畏惧，这样睥睨一切！

男儿本自重横行，天子非常赐颜色。

这句诗仿佛是为霸气十足的高敖曹量身定做的。

高欢之所以能容忍高敖曹，也许只是因为他有利用价值，一方面高敖曹马槊绝世，堪称当世第一猛将；另一方面他虽桀骜不驯、目中无人，对高欢却一直忠心耿耿，又不像他大哥高乾一样有政治头脑。

不过高敖曹再怎么强横，毕竟只是个特例，总体来讲，东魏的鲜卑人依然更加强势。

除了民族矛盾，东魏内部还有一个问题是贪腐成风。

行台郎中杜弼（就是小关之战时单身脱逃的那位监军）请求高欢治贪。

高欢对他说：所谓贪污，是大魏国建立以来就有的潜规则。现在天下三分，人心不稳，如果我执法太严的话，怎么能安抚将领们，让他们安心作战呢。乱世最重要的是什么？是人才，特别是能打仗的人才。所以呢，我不是不治贪，只是时候未到。不要操之过急嘛。杜弼啊，你也是官场混过、组织培养过、政府教育过的人，怎么这么不懂事呢！

杜弼却依然不依不饶，高欢知道他天性胆小，也就不再多解释，而是给他展现了一次行为艺术。

他让军士们全副武装，分成左右两排，有的做张弓欲射状，有的做举刀欲砍状，威风凛凛，杀气腾腾，随后让杜弼从兵士们中间的缝隙里走过去。

杜弼吓得浑身战栗，冷汗淋漓。

高欢厉声说道，弓虽张却没射，刀虽举却没砍，你竟然吓成这副模样！

杜弼脸色煞白，无言以对。

随后高欢的声音越加严厉：你想想看，耍嘴皮子和掉脑瓜子哪个风险系数大？玩笔杆子和抢刀把子哪个更苦？就你们这样胆小怕事的文人，有什么资格对我那些出生入死的功臣说三道四！他们都是跟着我从枪林弹雨中拼杀过来的，虽然他们也许有贪污行为，但我以后还要依靠他们统一天下，岂能以常人的行为来要求他们！

杜弼只好连连叩头谢罪。

其实高欢这段话充分体现了他在认识上的局限性。

他对家人、对功臣太过宽容甚至纵容，太过偏爱甚至溺爱。在他的心目中，贪污腐化是小问题；攻灭西魏、一统河山才是大问题。

然而他忘了一点，死于自身疾病的人总是比死于意外伤害的人更多，后来的北齐高氏王朝之所以会被实力本不如自己的北周所灭，其最根本的原因毫无疑问就是内部腐败！

第十四章　破釜沉舟，死战沙苑

挺进弘农

接下来，让我们把镜头切换到南方的梁朝。

梁武帝一心想把贺拔胜、独孤信、杨忠等人留下来为己所用，因此对他们的待遇非常好，喝花酒，吃大餐，住豪宅，开名车，然而这几个哥们却一直闷闷不乐，一再申请要返回西魏。

他们不喜欢风花雪月，他们想要的是风起云涌。

花前月下在他们眼里只是婆婆妈妈,金戈铁马才是他们心中的快乐老家！

在拖了两三年之后，梁武帝最后只好同意了他们的要求，但他依然恋恋不舍，亲自给他们饯行。

贺拔胜等人历尽千辛万苦，先后回到了长安。

宇文泰对他们的封赏也是经过一番考虑的。

贺拔胜资历深，名声大，对自己有潜在的威胁，被加封为太师——所谓"太师"，其实和"师太"是差不多的意思，只不过是表示年纪大、辈分高，却没有任何实权。

独孤信，和李虎、赵贵等人年龄、资历相当，而且是自己少年时的好友，可以重用，被封为侍中、骠骑大将军。

杨忠的资历稍浅，但骁勇善战，宇文泰特意把他留在自己帐下，封其为征西将军、金紫光禄大夫。

贺拔胜自恃是老前辈，起初对宇文泰态度比较傲慢——老子当年名震天下的时候，你宇文黑獭想给我提鞋都得排到三十里之后！

然而时间长了，他就感觉有点不对头。

宇文泰对他虽然表面上非常客气，却是那种不冷不热的客气，敬而远之的客气，例行公事的客气。

以贺拔胜的阅历,自然知道这意味着什么。

有一次贺拔胜和宇文泰一起出游时,看见远处的湖里有两只水鸟,便对宇文泰说:请允许我给丞相展示一下箭法。

北镇贺拔,例无虚发。

贺拔胜的箭术果然名不虚传,只发一箭,两只鸟便应声而毙。

随行人员正在齐声叫好之际,却突然看见了令人震惊的一幕——贺拔胜拜倒在宇文泰面前:我贺拔胜发誓对丞相永远忠贞不渝,如有二心,便如这两只水鸟!

宇文泰心中大喜,嘴里却嗔怪道:太师您这是干吗呢?快请起。——这个腔调,感觉有点像女人在得到白马王子垂青时往往会撒娇说,哥哥你这是干吗呢?别这么急嘛。

从此,宇文泰对贺拔胜不再猜疑而是信任有加。

另外,据说贺拔胜也是个知恩图报的人,在回到西魏后一直对梁武帝的大恩念念不忘,就连打猎时看到向南飞的飞鸟也从不射杀。

但此时宇文泰的日子却依然很不好过。

关中的旱灾还在持续,饥荒还在持续,而且愈演愈烈。

更让他郁闷的是,虽然西魏连年歉收,东魏的大部分地区却依然年年丰收。

人比人,气死人。

我这里是没吃没喝没法活,你那边却是好吃好喝好快活!

宇文泰心情压抑,但却一筹莫展。

后来还是宇文深给宇文泰出了个主意,让他率军去攻打弘农(今河南灵宝)。

这样一方面可以开拓疆土,另一方面也可以解决吃饭问题——因为东魏的国储局在弘农的粮仓里存有大量的粮食。

吃别人的粮,长自己的肉,岂不快哉?

宇文泰深以为然。

公元537年八月,宇文泰率领李弼、独孤信、梁御、赵贵、于谨、若干惠、怡峰、刘亮、王德、侯莫陈崇、达奚武、李远十二名将领从潼关出发,总兵力约一万人,东征弘农,时任北雍州刺史的于谨出任先锋。

未来的八大柱国来了六个,缺席的除了挂名的广陵王元欣,就只有李虎一个——看起来,由于在贺拔岳死后推举继承人时,李虎站错了队,宇文泰对他的信任度多少还是有些折扣的。

在出征誓师时,宇文泰慷慨激昂地说,与尔有众,奉天威,诛暴乱。无贪财以轻敌,无暴人以作威。用命则有赏,不用命则有戮,尔众士其勉之——不得贪财,不得伤害老百姓,服从命令有赏,违抗命令则格杀勿论。

由此可见,宇文泰的军纪严明和高欢的宽松纵容形成了鲜明的对比。

西魏军深知一个道理——弘农打不下,就会饿趴下,因此在那种宁当战死鬼也不当饿死鬼的大无畏精神的指引下,他们的战斗力极强,斗志极为旺盛。

西魏军势如破竹,很快就攻占了盘豆(今河南灵宝西北),擒东魏守将高叔礼。

随后他们又马不停蹄,迅速攻下了弘农城,擒东魏陕州刺史李徽伯,俘虏敌军八千余人。

进入弘农后,西魏军看着粮仓里白花花的粮食,其兴奋劲不亚于买彩票中了五百万——终于可以放开肚子吃饭了!

进城的第一顿晚餐,据说他们平均每人吃了两斤白米饭加八个肉包子,吃完竟然还能硬塞进肚子九个大馒头——吃饱了撑死,做鬼也结实!

吃饱喝足后,行台左丞杨檦又自告奋勇说,其父曾在邵郡(治所在今山西垣曲)当过地方官,因此他人头很熟,愿意只身前往联络当地豪杰,夺取邵郡。

宇文泰当然应允。

杨檦果然没有食言,他联合当地土豪,又打又拉,很快包括邵郡、正平郡(治所在今山西新绛)在内的黄河以北的大片地区都归附了西魏。

宇文泰在东魏的西部边境大展拳脚,高欢却不闻不问,也不派兵救援。难道他真的就这么软弱?

非也。

他在下一盘很大的棋。

宁可浪费,也要让你报废

这段时间,高欢正在向各州郡征集人马,经过几个月的努力,这项工作终于大功告成。

公元537年九月，高欢终于再次出手了。

不出手则已，一出手就是大手笔——他任命高敖曹率军三万，攻打弘农，自己则亲率二十万大军从晋阳出发，准备从蒲津（今山西永济）渡过黄河，直取长安。

为达目的，高欢可以说是不惜血本。

一下子动用整整二十万大军，是不是有点多，有点浪费？

不，我宁可浪费，也要把你报废。

这次高欢信心十足，志在必得。

他要以压倒性的优势，一举灭掉西魏！

宇文泰此时正驻在弘农，听说高欢大军出动，赶紧撤兵退回关中。

毕竟在弘农已经白吃白喝了五十多天，也该满足了，再不撤就会被高欢困在城内、瓮中捉鳖了。吃饭固然重要，但吃饭的家伙更重要。

高敖曹遂率军包围弘农。

与此同时，高欢也率大军抵达了蒲津渡口。

长史薛琡（shū）对高欢说：西魏连年饥荒，所以才会冒死东进，夺取我们的粮食。如今高敖曹已经围困住了弘农城，粮食无法再运出去。我军只要在边境要道上严防死守，不出半年，西魏部队必然断粮，何愁宇文黑獭不投降！

高欢不接受：你这真是书生之见！宇文泰是何等狡猾之人，怎么可能坐以待毙！

接着，侯景也提了一个建议：我军这次出兵，规模极大，万一战事不顺，很容易造成混乱。不如咱们把部队分成前后两部，首尾呼应，相继而进。前军若胜，后军全力追击，扩大战果；前军若败，则后军顶上。这样定能万无一失。

高欢还是不接受：孙子云，用兵之道，我专而敌分。上次小关战败，我觉得一个很重要的原因就是我军兵分三路，没有集中足够多的兵力，以至于被宇文泰偷袭窦泰成功。这次我偏要以众击寡，以石击卵，如此则何愁不胜！

之后高欢率军渡过了黄河。

黄河西岸的华州（治所在今陕西大荔）是进入关中的第一道门户。

宇文泰让使者给担任华州刺史的老将王罴传话，要他小心提防。

第十四章 破釜沉舟，死战沙苑

王罴的回答非常有气魄：老罴当道卧，貉子哪得过！——狗熊拦在路上，东魏的这些貉子怎么可能过得去！

很快，高欢率领的二十万东魏军队就来到了华州，黑压压的一大片，一眼望不到头，令人望而生畏。

高欢亲自在城下大声劝降。

王罴的回答非常干脆：此城是王罴冢，死生在此，欲死者来。——这座城是我王罴的坟墓。想找死的就过来！

碰到这样"要城不要命"的人，高欢也觉得很头疼。

不过他不是那种主次不分的人，就像明智的女人在择偶时知道最重要的是人品而不是家境一样，高欢清楚地知道自己的目标是长安而不是华州，自己的对手是宇文泰而不是王罴这个倔老头。

登山时遇到山石挡路，我可以绕过山石，照样登上峰顶；打西魏遇到你王罴这样的猛人挡路，我也可以绕过你，照样能攻取长安。条条大路通长安嘛！

于是高欢不再与王罴纠缠，而是兜了个圈子，跳过华州，并向南渡过洛河（又名北洛河，渭河的支流），屯军于许原（今陕西大荔西南）以西。

而此时宇文泰刚刚到达渭河南岸，手中的兵力还不到一万。

形势严峻，他赶紧征召各个州郡的军队前来会合——因为西魏现在饥荒肆虐，他只能把部队分散在各地就食，和如今我们这里农家乐的主打产品放养鸡一样，自己找食物吃。

但各地的部队不是一时半会儿能赶来的，而高欢这次的进军速度非常快，如今已经进入关中腹地，离长安也不过两百多里。

怎么办？

将领们的意见非常统一，大家大都认为敌我双方众寡悬殊，不可轻易接战，不如一边往西撤退一边观察东魏军的动向，再作打算。

宇文泰再次力排众议，他斩钉截铁地说，高欢已经深入关中腹地，百姓都在看着我们的一举一动，如果我们一味退缩而不采取有力行动，那么整个关中都会人心浮动，内部对我们不满的人也会乘机蠢蠢欲动，到那时我们就一定会非常被动。如今他们远道而来，立脚未稳，我们完全可以击败他们！

随后，宇文泰立即下令在渭河建造浮桥，让将士们携带三天的干粮，轻装渡过渭河，行李辎重都留在渭河南岸。

沙苑大战

公元 537 年十月初一，宇文泰率军抵达了沙苑（今陕西大荔南）。

关于沙苑的地形，宋朝诗人李复有首诗是这样说的：

南濒清渭北洛水，寒沙东西横百里。中条太华塞秦关，众川无归皆潴（zhū）此。

由此可见，沙苑是渭河和洛河交汇处的一大片沙草地，这里水网密布，芦苇丛生，地形十分复杂。

沙苑离东魏军的驻地只有六十里。

眼看离东魏大军越来越近，一场恶战越来越近，西魏将士们的心也越绷越紧。

沙苑的空气中弥漫着恐惧的气息，弥漫着紧张的气息，也弥漫着从将士们身上散发出的大量肾上腺素的气息。

寂静，死一般的寂静。

"哈哈哈哈哈哈哈……"突然，一阵大笑声划破了寂静的天空。

大家惊奇地看过去，原来是宇文深。

宇文泰不解地问道，阿深啊，你笑什么？

宇文深笑着说道，我很开心，我要向您贺喜！高欢如果龟缩在河北一带，我们要想抓住他是不太容易的。但这次他送上门来，必将为我们所擒。

宇文泰继续发问，你的理由呢？

宇文深侃侃而谈，理由有三。第一，古人云，兵愤者败，这次高欢出兵不过是一心想为自己的连襟窦泰报仇雪恨，这就是所谓的愤兵。第二，虽然他的士兵人数众多，但大多是各州郡临时召集来的，并没有经过统一训练，战斗力并不会很强。第三，高欢孤军深入，地形不熟；而我军是主场作战，对地形了如指掌。因此，我认为，高欢必败。请允许我去通知华州的王罴，让他做好准备，在高欢逃跑时截断他的归路。活捉高欢，在此一举！

宇文泰连连点头，你说得对，我军必胜！

听宇文深这么一说，将领们的心情也终于放松了一点。

不过，笔者认为这很可能是宇文泰和宇文深叔侄二人合演的一出双簧。

因为他们深知，如今部队士气低落，亟须提振士气。

不解除压力，就不可能有动力；不解决心情，就不能解决事情；不解除将士们心中的阴影，所有的一切都将化为泡影。

第十四章 破釜沉舟，死战沙苑

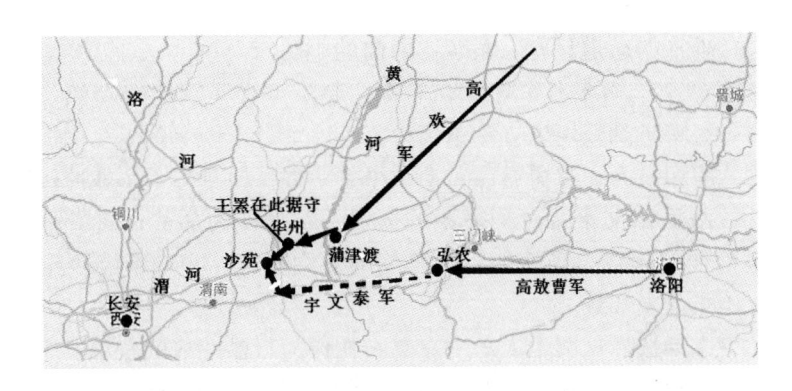

沙苑之战示意图

当天下午，宇文泰派达奚武前去侦察敌营。

傍晚时分，达奚武带领三名骑兵，换上东魏军的服装，潜伏在距离敌营几十米的地方，偷听到了东魏军的口令。

等到夜幕降临，达奚武骑着马，带着三位随从，伪装成东魏军总部夜间巡查的将领，大摇大摆地进入各个军营查看。

大营门口，东魏军岗哨发问：天王盖地虎。

达奚武鼻孔朝天，斜着眼睛瞄了一下岗哨：宝塔镇河妖。莫哈莫哈。

口令正确，放行。

不过也有警惕性高的表示怀疑：你真是总部派来的？

达奚武勃然大怒，手中的鞭子立即狠狠地抽了过去：不是我，难道是你！有眼无珠！再废话就杀你！

看到他如此的骄横跋扈，趾高气扬，官架子十足，东魏士兵都对他不再有任何怀疑。

就这样，达奚武把东魏大营的各个角落都转了一遍，对东魏军的兵力部署、人员构成等各方面信息都了如指掌。

达奚武堪称史上最牛的侦察员，笔者估计如果他生活在现代，什么007，什么中情局，什么摩萨德，什么克格勃，和他相比，也许根本就不值一提。

第二天，高欢率军西进，浩浩荡荡，杀向沙苑。

西魏这边早已严阵以待。

按照大将李弼的建议，宇文泰把部队埋伏在沙苑以东的渭曲（顾名思义，位于渭河北岸的转弯处）。

此处三面环水，沿河则是方圆数十里、一眼望不到头的芦苇滩，要从外面进来，唯一的通道只有一条弯弯曲曲的小路。

宇文泰命令李弼率右军埋伏在右侧，赵贵率左军埋伏在左侧，以鼓声为号，命令大家听到鼓声后立刻杀出。

李弼，胆识过人，有勇有谋，上次小关一战，他身先士卒地冲锋陷阵，立下头功，战后宇文泰特意把窦泰的盔甲赏给他作为嘉奖；赵贵则是宇文泰此时最信任的大将，当初如果不是他的大力推荐，宇文泰能否坐上现在这个位置还是个未知数。

因此宇文泰选择这两个人——左赵右弼作为自己此战的左爪右臂。

他自己则和于谨等将领率领少数士兵背水为阵，作为疑兵。

大约在下午三点的时候，高欢率领大军到了渭曲，远远就看见了稀稀落落的西魏军和迎风飘扬的"宇文"大旗。

高欢停了下来，若有所思地说道，根据我们的侦察，宇文泰的兵力应该有一万人左右，怎么会这么少？是不是都埋伏在芦苇丛中呢？

都督斛律羌举提了个建议：宇文黑獭想和我们在这里决战，但我觉得渭曲这个地方芦苇茂密，道路狭窄，不利于我们的大军行动。不如我们表面上与他们在这里相持，暗地里分出一部分精锐突袭长安。如今西魏军主力都在此地，长安空虚，我们定能得手。一旦老窝被端，黑獭就可以不战而擒！

高欢对此不置可否，只是微微一笑，随后举起马鞭，指着前方的芦苇丛说道：芦苇深深深几许？已经很久没下雨。

将领们觉得挺奇怪，高王今天怎么会诗兴大发？

高欢继续说道，如今时值深秋，天干物燥，这里的芦苇都已干枯，不如我们放一把火，烧死宇文黑獭，大家觉得怎么样？

一向以谋略著称的侯景这次却旗帜鲜明地表示反对，反对的理由很另类：宇文黑獭是西魏的灵魂，我们要是活捉了他，西魏就彻底完了。如果把他烧死了，烧得面目全非，把个黑獭硬是烧成了黑胡椒烤獭肉。这样谁能辨认出来？不要说辨认了，打着灯笼都找不着！谁会相信他死了呢？——也不能说完全没有道理，毕竟那时候基因技术还没问世。

侯景这话听起来好像想得很周到，甚至连战后认尸的事都考虑了，但仗还没打就惦记着认尸的事，这未免也太轻敌、太自大、太狂妄、太自以为是、太忘乎所以、太目中无人了。

而猛将彭乐更是积极请战，他中午喝了不少酒（可见东魏军的军纪确实不行啊),酒壮人胆,说话就非常豪迈:我们二十万对他们一万,就相当于两百斤的大汉对付十斤重的婴儿一样,那还不是像玩儿一样,还怕什么打不赢的?你们大家说对不对啊?我们的优势实在是太明显了,如果说我们有什么劣势的话,那就是我们的优势太大了!啊,哈哈哈哈哈……

被彭乐这么一说,东魏军中将领们你一言我一语地纷纷附和:是啊,这是个消灭宇文泰的好机会,百年不遇,千载难逢,万世一时。过了这个村,就没有这个店了。高王啊,您别犹豫了,就下令总攻吧。

东魏军中洋溢着一派乐观的气氛,就像喝酒划拳一样的热闹。

此时完全没有大战前的紧张,有的只是吹牛时的嚣张;前面似乎根本不是残酷的战场,而是喧嚣的游乐场。

很多时候,身处的环境是非常重要的,如果让我在到处是性感美女、到处是莺歌燕舞的夜总会写文章,肯定是一个字也憋不出来的,同样,要在这种集体性亢奋的情况下保持自己头脑冷静,实在是太难了。

即使他是高欢。

也许世界上本没有头脑发热的高欢,起哄的人多了,也就有了这样的高欢。

是啊,宇文泰这人实在是太狡猾了,与其和他斗智,不如和他斗力。

如今将士们士气如此高昂,我们又是以众击寡,何愁不胜!

还等什么,赶快进军吧!

想到这里,高欢激动地大手一挥:将士们,考验你们的时候到了!给我冲啊!生擒宇文黑獭,一统大魏江山,就在今日!

随着他的一声令下,东魏军争先恐后地杀向芦苇滩。

然而这里芦苇丛生,道路狭窄,人数众多的东魏军根本无法保持队形,只好有的摆成S形,有的摆成B形,场面极为混乱。

谨慎的高欢看到这种情况赶紧派人传令:请大家不要急于进攻,先停下来,整理好队形再前进!

没想到这个命令反而让东魏军更加混乱:他们有的站住了,有的还在往前走,有的还以为要退兵……

宇文泰怎么可能放过这个千载难逢的机会。

他亲自擂响战鼓,顿时伏兵四起,杀声震天。

李弼身先士卒，率领六十名敢死队员横向杀出，锐不可当，东魏军一下子被截为两段。

他的弟弟李檦也极为英勇，手提长矛，逢人便刺，所到之处，如入无人之境。

此人个子非常矮小，史书上说他身不满五尺——古代一尺大约24厘米，五尺不过1.2米，跟一个六岁儿童差不多高，按现在的标准，李檦应该属于侏儒，因此他骑在马上就像个隐形人一样。

个子小，目标就小——按笔者的计算，他的体表面积仅相当于常人的三分之一，加上他身手又极为灵活，要想击中他极为困难。

东魏军只能眼睁睁地看着被他打中，却几乎无法还手，因此看到他便立刻四散奔逃，同时大声惊呼：避此小儿！

在后面观战的宇文泰也不由得大为叹服：胆决如此，何必八尺之躯！

西魏征虏将军耿令贵也是一员猛将，他右手拿刀，左手持矛，所向无前，杀伤甚多，浑身盔甲都被染成了红色。

宇文泰在阵中大声叫好：令贵武猛，观其甲裳，足以为验，不须更论级数也。——看他的战袍，就足以知道他的勇猛，何必验看被他杀死的人的首级呢？

东魏大将彭乐此战的表现也十分抢眼。

他乘着酒意，杀得非常放肆。没想到一不小心腹部被西魏军刺伤，连肠子都流出来了。但醉眼朦胧的他毫不在意，把肠子胡乱地塞入肚子里，稍微包扎一下，就继续拼杀——按照现在的医学知识来看，这实在让人难以置信，难道这样不会感染？

双方就这样在芦苇丛中血战。

此时正是傍晚时分。

天上，残阳如血；

地上，血流成河；

空中，血肉横飞。

东魏军人数虽多，在这种狭小逼仄的地形下却根本无法施展开。

打个比方，我们可以把庞大的东魏军比作波音767的发动机，沙苑的地形比作拖拉机的发动机舱，如果硬要把波音767的发动机安装在拖拉机的机舱里面，那是绝对不可能的，除非化整为零，拆成散件，可是这样一来这台发动机也就废了，不可能再发动起来。

显然东魏士兵也只能化整为零才能冲进沙苑的芦苇荡，此时他们早已不成阵形，乱成一团，各自为战，而大多数东魏士兵则根本进不去，只能在外围胆战心惊地看着少数冲进去的同胞被埋伏在暗处的西魏军围攻。

由于这二十万东魏部队多数是临时从各地抽调的，并未经过严格的集训，凝聚力也很有问题。此时眼见战事不利，他们要么纷纷后退，四散奔逃；要么干脆放下武器，临阵投降。

战局逐渐明朗。
西魏军越战越勇，东魏军溃不成军。
高欢看得目瞪口呆。
对于眼前的一切，他无法相信，更不愿相信。
都说人生如梦，这一切难道是在做梦？
二十万对一万，怎么可能是这样的结果？
他不愿认输，便让大丞相府属（丞相办公室主任）张华原传令，要求收兵再战。
然而，却没有一个人出来响应！
高欢骑在马上，呆若木鸡。
大将斛律金急了：军心离散，无法再战，丞相快退回河东吧！
高欢却依然骑在马上，一动不动。
斛律金心急如焚：再不走就来不及了！
高欢还是纹丝不动，像一座雕塑。
斛律金只好用力拨转高欢坐骑的方向，随后用鞭子猛抽其臀部。
战马立刻向东狂奔。
高欢这才脱离了险境。

到黄河边的时候，已是半夜。
由于风大浪急，渡船根本无法靠岸。
后方，追兵越来越近。
前方，诺亚方舟虽然近在咫尺，却无法登船。形势万分危急！
千钧一发之际，救命恩人出现了，准确地说，是救命恩驼，有人牵来了一匹骆驼，高大的骆驼载着他一直走到河道中间，他才得以上船。
在船上，高欢依然不相信这个残酷的现实。

他的计划如此宏伟，然而现实却是如此狼狈！

他只能呆呆地，眼含热泪地，目不转睛地注视着黄河以西的关中大地，流露出悲壮的神情。

他确实应该再多看几眼。

因为在此之后，终其一生，他再也没有能踏上这片河西的土地！

宇文泰率军紧紧追赶高欢，一直追到了黄河边上，方才鸣金收兵。

都督李穆年轻气盛，按捺不住地对宇文泰说，我们应该乘胜追击，一定能抓获高欢！

宇文泰却只是微微一笑：李都督，你认为我们此次为何能够获胜？

李穆一时语塞，无法回答。

宇文泰说道，我军之所以能大获全胜，一方面是将士用命，另一方面也是我们比东魏军更熟悉这里的地形，把他们引诱到了沙苑这个对他们不利的地方决战，所以才创造了奇迹。如果我军渡过黄河，深入敌境，不熟地形，你觉得我们还能这样以少胜多吗？

李穆大为叹服。

随后宇文泰率军退到渭河以南休整。

不久，宇文泰所征召的各地军队陆续来到沙苑，他命令所有士兵每人在这里种植柳树一棵，以示纪念。

三百多年后，唐代诗人胡曾路过沙苑，写下了这样一首诗：

冯翊南边宿雾开，行人一步一裴回。谁知此地凋残柳，尽是高欢败后栽。

骄兵必败

这就是著名的"沙苑之战"。

这一战，西魏军俘虏了东魏士兵七万人，宇文泰只收编了其中最精壮的两万，其余全部释放了回去——因为粮食有限，多了他也没法供养。

这一战，有如曹操败于赤壁、苻坚败于淝水，是东西魏之间的关键一战，是西魏立国的关键一战！

这一战，东魏的军力遭到重创，从而大大改变了西魏的生存环境，局势从此彻底改观！

这一仗，宇文泰以不到一万的兵力战胜了高欢的二十万大军，创造了

第十四章 破釜沉舟，死战沙苑

中国战争史上的奇迹！

这一战，其实宇文泰胜得也有些偶然。

如果高欢采用斛律羌举的方法——釜底抽薪、直捣长安，或者用他自己的策略——火攻，战争的结局很可能会有天壤之别。

然而世界上很多事的结局都充满了偶然性。有时候本来只想交友却产生了爱情，本来只想模仿却变成了创造，本来只想附庸风雅却变成了专家。

但世界上没有一种成功只倚仗着偶然，通向它的路上一定有必然。

宇文泰在沙苑的成功也不例外。

那就是高欢和他的手下实在太轻敌了——骄兵必败！

沙苑之战后，高敖曹听到高欢兵败的消息，也只好放弃弘农，撤到洛阳以北休整。

而郁闷至极的高欢也终于回到了晋阳，心里不是个滋味。

去的时候豪情万丈，回来时却肚子气胀。

去的时候志在必得，回来时却已经输得连裤子都没得！

这次他输得太惨了。

如果说小关的失败对于高欢来说不过是软组织挫伤，这次沙苑惨败就是多处骨折的重伤，必须要休息很久才能恢复元气！

他必须反思自己的失误。

他知道自己败在太轻敌，太骄傲了。

他忘记了九年前葛荣的百万大军是怎样败给尔朱荣的七千人，他也忘记了五年前尔朱氏的二十万大军是怎么败在自己的三万人手下。

常言道，浮躁一分，到处便招忧悔；骄狂二字，从来误尽英雄。

因为浮躁和骄狂而导致阴沟翻船的，他不是第一个，也绝不是最后一个！

现在他后悔不已，可是后悔又有什么用？

难道葡萄已经酿成了葡萄酒，还能再回到葡萄的模样吗？

他所能做的只能是提醒自己以后做事一定要更加谨慎。

这时，侯景提了个建议：宇文泰新胜而骄，必然放松戒备。如果让我率两万精锐骑兵杀个回马枪，突袭西魏，一定能获胜！

刚刚在沙苑遭受了严重的挫折，高欢现在比以前更加沉稳，绝不干没把握的事。

同时娄妃也在旁边提醒高欢，叫他不能太过信任野心勃勃的侯景。

于是高欢很干脆地拒绝了侯景的提议。

他现在需要的是休养生息，需要的是安定和谐的发展环境。

然而事与愿违。树欲静而风不止，就像大地震之后往往会有多次余震，高欢这次在沙苑的大败在东魏内部也引起了一连串的连锁反应，各地的叛乱时有发生。

第十五章　浑水摸鱼，乱战河桥

争夺河东

在洛阳一带，乡民韩雄乘机聚众造反，高欢的爱将洛州刺史韩贤率军将其平定。

韩雄逃往西魏，成为西魏、北周的大将，后来大名鼎鼎的隋朝名将韩擒虎就是韩雄的儿子。

韩贤是个做事认真、事必躬亲的人，他亲自检查战场。没想到却被一个藏在尸首中间装死的叛军斩断了脚脖子，最后竟因失血过多而死。

高欢随即任命广阳王元湛继任洛州刺史。

元湛是当年平定六镇叛乱的主帅元渊之子，高欢知道洛阳作为多年的首都，这一带的百姓对北魏皇室感情还是很深的，因此他特意让元湛这个北魏宗室亲王出任此要职。

与此同时，在河东一带，当地豪强敬祥、敬珍等人也揭竿而起，聚众一万余人，占据了猗氏（今山西临猗）等六个县的土地，以响应西魏。

面对这样的大好形势，宇文泰怎么会无动于衷？

他的反应非常迅速，立即派出两路大军攻击东魏。

南路由冯翊王元季海和大将独孤信率军两万，向洛阳方向进军。

北路则由贺拔胜、李弼为主帅，率军东渡黄河，攻打蒲坂。

蒲坂西临黄河，南靠中条山，地处河东和关中之间，城西的蒲津渡口是连接两地的主要枢纽，从这里过河就可以绕过潼关天险，直接进入关中平原。

如果说潼关是长安的大门，蓝田关是长安的侧门，那么蒲坂就是长安的后门，而高欢又特别爱走后门——他这两次进攻西魏，都把蒲坂作为进入西魏腹地的跳板，由此可见蒲坂的战略地位该有多么重要！

东魏的蒲坂守将是泰州刺史薛崇礼。

他出身于当地著名大族河东薛氏，薛氏与裴氏、柳氏合称河东三著姓，因此薛氏家族在这一带有很大的影响力。

薛崇礼有个族弟叫蟋蟀，对不起，其实是叫薛善，劝他归附西魏：高欢有逐君之罪，咱们薛家世受国恩，怎么能为高欢这样的国贼卖命？——看起来由于孝武帝这个公认的北魏皇帝逃到了西魏，当时士大夫心目中以西魏为正统的不在少数。然而，事实上笔者觉得高欢其实挺冤枉，他固然有逐君之事，但宇文泰更有弑君之罪。只不过，一个闹得沸沸扬扬，几乎无人不知；一个却搞得无声无息，少有人知。

薛崇礼本来还在犹豫，究竟是该慷慨给予，还是该积极防御，但他很快发现自己实在是够迂，所有的思考其实都是多余。

因为薛善早已帮他做了决定——率领族人打开城门，迎接西魏军入城。

贺拔胜等人不费一枪一弹，就轻松占领了蒲坂这个战略要地。

随后，敬祥、敬珍也率当地十几万户百姓和六个县的土地归附了西魏。

接着，贺拔胜又乘势攻占了汾州（治所在今山西汾阳）、绛州（治所在今山西新绛）等地。

西魏军在这一带攻城略地，势如破竹，兵锋直指河东重镇晋州（今山西临汾）。

高欢很头疼，但也很无奈。

毕竟新近在沙苑大败，元气大伤，人数众多的伤兵要医治，人心不稳的现象要抑制，没有几个月时间的休养，马上再打一次大仗实在是有点力不从心。

大将薛修义自告奋勇，请求前往守卫晋州。

薛修义也是个牛人，他和薛善、薛崇礼一样，都出自河东薛氏。

此人少年时就以勇武著称。在六镇起义时，他集结了一支七千人的队伍，在河东一带协助政府军作战。后来不知为什么他又背叛了朝廷，但不久就被招安，封为汾阴县侯。

不过尔朱荣觉得这小子反复无常，是个问题人物，就把他抓起来，和高敖曹一起关在驼牛署——驼牛署是北魏最高等级的监狱，里面关的人非贵即富，一般的百姓想进去基本上是痴心妄想、胡思乱想、做梦也别想。

第十五章 浑水摸鱼，乱战河桥

尔朱荣死后，薛修义被孝庄帝再次起用，派往河东，任命为大都督，与时任晋州刺史的高欢相交甚好，因此高欢在控制朝政后，又加封他为关右行台。

现在薛修义毛遂自荐要去守晋州，高欢一方面感到非常欣慰，另一方面他也留了一手，把薛修义的家眷都留在了晋阳。

毕竟你们薛家那么多人都投靠了西魏，这次你对晋州的事又是如此上心，让我不得不怀疑你别有用心，不这样做我实在难以放心。

对不住了，兄弟！

薛修义赶到晋州的时候，驻守晋州的行晋州事（代理晋州刺史）封祖业已经弃城逃跑。

薛修义赶紧去追，一直追到洪洞（今山西洪洞）才追上。

封祖业是封隆之的弟弟，他的哥哥现在是高欢手下的红人，他自认为前途无量，自然不愿意回去送死。

他的脸皮厚得估计连冲锋枪都打不穿，不管薛修义怎么说，他都只有一句话：男子汉大丈夫，一言既出，驷马难追。逃都逃了，怎么可以出尔反尔呢？

无奈，薛修义只好独自回到晋州组织防守。

但晋州兵少且士气低落，想要挡住西魏军的攻势，谈何容易！

巧妇难为无米之炊，在这种情况下守城，难度实在是太大了，笔者觉得这就好像要让你拿一根胡萝卜去做八个荤菜一样，几乎完全没有可能。

但薛修义却有办法。

几天后，西魏大将长孙子彦率军来到晋州城下，让他大感意外的是，晋州居然城门大开！

长孙子彦不敢大意，仔细观看，似乎依稀可以看见城内有埋伏的东魏士兵，他摸不透虚实，在城外徘徊了许久，犹豫了许久，最终还是没敢贸然进去，而是掉头撤兵。

薛修义就这样守住了晋州，立下了奇功！

河南烽火

西魏军南路的独孤信一路也是非常顺利，很快就逼近了洛阳。

东魏的洛州刺史广阳王元湛比起其有胆有识的父亲元渊差得实在是太

远了，西魏军离洛阳还有几十里呢，这个胆小鬼就已经弃城而逃，回到了邺城。

就这样，独孤信不费一枪一弹，就占领了元魏故都洛阳。

独孤信搞内政是一把好手，当年在荆州就干得非常出色，他在洛阳征用贤才，安抚百姓，还大力发展特色农业和生态养殖，一时搞得有声有色。

高欢在河南一带的根基本来就不是太稳固，因此西魏军占领洛阳以后，河南各地纷纷响应。

首先响应的是东魏颍州（今河南长葛）长史贺若统，他抓住了刺史田迅，举城投降西魏。

贺若统的这次投诚意义重大，其子贺若敦后来成为北周的名将，而五十多年后为隋朝平定江南的大将贺若弼则是他的孙子。

高欢急忙派行台任祥率尧雄、赵育、是云宝等将领，攻打颍州的贺若统，宇文泰则派大将宇文贵、怡峰率军火速前往救援。

两军在颍州城外相遇，结果东魏军大败，赵育、是云宝投降。

在这之后，又有前通直散骑侍郎郑伟占领梁州（今河南开封）、前大司马从事中郎崔彦穆占据荥阳、东魏广州长史刘志献上广州（今河南襄城），先后向西魏投诚。

而西魏都督韦孝宽也乘机率军攻占了豫州（今河南汝南），生擒东魏豫州刺史冯邕。

韦孝宽，本名叔裕，字孝宽，京兆杜陵（今陕西西安东南）人，出身于关中著名大族——京兆韦氏。

年轻时他曾经是侍中杨侃的下属，杨侃对他非常赏识，还把自己的女儿嫁给他。在节闵帝时期，他被任命为荆州的析阳（今河南淅川）郡守，当时独孤信担任新野郡守，两人在那里一见如故，一往情深，成为莫逆之交，加上又都很得民心，因此荆州人称他们二人为"连璧"。

独孤信率军进攻河南，韦孝宽自然也被好友纳入麾下，一起出征。

这一年他二十八岁。

此次攻占豫州，也是韦孝宽一生辉煌军事生涯的起点。

至此，洛阳、颍州、梁州、广州、荥阳、豫州，以及河南的大部分地区已经落入了西魏囊中。

面对如此急转直下的形势，高欢怎么可能置之不理！

公元538年农历二月，经过几个月的休整和充分准备，他开始反击了。

在北路，高欢派大将贺拔仁攻打西魏控制的南汾州（治所在今山西吉县），西魏守将韦子粲不战而降。

韦子粲的家属都在西魏。宇文泰立刻下令将韦子粲灭族。可怜其兄弟十三人，以及子侄亲属总共上百口，一个不剩，全部被杀光！

别跟我说你们很冤，谁让你们和叛徒有缘！

谁家要是有一个背叛我，我就让你全家一个不留！

这就是宇文泰的风格，铁腕、心狠、手辣、冷酷、无情，顺我者昌，逆我者亡，要么不做，要么做绝！

而在北路展开反攻的同时，高欢在南线也开始行动了。

他任命侯景为南道大行台，在虎牢集结部队，随后率军攻打被西魏占领的河南地区。

这可苦了独孤信。

他现在手里多的是土地，严重供过于求；缺的是兵力，大大供不应求。怎么守？

他一时无计可施。

一个人如果挣钱好像滴眼药水，花钱却如同倒洗脚水，肯定是难以持久的，独孤信手里那区区两万人，要守住这么大范围的地区显然也是无法长期支撑下去的。

很快，侯景就如风卷残云一般地平定了包括颍州、豫州、广州在内的河南大部分地区。

独孤信赶紧向长安的宇文泰求救。

然而宇文泰此时却根本腾不出手。

因为这段时间他在干另一件大事——与柔然和亲。

由于东魏把宗室女子嫁给了柔然的头兵可汗，因此柔然人与东魏关系很好，老是骚扰西魏边境，让宇文泰感觉非常难受。

要想和高欢在中原一决雌雄，宇文泰就必须与柔然这个邻居搞好关系。

办法倒是有一个——和亲，而且规格必须超过东魏，这就好比做生意时，如果要挖对手的老客户，那你的价格一定要比对手更优惠。

宇文泰劝说西魏文帝元宝炬，要他废掉原来的皇后乙弗氏，迎娶头兵可汗的女儿为新皇后。

乙弗氏出身于贵族世家，是孝文帝的外孙女。

她是真正的大家闺秀——既美丽又贤惠，既端庄又有智慧，只有爱心从不花心，只会撒娇从不撒谎，只会浪漫从不浪费。

元宝炬和她感情非常好。如今一下子要废掉她，让他情何以堪，气何以平，心何以不忿呢？

但元宝炬没有办法。

尽管乙弗氏是他的最爱，但宇文泰是他的最怕，得罪了乙弗氏他会很难受，但得罪了宇文泰他就会很短寿。

只要他的生命还想继续，生活还想继续，他和乙弗氏的夫妻情分就万万不能再继续。

他不能不听宇文泰的话。

接下来的事情自然就顺理成章了。

乙弗皇后被勒令削发为尼，随后宇文泰让扶风王元孚前往柔然迎接头兵可汗之女郁久闾氏，立为皇后，大赦天下。

此时是公元538年七月，河南一带的局势已经非常紧张。

东魏的两员大将侯景与高敖曹合兵一处，攻占了洛阳，同时把独孤信和西魏军队包围在了洛阳西北的金墉城。

侯景，这个历史上数一数二的破坏者，竟然一把火把洛阳这个繁华的千年古都烧成了一片废墟。

与此同时，高欢也从晋阳率军南下，准备与侯景会合，围歼困守金墉城的独孤信。

死里逃生

宇文泰对此当然不可能坐视不管。

在小关和沙苑的两次大胜让他信心十足，他决定全军出动，与东魏军在河洛大地来一次大决战，用自己的铁拳，一举粉碎东魏伪政权！

于是他让仆射周惠达辅佐太子元钦守卫长安，自己亲率大军前往洛阳，大将李弼、达奚武则担任先锋。

为了鼓舞士气，他还让西魏文帝以去洛阳祭祖的名义随他一起出征。

不过笔者估计很有可能是这个原因：此次西魏全国的精锐几乎全部出动，如果把元宝炬留在长安，万一有人奉其为主作乱，那麻烦可就大了。

第十五章 浑水摸鱼，乱战河桥

公元538年八月三日，宇文泰来到了穀（gǔ）城（今河南新安），距离洛阳仅数十里。

洛阳城外，侯景赶紧召集诸将商量对策。

他认为，西魏军来势汹汹，应避其锐气，深沟壁垒，坚守待援。

但有一人坚决反对。

反对的是时任大都督的莫多娄贷文。

此人也是高欢帐下的一员骁将，史称其"骁果有胆气"，他曾经多次担任先锋，战功赫赫，当年在秀容川紧紧咬住尔朱兆不放，最后迫使其自杀的就是他。

莫多娄贷文觉得西魏军远来疲惫，应该主动出击，先挫一挫他的锐气。而且西魏军的先头部队人数不会太多，击败他们一定没有问题。

但稳健的侯景坚持认为不应轻举妄动。

两人在会议上争了起来。

一个骂对方是胆小鬼，一个说骂对方是冒失鬼；一个拍桌子，一个掀桌子；一个吹胡子，一个瞪眼珠子。

反正谁都不肯让步，谁都不肯屈服。

包括高敖曹在内，几乎所有在场的将领都赞成侯景的意见。

只有一个人与莫多娄贷文站在一起——时任车骑将军的西魏降将可朱浑道元。

尽管缺少支持，但倔强的莫多娄贷文依然固执己见。

比唾沫星子，我不如你们。但无论如何，我绝不否定自己的看法，即使被几乎所有人否定。

我要用实际行动让你们闭嘴。

一心想要建立奇功的他干脆与可朱浑道元两人率领麾下数千名骑兵，向西进发，准备打西魏军一个措手不及。

在半夜时分，他们在孝水（今河南新安磁涧一带）遇到了李弼、达奚武所率领的西魏军先头部队。

李弼等人手下的人马并不多，估计也不过是数千人。而且他们在长途跋涉后早已十分疲倦。

按照常理，莫多娄贷文完全有可能成功。

但不幸的是，他的对手不是常人，而是智勇双全的李弼。

突然遭遇敌军，李弼却毫不惊慌，他命令部下擂鼓呐喊，同时让人在马屁股后面绑上树枝，来回奔跑。

一时间烟尘四起，鼓声如雷，人声鼎沸。

看到这种场景，莫多娄贷文开始慌了，后悔了。

难道是自己判断失误，这就是西魏军的大部队？

如果这样的话，自己这数千人还不够对方塞牙缝的。

他的心情顿时像本来涨得很高的股票突然遭到巨大利空一样，来了个一字——跌停，本来他自信满满、自我感觉良好，现在却感觉那都是自不量力、自以为是、自欺欺人。

他发现自己不过是个梦想家。

如今梦没了，就只剩想家了。

于是他掉头就跑。

然而，这里毕竟是战场，不是菜场；对手是李弼，不是傻瓜。

想来就来，想走就走，哪有那么容易？

李弼率军趁势追杀。

结果是莫多娄贷文当场战死，麾下这数千人则全部被俘，随后被送往弘农。

只有可朱浑道元单枪匹马杀出一条血路，总算逃了回去。

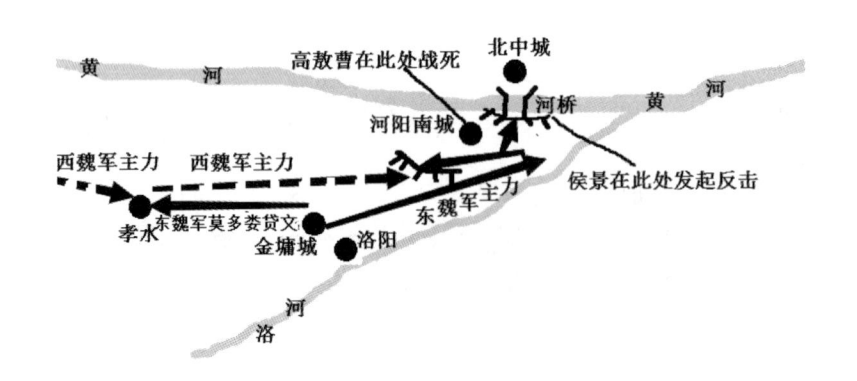

河桥之战示意图

首战告捷，西魏军士气大振。

随后宇文泰乘胜率军渡过瀍水（洛河的支流），进逼洛阳。

包围金墉城的侯景连夜撤兵，退往洛阳以北，占据了北到河桥，南到邙山的有利地形，布下阵营，准备迎战西魏大军。

接二连三的胜利让宇文泰信心大增，不免有些轻敌，便亲自率领先锋部队紧紧追赶侯景。

等到了河桥，却发现侯景早已在此严阵以待，恭候多时。

此时的形势对宇文泰非常不利，由于大部队尚未赶到，他的手下人数不多，而且东魏军又是以逸待劳。

但身为主帅，他又怎能退缩？

于是两军马上开始了一场混战。

东魏军人数占优，地形占优，体力占优，西魏军逐渐不支，最后竟然全军溃散。

混乱中，宇文泰的坐骑被流箭击中而受惊狂奔，把他重重地从马背上摔了下来，至于摔下来的姿势究竟是狗吃屎还是四脚朝天还是屁股向下平沙落雁式，这个笔者不在现场，就不知道了。

此时，他身边的随从都已逃散，东魏军纷纷围了上来。

宇文泰彻底绝望了，脑子里开始胡思乱想：出师未捷身先死，长使英雄泪满襟。王师北定中原日，家祭无忘告乃翁。人生自古谁无死，只是死得有先后……

千钧一发之际，他的救世主——都督李穆突然出现在他面前。

这小子不知从哪儿搞了件东魏军的衣服穿在身上（估计是为了逃跑方便），还抢在其他人动手之前跳下马来，拿着鞭子狠狠地朝宇文泰抽了过去：你这个狗奴才，怎么一个人在这里？你的主子呢？

宇文泰这个人一向不注重穿着打扮，加上本来长得就黑乎乎的，毫不起眼，又被摔得灰头土脸，现在又被一顿猛揍，脏兮兮，惨兮兮，就更加显得狼狈、龌龊和猥琐，活脱脱的一个黑丑土。

看到眼前的这一幕，东魏军都以为这是个没有价值的小兵，顿时对他失去了兴趣。

这个臭小子就留给你处理吧，咱们可得继续寻找有价值的目标。

等这帮东魏军走远了，李穆立即把宇文泰扶上战马，两人趁乱一起逃了回去。

宇文泰就这样惊险地逃过一劫！

一只脚已经踏进阎王殿的他就这样硬是被李穆拉了回来！

宇文泰这次能够脱险主要靠的是李穆的机灵，当然他自己穿得低调和不起眼也起到了很关键的作用。

在这里，笔者随便举一个反面的例子：解放战争时期的国民党山东省主席王耀武，这人就比较高调，虽然在逃跑时化装成了平民，但上厕所却用高档卫生纸擦屁股，就因为这种和当时普通老百姓格格不入的习惯，让他当场就被辨认了出来，做了俘虏。

所以说，做人要低调，这句话还是有一定道理的。

扯远了，赶紧打住。

战后，为感谢李穆的救命之功，宇文泰特赐给他免死铁券——可抵十次死罪，又因为李穆救他时的坐骑是青白色的，他还把军营中所有这种颜色的马匹都赏给了他。

猛将之死

宇文泰脱险之后，西魏的后续部队也纷纷赶到。

虽然刚刚经历了一场让人心惊肉跳的生死劫，但宇文泰毫不慌乱，立即组织部队发动反攻。

西魏军攻势凌厉，东魏军开始顶不住了，逐渐落了下风，甚至开始溃败。

只有高敖曹依然信心满满。

此前他曾与西魏军多次交战，从未吃过亏，在小关和沙苑，他和他麾下的汉军作为偏师，打得都不错，最后却因为其他鲜卑军队的失利而被迫撤退，感觉自己还没到高潮就被迫草草结束了，忒不过瘾。

这一次，他终于和宇文泰有了面对面交手的机会。

为了显示他的威风，他还特意竖起了豪华的伞盖，那意思是，你们这些鼠辈，快来送死吧，我是不可战胜的战神——高昂高敖曹！

对西魏军来说，这分明是鄙视，是藐视，是轻视，是无视，是赤裸裸的挑衅，赤裸裸的侮辱！

是可忍，孰不可忍！

就像斗牛看到了红布一样，宇文泰和西魏的将士们全都被激怒了。

与其被你鄙视，不如咱们来比试比试！

宇文泰命令集中所有精锐，全力猛攻高敖曹和他麾下的汉军。

第十五章 浑水摸鱼，乱战河桥

高敖曹毫不畏惧，丈八马槊挥舞得虎虎生风，他手下这帮汉兵也十分英勇，西魏军一时死伤惨重。

《三国演义》中的虎牢关三英战吕布，纯属虚构；这一次的河桥边群雄斗高昂，却是史实。

正如吕布再勇猛也难以对抗刘备关羽张飞的合力进攻一样，高敖曹虽然号称是当世第一猛将，但要他凭一己之力抵挡住李弼、独孤信、侯莫陈崇、怡峰、若干惠、杨忠、蔡佑、达奚武、耿豪等西魏骁将的轮番冲击，也是不可能的。

高敖曹逐渐体力不支。

坚持了一段时间后，他终于撑不下去了，而此时他的部下也全都被打散，只好单枪匹马投奔黄河南岸的河阳南城。

然而这却是一个极其错误的决定！

因为河阳南城的守将是高欢的族侄——时任北豫州刺史的高永乐，而此人与他高敖曹以前曾经有过不小的过节——究竟是什么矛盾，我们现在已经无法查考。

高敖曹为什么会选择河阳南城作为自己的目的地呢？

不知道。

也许当时的高敖曹已经没有其他路可走，也许他认为高永乐虽然与他有仇，但应该不至于见死不救。

可到了城下，出乎他的意料，他竟然发现城门紧闭。

他只好大声怒喝：兔崽子，快开门，放我进去！

高永乐站在城头，摇了摇头，笑而不语。

高敖曹怒火中烧，却无可奈何，只好仰着头，继续对高永乐大喊：不开门的话，快放一根绳子下来！

但高永乐依然不予理睬。

时间瞬间凝固，高敖曹瞬间石化。

他曾经以为自己无所不能，现在却只是无所适从；当年的他气吞万里，要直挂云帆济沧海，现在的他却无能为力，像迷失方向的小孩。

走投无路的高敖曹只好拔出腰间的佩刀，用力猛砍城门。

但坚固的城门如果这么容易被砸开，还需要那么多复杂的攻城器具做什么？

"砰""砰"……这一阵阵的回响，听上去如此的铿锵，却又让人感觉到如此的无助和凄惶。

"砰""砰"……这一阵阵的敲击声，听上去又是如此的沉闷，仿佛映衬出末路英雄悲凉的心声。

凭借高敖曹的天生神力，城门似乎有了一点松动的迹象。

但已经晚了。

此时西魏军的追兵已经越来越近，时间已不允许他再继续砸门了。

无奈，高敖曹只好猫着腰，躲到了护城河的桥底下。

追兵很快就到了城下，他们四处寻找却始终找不到高敖曹的身影，眼看他就要逃过一劫。

但此时西魏军看到了他的随从，随从立即出卖了他——据说高敖曹前两天梦到自己被这个随从所害，因此一心要杀掉他，后来经人劝谏才勉强罢手。随从当然怀恨在心。

这下子，高敖曹知道自己已经无法幸免，便干脆昂首挺胸地站了出来，对追兵大声说道 来！与尔开国公！——快来吧，用我的脑袋给你换开国公的爵位！

一代盖世猛将就这样结束了他传奇的一生，时年四十八岁。

号称项羽再生的他连死前讲的话都与项羽如此相似。

高敖曹是个棱角分明的硬汉，他性格刚烈，恃才傲物，有血性，有担当，天不怕地不怕，谁与他作对都必定头破血流。

性格决定命运，也许正是因为他棱角太多，太容易伤害人，太容易得罪人，才造成了他悲剧的结局。

笔者在这里引用一首据说是他写的诗，以作纪念：龙种千口羊，泉连百壶酒。朝朝围山猎，夜夜迎新妇（不过光从这首诗来看，不是吹牛，笔者觉得高敖曹的诗歌无论是文学水平还是思想境界都似乎不比笔者强多少）。

但无论如何,在那个鲜卑人横行的年代,霸气外露的高敖曹是汉人的英雄,一扫汉家颓风,一改胡人之观,直至现在,依然散发出璀璨夺目的光芒！

高敖曹死后，高欢悲痛万分，史载其"如丧肝胆"，他追封高敖曹为太师、大司马、太尉。但对于见死不救的侄子高永乐，高欢的处罚居然仅仅是二百军棍。

高欢治军时的宽松与宇文泰的严厉形成了鲜明的对比——感觉就像现

在教育孩子时所谓的猫爸和狼爸一样截然不同。

而宇文泰得知高敖曹的死讯自然是大喜过望，如果西魏有扑克牌通缉令，那么高欢自然是最大的黑桃 A，高敖曹估计就是排第二的红桃 A。

他兴奋得手舞足蹈，飘飘然如腾云驾雾，结果犯了低级错误，欠下一笔巨额债务——他当众许下豪言，要给杀掉高敖曹的士兵重赏绢一万段。

然而等到后来执行的时候才发现这个赏赐实在太多了，根本不符合国情。西魏实在是太穷，财政收入太低，如果一下子拿出这么多的绢估计财政就崩溃了。

没办法，西魏政府只好搞了个金融创新——分期付款，每年给一部分，结果竟然一直到四十多年后的北周灭亡时还没有付清——不知这个士兵的子孙现在能到哪里去追回自己祖先的巨款。

乱中取胜

高敖曹战死了，但这一天的战斗，却并没有结束。

西魏军继续猛攻，东魏军则节节败退，西兖州刺史宋显、大都督李猛被杀，一万五千人被俘，其余军队纷纷通过河桥，仓皇退往黄河以北。

但东魏大将万俟洛依然死战不退，他横刀立马，站在河桥桥头，大声怒喝：万俟受洛干在此，能来可来也！——大有《三国演义》中张飞在长坂坡那种一夫当关万夫莫开的架势。

万俟洛，字受洛干，几年前和其父万俟普一起从西魏投奔到高欢门下。由于万俟普年事已高，高欢对他非常尊重，上下马都亲自搀扶，因此万俟洛对高欢极其感激，死心塌地，唯命是从——可见在收买人心上面，高欢的确是个高手。

西魏军一次又一次地向河桥发动冲锋，却都被万俟洛和他的部下击退。

万俟洛死守河桥的举动，大大鼓舞了东魏军的士气，也让撤到黄河以北的东魏军，得到了休整，为东魏军的反击赢得了时间。

此时已是傍晚，双方已经整整厮杀了一天，体力也几乎到了极限，尤其是西魏军，从长安出发后一直没有得到很好的休整，如今已经人困马乏，逐渐显露出了类似强弩之末的疲态。

机敏的侯景看到了机会，他立即下令东魏军全线投入反攻。

此时突然天气大变。

漫天迷雾，风沙乱舞，PM$_{2.5}$指数达到五百五，眼睛根本无法看清几米外的事物。

灵感就和喷嚏一样——总是在不经意间产生，侯景也在不经意间突然来了灵感。

他派人到西魏军的左右两路大声呼喊：宇文泰被我们抓住了！

此时双方战线都拉得很长，首尾不能相顾。

西魏军的中路是宇文泰亲自坐镇，左路的主帅是独孤信和李远，右路的主帅则是赵贵和怡峰，将士们饿着肚子打了一天，早已拼得精疲力竭，而在茫茫大雾中他们又完全看不清宇文泰的动向，心中顿时产生了疑虑：难道我们的主帅真的是被俘了？

房子被抽去梁柱定然会倒塌，靠信念苦苦支撑的西魏军听到这样的消息也顿时丧失了斗志，随即开始像海水退潮一样向后退，独孤信、赵贵等人使尽浑身解数也无法制止，只好随着败军一起后撤。

后军的李虎、念贤等人看到左右两路都是这种兵败如山倒的情况，自然不敢恋战，也匆忙逃离战场。

事已至此，宇文泰也知道败局已定，无可挽回，只好派长孙子彦留守金墉城，自己则匆忙整理残兵往西撤退。

但此时的西魏军中依然有不少将领还没有脱险。

一向身先士卒的大将李弼此役身受七处创伤，最后力尽被俘。

看到附近正好有一匹无主马经过，他马上有了主意。

随即他突然倒地，并且口吐白沫，四肢痉挛，好像得了羊痫风一样。

押解的东魏士兵顿时愣住了，这人怎么回事？

好恶心，会不会传染啊。

就在周围的东魏军犹豫的那一瞬间，李弼瞅准机会，一个鲤鱼打挺接团身后空翻两周半接转体250度，正好稳稳地落在那匹马背上，随后他立刻策马向西狂奔，最后终于成功逃脱！

东豫州刺史窦炽（这名字，我用拼音打字法总是打成豆豉）也是一员勇将，他与两名随从边战边退，最后退无可退，被东魏军三面合围于邙山脚下。

此时随从的弓都已经坏得无法使用——看来不是领导特供的弓，质量就是不行啊。

窦炽把三人的箭全部合在一起，自己则张弓搭箭，以每秒三箭的频率连续发射，箭无虚发，东魏军应弦而倒。其余的人都不敢上前，只好稍稍退却。

窦炽趁机突围而出。

笔者突然有一个奇怪的想法：如果没有窦炽的这段经历，也许就没有后来的唐太宗李世民，甚至可能会没有唐朝。

为什么？

因为窦炽有个侄子叫窦毅，可能正是因为自己的叔叔这次死里逃生的事迹，让他体会到了箭术精湛的重要性，所以才会用比射箭的方法来找女婿。

而正是凭借高超的箭法，唐高祖李渊才成了窦家的女婿，也才有了后来的唐太宗李世民。

不过这些都是后话，而且是笔者的臆想，暂且按下不提。

回到河桥战场。

在此战中陷入困境的还有骠骑将军王思政。

王思政本是孝武帝元脩的亲信，宇文泰当然对他会怀有戒心。因此他虽然被封为太原郡公，爵位很高，却并没有任何实权。

这让心比天高的他感觉非常失落，自己根本就是个无关紧要的人，就好像是有了抽水马桶以后的红漆马桶，不仅可有可无，而且早已过时。

他心里也一直惴惴不安，闷闷不乐。因为他知道这样下去，他的余生必将注定是碌碌无为，默默无闻！

这一切是向来雄心勃勃的他绝对不能接受的。

他必须改变，他必须争取，他必须不惜一切代价获得宇文泰的信任！

然而，失信任非常容易，要补信任可就难了，这可不像补肾那么简单。

怎么办？

非常之人必有非常之举。

王思政采用的是一种非常规的孤注一掷的方式。

这一天，宇文泰大宴宾客，为了助兴，让大家玩樗蒲（pú）。

樗蒲是一种类似于掷骰子的古代赌博方式，如果掷到全黑的称为"卢"，是最高彩，但非常非常难得，笔者估计跟现在车牌号摇号时抽到 SB250 或 GA110 的概率差不多。

宇文泰把自己身上所系的金腰带拿出来作为赌注，谁先掷到"卢"就可以得到它作为奖赏。

大家按照先后次序一个接一个地掷了很久，都没人掷到"卢"。

轮到王思政了。

他的举动让在场所有人都大吃一惊。

只见他慷慨激昂地大声说道，我王思政才疏学浅，却蒙受宇文大丞相厚爱，享受国士的待遇。今天我在这里当着大家的面，发誓对丞相尽心效忠。苍天在上，可以为我做证。如果我说的话是真实的，请上天让我掷到"卢"。假如我掷不到"卢"，那就说明我所言有假，我将立即自杀以谢天下！

说完这番话，王思政马上拔出佩刀，横于膝盖之上，随后一把抓起樗蒲，一掷而下，正是全黑——"卢"。

在座众人全看得瞠目结舌，等反应过来后，纷纷大声喝彩。

宇文泰则激动地走到王思政面前，两个人紧紧地拥抱在一起。

王思政就这样获得了宇文泰的信任。

要么活得精彩，要么马上去死！

这就是血性男儿王思政的人生信条！

此次河桥之战，王思政十分拼命，在整整厮杀了一天后，身边的随从都已经非死即逃，他孤身一人深陷重围，战马都没了，不知是累趴下了还是被射死了。

但他还在坚持——他徒步手持长矛，左击右挡，奋勇拼杀。

他宁可战死沙场，也决不临阵投降。

然而毕竟寡不敌众，最后他终于身受重伤，倒在地上，昏死了过去。

由于这一战西魏军死亡的将领太多了，东魏军到处寻找当官的死尸砍脑袋，毕竟这个才值钱啊。

而倒在地上的王思政呢？

由于一直十分俭朴，他看上去衣衫褴褛。穿着打扮非常老土，衣服用料全是粗布，裤子破得露出屁股。随便怎么看都像个伙夫，谁认得出这样的人竟然是个高级官员？

因此他根本没有引起东魏士兵的注意。

不久，夜色降临，东魏军陆续收兵回营。

王思政帐下的都督雷五安，对他十分忠心，便在此时回到战场上寻找

第十五章　浑水摸鱼，乱战河桥

自己的主将，最后总算在一堆死尸中找到了伤痕累累、奄奄一息的王思政。

命大的王思政这才得以死里逃生。

同样深陷重围的，还有宇文泰的干儿子平东将军蔡佑。

此战他率十余名勇士下马步战，杀敌甚多。看到天色已晚，左右随从让他赶紧上马撤退。

他勃然大怒：丞相待我如子，我怎能以自己的性命为念！

然而此时西魏军的主力都已经撤离战场，蔡佑等人被东魏军重重包围。

东魏将领见他气度不凡，便大声劝降：你如果肯降，不愁富贵！

蔡佑厉声回答：凭我的能力，自然可以封公，哪里用得着降贼呢？

东魏军忌惮于他的气势，竟然无人敢动。

后来东魏将领想了一个奇招——他派了一名勇士为先锋，此人身穿重甲，只露出两只眼睛，几乎是刀枪不入，看起来好像科幻电影中的机器人。

笔者感觉这名武士肯定是个小眼睛，类似麻将牌中的二条一样的眯缝眼。如果找个眼睛大得像二筒一样的，那不是增加打击面了吗？

机器人武士手提长刀，迈着沉重而缓慢的步伐，向蔡佑等人逐步逼近。其余的士兵则紧随其后。

这名史书上未记载名字的东魏将领堪称是个创造性的战术大师，因为这种作战方式就和现代机械化部队的战术如出一辙——用坦克和装甲部队打前锋，步兵则跟在后面冲锋。

眼看机器人武士离蔡佑越来越近，只有三十步远了，左右随从劝他赶快射箭，否则就来不及了。

蔡佑却只是微微一笑：吃东西要吃胃能消化的，娶老婆要娶自己能养活的，出手时机要选择自己有把握的。越是紧急，越不能急，现在我们的性命都取决于这支箭，怎么可以虚发？

等敌兵离他仅十步的时候，蔡佑这才屏气凝神，张弓便射，只听见"嗖"的一声，这一箭比激光制导导弹还要精准，不偏不倚，正中机器人武士 10 纳米宽的小眼，当场倒地毙命。

其余的东魏军都被吓呆了，这个家伙的箭法准确到了纳米级，简直太神了！

一时间他们全都不敢上前。

蔡佑趁敌军这一愣神的工夫，翻身上马，率手下尚在的十余名随从突围而出，仅仅损失了一人而已。

半夜时分，蔡佑一行终于回到了弘农，见到了宇文泰。

蔡佑这个人不仅勇猛忠诚，而且为人十分低调内敛，从不争功。遇到困难毫不畏惧，遇到封赏则总是婉拒。

因此宇文泰对他特别信任和亲近，他甚至可以随意出入寝宫。

看到他平安归来，宇文泰自然大喜过望：古有曹植七步赋诗，今有蔡佑十步射敌。干儿子啊你真牛，有你在家我无忧矣。

自从执掌大权以来，宇文泰一直战无不胜，这是他第一次遭到如此惨重的失败，第一次遭到如此沉重的打击，向来无所畏惧的他竟然一反常态，夜不能寐，一躺下便全是噩梦，而之前他几乎从来不做噩梦，他只会成为别人的噩梦。

这一晚，他竟然要枕着干儿子蔡佑的大腿才能安然入睡。

在弘农休整了数日，宇文泰和他麾下的西魏军总算逐渐安定下来了。

祸不单行

然而此时大本营关中却传来了他最不愿意听到的消息——都城长安发生了严重的叛乱。

此次宇文泰率军东征可谓是倾巢而出，在关中留守的兵力很少。

如今由于西魏军在前线失利，长安一带谣言满天飞，什么"宇文泰被东魏军俘虏了""东魏军很快就要打过来了"，等等，而且那时候既没有人出来辟谣，也没有人因散布谣言被抓，因此一时间谣言越传越凶，不明真相的群众也越来越多，搞得人心惶惶。

有些不安定分子则乘机偷鸡摸狗，或者到处打工——打劫工作，甚至烧杀抢掠，整个关中地区一片混乱。

在沙苑之战中被俘虏的东魏都督赵青雀、雍州百姓于伏德等人趁乱造反，声势浩大。

此时李虎等人率领从河桥前线败退回来的后军已经先期到达长安。

看到关中的形势如此紧张，叛军的气势如此嚣张，所有的一切都如此杂乱无章而又剑拔弩张，李虎，这个曾经徒手杀豹的猛将一时间也是束手无策，感觉根本做不出什么文章。

万般无奈，他只好和太尉王盟、仆射周惠达等人匆忙带着皇太子元钦出城逃到渭北地区，而他们每天唯一能做的事情就是：像孙悟空一样手搭凉棚，伸长了脖子盼救兵。

这样一来，长安城内群龙无首，叛军的气势更盛。

赵青雀乘机攻占了长安城内的子城——不知道他有没有去皇帝的后宫关怀一下妇女同胞，或者去收集一些金银珠宝之类的统治阶级搜刮老百姓的证据。

于伏德则占领了咸阳。

一时间，叛军声势大振，甚至连原西魏太保梁景睿和咸阳太守慕容思庆等人也都归附了叛军。

分散在各地的东魏降兵此时也纷纷响应，整个关中的各郡各州，都乱成了一锅粥。

沧海横流方显英雄本色。

关键时刻，大都督侯莫陈顺（侯莫陈崇之兄，后来的十二大将军之一）挺身而出，率军在渭桥一带屡次击败赵青雀。

赵青雀一次次地暴走出城，一次次地被暴揍一通，再一次次地暴走回城，最后竟然吓得再也不敢出来暴走，叛军的攻势因此受阻。

回军途中的宇文泰听说关中叛乱的消息，不由得心急如焚。

考虑到大部分士卒这段时间又苦又累又没觉睡，实在太过疲惫，便准备亲自率领少量轻骑兵，火速回师关中平叛。

散骑常侍陆通提出了反对意见：老大，这样不行啊。如果回去的人少，百姓就会以为咱们真的吃了大败仗，东魏军真的要打过来了，人心会更加不稳，那麻烦可就大了。

宇文泰恍然大悟，连连称善。

于是他任命王思政为东道行台，镇守弘农，并把西魏文帝元宝炬暂时安置在阌（wén）乡（今河南灵宝西部）。他自己则不慌不忙地休整完部队，才率军从容西进，返回长安。

宇文泰率领的西魏大军军容齐整，浩浩荡荡进入关中平原。

这样一来，效果立竿见影，谣言不攻自破，人心迅速安定。

而叛军内部则开始慌乱起来。

时任华州刺史的宇文导（宇文泰大哥宇文颢的长子）乘势率军攻占咸阳，

擒于伏德、斩慕容思庆，随后立即南下，和宇文泰的大军会合，合力进攻长安子城。

叛军虽然人多势众，但却是乌合之众，哪里能抵挡得住宇文泰麾下的这些正规军主力？

耗子调戏猫，过把瘾就死。

叛军首领赵青雀很快就兵败被杀。

同时被杀的还有内贼梁景睿——他本来是政府的太保，偏要投入叛贼的怀抱，显然是押错了宝。

这时他一定追悔莫及，然而这又有什么用呢？

毕竟人生不像开车有后退挡，走错了就不可能回头。

至此，叛乱终于被平定，西魏国内的形势也恢复了稳定。

而在宇文泰撤到弘农的同时，从晋阳南下的高欢才刚刚抵达黄河北岸。

听说西魏军队已经败走，他立即挥师渡过黄河，准备向金墉城发起进攻，西魏军留守的长孙子彦闻讯慌忙弃城而逃。

但高欢并没有追击败退的西魏军，而是回到了洛阳。

因为此战东魏虽然取得了最后的胜利。但杀敌一千，自损八百，自己也付出了极大的代价，不仅损失了大将高敖曹、莫多娄贷文、宋显、李猛等人，士兵也伤亡惨重。

这一战历史上称为"河桥之战"，战争过程可谓一波三折。

宇文泰有些轻敌冒进，以未经休整的疲惫之师与以逸待劳的东魏军决战，虽然集全军之力灭掉了强悍的高敖曹，但消耗很大，已成强弩之末，以致受阻于万俟洛镇守的河桥。随后侯景抓住机会，率领东魏军全力反击，最终翻盘成功，反败为胜。

河桥一战也充分体现了侯景那因机制变、因形用权的高超的战术指挥能力，从此高欢更加倚重侯景，事实上，他也不得不倚重侯景——高敖曹、窦泰都死了，除了他还有谁能独当一面呢？

高欢让侯景领兵十万，专制河南。他自己则率军返回了晋阳。

第十六章　暴风雨前的平静

外交风波

从公元537年正月到538年八月,短短一年半左右的时间,东西魏之间就连续打了三场大战,双方都已经筋疲力尽,无力再战。

金属也有疲劳的时候,何况是人呢。

此后两国之间出现了长达四年的和平时期。

双方都把注意力转移到自己的内政和外交上。

外交当然最主要是搞好与北方草原霸主柔然的关系,在这方面两边都费了不少脑筋。

西魏文帝元宝炬虽然迎娶了柔然公主郁久闾氏为皇后,但对乙弗氏依然旧情难忘——没办法,乙弗氏是他心口上萦绕不去的那一颗朱砂痣,身边的郁久闾氏不过是沾在他衣襟上的一颗饭粒。他眼中看到的是郁久闾氏,心中想到的却一直都是乙弗氏。

因此他的心痒了,便偷偷与乙弗氏联系,甚至还带信让她蓄发,妄图找机会重新把她接回宫中。

但作为一只无法主宰自己命运的羔羊,元宝炬的这一次心痒,结果却让乙弗氏遭了殃。

因为这事被郁久闾氏知道了,她自然非常恼火——这个世界上也许有不爱吃肉的女人,但肯定没有不爱吃醋的女人。

女儿在婆家生气,老爸当然要为她撑腰。

柔然头兵可汗阿那瓌亲自率军南下,摆出了一副随时准备进攻西魏的样子。

西魏的北方边境承受着巨大的压力,元宝炬实在没有办法,只好把乙弗氏赐死——亲爱的，你也许永远不能谅解，但我实在是被逼无奈。也许这所谓亲爱的，连起来读就是"欠"，用英语读就是"奠"（dear），我欠你的实在是太多太多，只能在心里为你默默地祭奠。

看到女儿的情敌死了，达到目的的头兵可汗随即选择了撤军。

作为对女婿的回报，他转而把进攻的矛头转向东魏，大肆侵扰幽州、肆州等地，还杀掉了东魏派驻柔然的使臣元整。

不过西魏的运气实在不好，没过几个月，郁久闾氏居然因为难产死了，年仅十六岁，如果按照现在的法律规定，可怜的她此时还是个未成年人。

这个消息很快传到了高欢的耳朵里，他当然不会放过这个千载难逢的好机会——这就和做生意一样，如果竞争对手和客户之间出现了严重的危机，此时就是你争取这个客户的最佳时机。

高欢立即派遣丞相府功曹参军（丞相府秘书长）张徽纂出使柔然。

张徽纂是个不可多得的外交人才，口才极佳，既善于甜言蜜语，也擅长豪言壮语。

他随便一开口就可以把石头说成是馒头，把凤姐说成是港姐，而且不管他如何信口开河，总能让你信以为真。

见到了头兵可汗，张徽纂先是说宇文泰之前杀了孝武帝，最近又杀了你头兵可汗的女儿，实在是心狠手辣而且反复无常，跟这种人交朋友肯定没有好果子吃；接着又说东魏是正统所在，高欢是如何仁厚义气，等等。

总结起来就是说，宇文泰是人渣，高欢是人杰；宇文泰是白眼狼，高欢是白砂糖；宇文泰是妓女荡妇，高欢是处女贞妇；跟着宇文泰前途渺茫，死路一条；跟着高欢前程万里，金光大道……

由于自己的爱女在西魏不明不白地死了，头兵可汗对宇文泰和西魏政权非常怨恨，现在东魏主动示好，自然是欣然接受，他还当场为自己的儿子庵罗辰向东魏的公主求婚。

高欢立即决定把常山王元鸷（zhì）的妹妹乐安公主许配给庵罗辰。他对这桩婚事非常重视，不仅亲手操办一切事宜，还亲自把公主送到了楼烦（今山西西北部）以北。

不久，他又和柔然亲上加亲，为自己的第九子——年仅六岁的高湛迎娶了头兵可汗的孙女为妻。

高欢终于如愿以偿，和柔然建立了良好的关系，东魏的边境也随之恢复了平静。

少年辅臣

在这几年中,高欢不仅在外交上取得了重大突破,在内政上也颇有建树。

他大力发展农业,同时加强水利设施建设,东魏境内连年丰收,粮价下降到了一斛只要九文钱,百姓的生活也一天天地好起来了。

由于粮食不光够吃,而且还有很多剩余,高欢又在各州郡的水路交通要道设置仓库,以供应军需和防备饥荒。

除此之外,高欢还找到了一个新的经济增长点,那就是盐,他在沿海的幽州、瀛洲、沧州、青州等地开办了许多煮盐的盐场,经济效益非常好,大大改善了政府的财政状况。

而年方弱冠的高澄此时在首都邺城代表父亲执掌朝政,他思路清晰,办事雷厉风行,让人耳目一新。

他证明了自己不仅善于拈花惹草,更擅长治国安邦;不仅是个泡妞天才,更是个政治天才;不仅可以征服女人,更可以征服世界。

这期间高澄接连干了几件大事。

其一是颁布了在中国法制史上有重要历史地位的《麟趾格》,为后来隋唐的法律制度奠定了基础。

其二是废除了自北魏孝明帝时期以来沿用了二十年的选官制度"停年格"——所谓停年格,即不问才能,授官一律依年资分先后。

高澄兼任吏部尚书后,对此进行了大刀阔斧的改革,他的原则只有四个字"唯在得人"——选官的唯一标准是才能。

他提拔了一大批年轻而有才学的汉人大族子弟进入各级政府,同时还网罗了一帮才子能人作为自己的门客,得到了士大夫的广泛赞誉。

当然,高澄并不是一个人在战斗,他有一套自己的班子。

其中最得力的助手是崔暹和陈元康。

崔暹出身于山东大族博陵崔氏,年轻时与高乾关系很好,还把自己的妹妹嫁给了高乾的二弟高仲密。后来他受到高欢的赏识,被任命为丞相府长史。

崔暹不仅有学识,有能力,而且还极具魄力,勇于任事。高澄和他非常投缘,便把他带到邺城,让他担任左丞、吏部郎,相当于自己的助理。《麟趾格》就是他主持制定的。

崔暹还给高澄推荐了不少人才,其中有一个是与温子昇、魏收并称为"北地三才"的著名才子邢邵。不过邢邵却经常在高澄面前说崔暹的坏话。

高澄于是对崔暹说:你老说邢邵的好话,他却总说你的坏话,你可真是个大呆瓜,被他卖了还帮着他。

崔暹却不以为意:我说他的优点,他说我的缺点,但这些都是实话啊,不是蛮好的啊。我很享受这种感觉哦。

从此,高澄对崔暹更加器重了。

陈元康出身寒微,他不仅博学多才,而且性格机敏,处事谨慎。本来他在高敖曹手下当记室(类似文书),但一个意外的机遇改变了他的一生。

高欢原先的大丞相功曹(秘书长)孙搴(qiān)喜欢与高季式、司马子如等人在一起喝酒。这几个人都是酒友,合久必分,分久必合,逢酒必喝,喝酒必疯,结果有一次由于高季式等人劝酒太厉害,孙搴居然因饮酒过量而死——不知道有没有被评为烈士。

后来继任的功曹,包括大才子魏收在内,高欢都很不满意,便半开玩笑地对高季式说:《小学生守则》中说,要爱护公物,损坏东西要赔。你小子劝酒喝死了我的孙秘书,不给我赔一个那可不行。

高季式便推荐了陈元康,结果高欢对他竟然一见如故,大加赞赏。从此,陈元康便成为高欢父子的亲信,执掌机密。

这次高澄入邺辅政,陈元康也随其进京,高澄对他几乎言听计从。

在年少气盛的高澄的主持下,东魏的朝政可谓朝气蓬勃,焕然一新。

大统改制

与此同时,宇文泰也没闲着。

他知道,偏居西北一隅的西魏,要想与强大的东魏相抗衡,就绝不能因循守旧,必须做出变革。

这场变革的操盘手是苏绰。

宇文泰对苏绰极为尊重,总是称他为兄,从不直呼其名,对他的信任程度更是无以复加。

据史籍记载,如果宇文泰要外出考察或出差的话,就会提前把签好自己名字的空白文件交给苏绰:苏兄啊,你品性高洁,柔中带刚,外圆内方,简直是无可挑剔,让我非常满意。你办事靠谱,这个我心里有谱。如果朝廷中有什么事，你就用我的名义发布命令啊。回来你跟我讲一声就行。

苏绰没有辜负宇文泰的信任。

他眼光很准，往往能一针见血地找到问题的症结所在，然后有针对性地加以解决。

他知道决定菜的味道是咸还是淡的因素在于是否放了盐，而绝不会像某些笨蛋一样去费脑筋研究要不要加糖。

他先是大手笔裁员——裁汰官吏、减少冗员，接着又全面开展屯田，以资军需。

为了使政令畅通，苏绰改革了公文格式，即所谓的"朱出墨入"。

他规定朝廷发出的文书用红色笔书写，地方向朝廷上报的文书用黑色笔书写，可以说一直沿用到现在的所谓"红头文件"的发明人就是苏绰。

为了增加国家的财政收入，苏绰又创造性地在全国大力推行记账法和户籍法，以便进行编制户籍、国家预算以及统筹统计等工作，有效防止了豪强贵族偷漏、转嫁税赋，抑制了各级公职人员假公济私。

公元541年，也就是西魏大统七年，苏绰主持发布了著名的六条诏书，涉及政治、经济、文化等各个方面，史称"大统改制"。

一、治身心——修身养性。要提高个人修养，君主和官员要做榜样，躬行仁义、孝悌、忠信、礼让、廉平、俭约。

二、敦教化——道德教化。注重教育，倡导良好的社会风气，促进国民素质的提高。

三、尽地利——生产富民。要大力开荒垦田，加强农业建设，促进生产，发展经济。

四、擢贤良——人才选拔。要不限出身，唯才是举，并且将地方官吏分等级，对其"任而试之，考而察之"，只有考察成绩优异者，才可以升级。

五、恤狱讼——法律公正。他说：人者，天地之贵物，一死不可复生。因此要分清善恶，赏罚分明，有法可依。

六、均赋役——税役分配。要平等赋税,体恤民情。但当时由于国用不足，税率较高，因此他说：所为者正如张弓，非平世法也。后之君子，谁能弛乎？意思是说，现在这是非常时期，只能税重一点，但他希望以后经济发展了，国家富强了，后来执政的人能够大幅度地减税。这个减税的任务后来是由他的儿子苏威在隋朝初年完成的。

宇文泰要求文武百官，上至王公贵族，下至里长村长都必须认真学习和深刻领会这六条诏书的精神，而且还经常对此进行考核，凡是考核不合格的，无论是谁，一视同仁，一票否决，一了百了，一降到底，一律取消做官的资格。

总结起来一句话：不学六条诏书，让你回家喂猪。

在宇文泰和苏绰等人的共同努力下，西魏的国力蒸蒸日上，生产大幅增长，物价保持稳定。

短短几年的停战时间，总算让中国北方大地上灾难深重的百姓得到了休养生息的机会。

但几乎所有人都知道，和平只是暂时的，就像足球比赛的中场休息一样短暂，下半场很快就会开始。

不管东魏还是西魏，都在为即将到来的战争做着自己的准备。

初战玉壁

西魏东道行台王思政很有战略眼光，他认为玉壁（今山西稷山西南）地当要冲而又地势险要，便上书请求在此地筑城，并且由自己亲自率军镇守，宇文泰当即批准。

玉壁的地形是地理学所说的台地——四周有陡崖的、直立于邻近低地、顶面基本平坦似台状的地貌。

玉壁所在的峨眉台地海拔约400米，边缘受流水侵蚀和河流冲刷，形成陡峻的黄土断崖和冲沟，沿河断崖大多在50米以上，整个台地犹如一个巨大的黄土城堡。台地北界汾河谷地，东、南为涑水河所环绕，因此只要占有这个战略要地，则东南可控制涑水河谷的南北孔道，西北可控制汾河河谷东西孔道，进可长驱突击，退可守险无虞。

同时，台地地处暖温带，气候温和，土地肥沃，盛产粮麻，军需补给不成问题。

最重要的是，玉壁地处从晋阳到蒲坂的交通要道，高欢想要像前两次一样从蒲坂西渡黄河进入关中，玉壁城是想绕也绕不过去的——不管你走的路线是小S还是大S。

因此，玉壁成了高欢的眼中钉，他决心不惜代价拔掉这颗钉子。

第十六章 暴风雨前的平静

公元542年十月，高欢亲自率军从晋阳出发，沿汾河谷道南下，到绛州（今山西新绛）再向西转进，很快就到了玉壁城下。

高欢此次出兵人数众多，声势浩大，按照史籍的记载是"连营四十里"。

但王思政毫不畏惧。

他这人属于大赛型选手，仿佛天生是为大场面而生的，更何况，守城是他的强项。

高欢知道王思政的底细，就是此人并非宇文泰的嫡系，既然不是嫡系就不会死心塌地，不死心塌地就会有投降的可能，于是他派人把劝降书送到王思政的府第：如肯投降，我便封你为并州刺史。

王思政的回信只有十个字，其中人名就占了五个字：可朱浑道元降，何以不得？可朱浑道元从西魏投奔你那么多年了，怎么没有得到这个待遇？

高欢火了，你不肯投降就算了，为什么还要这么挖苦别人！

既然你是给脸不要脸，就别怪我蹬鼻子上脸。

于是他一声令下，数十万大军立刻把玉壁城围得水泄不通。

玉壁城是王思政一手打造的，居高临下，易守难攻，加上他这人向来爱兵如子，城内守军都愿意为他效命，士气很高。

因此高欢虽然连续昼夜攻打了整整九天，小小的玉壁却好像是铜墙铁壁，始终岿然不动。

与此同时，老天也开始和高欢作对——十月的初冬，竟然连日天降大雪，气温骤降。东魏军驻扎在冰天雪地的野外，冻死冻伤的极多。

万般无奈，高欢只得选择了撤军。

新建成的玉壁城经受住了第一次挑战。

不过严格来说，这只能算是一次挑逗，对玉壁和它的守将来说，真正的挑战还在后面。

回到晋阳后，高欢立即加封可朱浑道元为并州刺史——莫名其妙得到了这个要职，他可得好好感谢王思政。

第一次玉壁之战就这样草草地结束了。

但高欢并不甘心，他认为这次只是输给了不可抗力因素——恶劣的天气，时刻准备卷土重来。

然而，一次意外彻底打乱了高欢的计划。

第十七章　瞬息万变，决战邙山

美女引发的战争

就在几个月后的公元543年二月十二，一个令人震惊的消息传遍了整个北方大地，东魏北豫州刺史高仲密占据虎牢，投降了西魏！

怎么回事呢？

此事说来话长。

高慎，字仲密，是高敖曹的二哥，渤海高家四兄弟中的老二。因为家庭的关系，他很受高欢重用，先后担任过尚书左丞、御史中尉等要职。

高仲密的前妻是崔暹的妹妹，但他后来又把她休了，另娶了陕州刺史李徽伯的女儿李昌仪——至于是不是小三上位，这个笔者就不知道了。

李昌仪出身于河北另一名门望族——赵郡李氏，不仅貌美如花，而且十分聪慧，善于书法，精于骑术，堪称才貌双全。

高仲密当时有一个好朋友是个和尚，叫显公，两人经常聊天聊到深夜。

李昌仪很不开心，便不停地在高仲密面前说这个和尚的坏话，最后竟然说动高仲密把和尚显公杀了。

从这件事情上看，李昌仪做得显然有点过了，笔者觉得她虽然有才有貌，却多少有点缺德。

这是后话，暂且不提。

现在咱们还是先讲休妻再娶的高仲密。

高仲密弃旧迎新，抱得美人归，自然非常开心。

与之相反的是崔暹，他觉得很郁闷，因为自己的妹妹竟然被人像甩鼻涕一样随随便便就甩掉了。

而他此时正是高澄身边红得发紫、紫得发黑的首席红人，高澄当然要为他出头。

于是，高澄亲自出面，很高调地把崔暹的妹妹改嫁了。

很明显，高仲密得罪了崔暹，也就是得罪了执政的高澄。

但他认为自己是创业元老，根本就不把这当一回事。

论辈分，你高澄还得管我叫爷爷呢。

这段时间，高仲密在东魏担任了御史中尉（监察部部长）这一要职，他是个念旧的人，选用的御史有不少自己的同乡好友。在高澄看来，这些人大多不符合要求，要么学历不行，要么能力欠缺，于是高澄便屡次驳回他推荐的人选。

如此一来，高仲密不免心怀怨恨，他觉得高澄这小子做事未免太不公平，有胭脂往崔暹脸上涂，有煤灰往他的头上糊。

他感到憋屈，他感到怀才不遇，他感到，不是我不行，而是路不平。

心里愤愤不平，自然就没有工作热情。

于是他上班开始混日子，心不在焉，工作上面乏善可陈。御史中尉的职责主要是纠正不良作风，弹劾不法分子，他却是一味纵容、一团和气。

高欢对此极为不满，便对他进行了严厉的批评，这让他心里更加不安。

不久又发生了一件更严重的事。

一次偶然的机会，高澄见到了美艳的李昌仪，顿时惊为天人，色心大动，就好像老猫见到咸鱼、松鼠看到松果一样垂涎三尺。

高澄这个人不是个意淫派——只会纸上谈兵，心有余而胆不足；他是个实战派，深知"美女光看终觉浅，绝知此事要躬行"的道理，因此当场就要对她非礼，把她的衣服都扯烂了。

不过，由于李昌仪拼命反抗，高澄这一次并没有得逞。

看着自己的娇妻满眼是泪，高仲密欲哭无泪。

此情此景，让他不由得想起了一句古诗：窈窕淑女，君子好"愁"。

工作本就不如意，老觉得自己被猜忌，如今老婆又被调戏，高仲密很郁闷很失意也很生气。

我们渤海高家为你们父子做出了那么大的贡献，做出了那么多的牺牲，本以为应该好人有好报，没想到却是老婆被你搞！

这怎能不让人感到心酸、心凉、心寒、心灰、心碎、心如刀绞！

他越想越窝火，然而他却很无奈。

因为，只要他人在东魏，根本就得罪不起高澄。

更要命的是，万一高欢有个三长两短，那个"善解人衣"的高澄肯定会继承其位置，到那个时候，自己的命运、老婆李昌仪的命运就可想而知了。

而这一天是迟早会来的。

这就像大姨妈不正常的女人，虽然不知道什么时候来，但总有一天会来的。

他越想越感觉不安。

他觉得必须给自己谋条后路。而且，他要报复，他要把高欢父子的天下搅得天翻地覆。

别把我当成唐僧，我也不是省油的灯！

经过再三考虑，他决心叛逃西魏，投奔宇文泰。

同时，他还准备给宇文泰献上一份大礼——虎牢（今河南荥阳西北汜水镇）。

虎牢是北豫州的治所，位于洛阳以东，南连嵩岳，北濒黄河，山岭交错，易守难攻，历来是兵家必争之地。一旦虎牢落入西魏手中，东魏的首都邺城乃至高欢统治的核心地区河北、山东等地都将无险可守，成为西魏的攻击目标。

虎牢的战略地位由此可见一斑。

主意已定，高仲密开始了紧锣密鼓的行动。

经过他的主动请求和四处活动，他如愿以偿地被调任为北豫州刺史。

不过他名为刺史，却只能管民事，军事则由另一将领奚寿兴主管。

很显然，高欢对他有所提防。

但这难不倒他。

高仲密略施小计，便在酒宴上抓住了毫无防备的奚寿兴，接着他立即派遣使节到西魏向宇文泰投诚。

随后，他写信给四弟高季式，让他与自己一起行动。

高季式此时正担任晋州刺史，驻防在永安郡（今山西霍州）。

然而在二哥和高欢之间，他却毫不犹豫地倒向了高欢，接到信后，他马上前往晋阳向高欢请罪，高欢对他毫不怪罪，待之如初。

与此同时，高仲密还派人前往老家冀州，联络自己的宗族故旧，让他们在河北起事。

渤海高氏在当地树大根深，一时间整个河北人心惶惶。

高欢赶紧派出冀州另一大族渤海封氏的领袖封隆之。

毕竟高仲密在高家只能算跑龙套，而封隆之则是封家的男一号，他的影响力与高仲密相比，就像澳洲大龙虾比盱眙小龙虾一样——根本不是同一级别的，他一出马，河北很快安定下来。

高仲密的意外叛变让高欢非常恼火，他没有怪罪自己的宝贝儿子高澄，而是迁怒于崔暹，想要杀掉他泄愤。

幸亏高澄和陈元康苦苦哀求，高欢这才勉强作罢。

杀气和傻气

而宇文泰得到高仲密献城投降的消息，简直是欣喜若狂。

虎牢是他梦寐以求的地方，他清楚地知道虎牢的分量。

几年前他派独孤信等人攻打河南，就是因为受阻于虎牢而未能继续东进，而且侯景的反击也是从虎牢发起的。

只要占有虎牢，他就能进可染指富庶的山东和河北，退可保有河南。占据了虎牢，就相当于扼住了高欢的咽喉！

虎牢对于宇文泰的诱惑，不亚于潘金莲对于西门庆的诱惑，他无论如何都不可能不动心！

于是他立刻加封高仲密为侍中、司徒，同时果断决定，以大将李远为先锋，自己亲率大军前往救援高仲密，务必保住虎牢，作为进攻东魏的桥头堡。

而高欢当然也知道虎牢的重要性，他率领大军从晋阳南下，阻击西魏军。

一向信奉"快鱼吃慢鱼"的宇文泰进军非常神速，很快便到达了洛阳，随后他又派于谨继续东进，攻打柏谷（今河南偃师东南），接应虎牢的高仲密；自己则率西魏军主力包围了黄河南岸的河阳南城，目的是夺取河桥，阻止高欢的军队渡河。

然而高欢早就料到了宇文泰的这一动作，他已经提前派大将斛律金、刘丰等人率领数万精锐部队在河阳南城驻防，严阵以待。

宇文泰一时难以攻下固若金汤的河阳南城，而此时高欢率领的大军已经接近黄河北岸。

眼看高欢的军队就要过河，宇文泰突然心生一计。

他率军后撤至位于河桥上游的瀍（chán）曲一带（今洛阳东北部，紧邻瀍水），随后放出一批火船，顺流而下，想要烧毁河桥。

看着火船往东漂移，宇文泰感觉心旷神怡。

河桥即将化为泡影，高欢过河的希望也将化为泡影！

他仿佛看见了高欢在河边气急败坏地练习双脚跳的情景。

跳吧跳吧，你愤怒地跳，我得意地笑！

与此同时，斛律金正在苦苦思考应对之策。

他相信一定有办法，因为自然界的法则就是一物降一物，就好像做木工活时，榔头可以吃定钉子，钉子可以吃定木头。

想到钉子，他突然有了灵感。

他派出一百余条小船，船上都带有巨大的连着铁锁链的钉子，看到火船到来，就把小船靠上去，用钉子把火船钉住，随后再用铁链把船拉到黄河岸边。

河桥因此毫发无伤。

高欢随即率军从河桥过河，驻扎于邙山。

邙山为崤山的支脉，位于洛阳以北，黄河以南，海拔300米左右，是洛阳北面的一道天然屏障。

吸取了在沙苑之战时盲目冒进的教训，高欢这次非常沉稳，连续几天按兵不动。

多年前笔者喜欢下中国象棋，发现不少高手在开局时总是爱用"仙人指路"——兵三进一或者兵七进一。这一手看似多余，其实另有深意——试探对方意图，让对手先出招，然后找到对手的漏洞再一招制敌。

足球场上也有很多队伍喜欢这样做，不主动进攻，只等对方大举压上，后防露出空当，再抓机会打反击。不求赢得漂亮，只要赢得稳当。

通常这是面对强敌时采用的一种战术。

毫无疑问，对高欢来说，两次击败过自己的宇文泰就是强敌。

以静制动，后发制人。这就是高欢的策略。

休息，是为了走更远的距离。

等待，是为了找更好的时机。

他绝不轻举妄动。

他只做了一件事，那就是派出侦察兵严密观察西魏军的动向。

第十七章 瞬息万变，决战邙山

宇文泰开始动脑筋了，他可不愿这么耗下去。

因为他知道，拼后勤，他比不过高欢。

他决定主动出击，在拂晓时分赶到邙山，偷袭东魏军大营，杀高欢一个措手不及。

这天半夜，宇文泰命令部队饱餐一顿，把所有辎重都留在瀍曲，随后亲自率领全军向邙山进发，一路往东，衔枚疾进。

他踌躇满志，信心十足。

一方面，他对自己的判断力从不怀疑；另一方面，即使被高欢发现，他觉得最多也不过是预想中的突袭变成正面进攻而已，对于麾下这批西魏军主力部队的战斗力，他也从不怀疑。

然而，西魏军的一举一动都没能瞒过东魏的侦察兵。

侦察兵马上向高欢报告：目前西魏贼兵离我们四十余里，正在快速向东移动，听说他们是吃了一顿干饭来的。

高欢大笑起来：吃干饭？这一路上都没有水源，行到水穷处，渴死这群猪。嘿嘿！

他心头一阵狂喜，宇文泰，你到底还是年轻，沉不住气啊。

随后他立即下令集结部队，列阵迎敌。

公元543年三月十八日，黎明时分，经过几个小时的急行军，宇文泰率领的西魏大军抵达了邙山。

然而，出乎他的意料，东魏军阵容整齐，占据了有利地形，显然早已等候多时。

但宇文泰并不惊慌，狭路相逢勇者胜。

既然来了，哪有退缩的道理。

于是他把令旗一挥，顿时鼓角齐鸣，杀声震天，西魏军如潮水一般冲了过来。

高欢这次做了充分的准备，他自领中军，抵挡西魏军的正面攻击；同时他还出动了一支奇兵——大将彭乐和数千名精锐骑兵，高欢让他们向西魏军后方迂回包抄。

彭乐是继高敖曹之后的东魏头号猛将，他率军猛攻西魏军的北翼，如虎入羊群一般所向无敌，很快他就深入敌后，消失在高欢的视野中。

不久，有人向高欢报告：彭乐临阵投降敌军了！

彭乐这个人的历史就不清白，反复无常，看看他的履历表吧：先弃杜洛周投尔朱荣，再弃尔朱荣投韩楼，又弃韩楼再投尔朱荣，最后弃尔朱荣投高欢，标准的四姓家奴、人尽可夫。

一个女人如果连续四次红杏出墙，做她的老公一定没有安全感，要时时防范她再次红杏出墙；像彭乐这样连续四次倒戈投降的人，做他的主人也肯定没有安全感，难免要担心他再次倒戈投降。

因此高欢对这个消息，多少还是有一点相信的。

大战刚开始就有大将投敌，好比买新车的第一天就出了车祸，晦气得很。

高欢心里非常不爽，不过他嘴上还是很有风度：成败岂在一乐？——彭乐的反复不是决定战役胜败的关键因素。

然而，话音未落，高欢就发现西北方向烟尘四起，走近一看，原来是彭乐告捷来了。

俗话说，聪明常被聪明误，傻人往往有傻福。

这次彭乐的运气真是好，他一路包抄到敌后，竟然碰到了西魏军后方的战地观摩团，一下子就俘虏了西魏临洮王元柬、蜀郡王元荣宗、江夏王元昇、钜鹿王元阐、谯郡王元亮五位亲王以及四十八位将领。

高欢不由得转怒为喜：我就知道彭乐这小子不可能背叛我的。

一下子抓到了这么多大鱼，怎样才能发挥最大的作用呢？

高欢的脑子真是好使，他很快就想出了一个妙招。

他命人把这些俘虏全都反绑着手，绑成粽子一样，再把刀架到他们的脖子上，逼着他们来到两军阵前，一个个按照官位的大小大声报出自己的名字和官爵。

这一招的杀伤力极大，西魏军听说这么多王公贵族都成了俘虏，顿时失去了斗志，军心涣散，东魏军则信心大增，斗志昂扬。

高欢乘势命令全军发动总攻。

长途奔袭后又渴又累、如今又失去斗志的西魏军终于再也抵挡不住了，很快就溃不成军。

兵败如山倒，像受惊的鸟，快的命能保，慢的就挨刀。

这一战，西魏军大败，光是被斩首的就有三万余人。

高欢命令此战立下大功的彭乐追击宇文泰，要求务必将其擒获。

而宇文泰为他的这次轻率出击付出了惨重的代价，不过此刻他根本没

第十七章 瞬息万变，决战邙山

有时间后悔，由于身边的随从都已不知去向，他只能孤身一人，全速向西奔逃。

可是，想逃就能逃得了吗？

逃亡途中，宇文泰突然听到后面传来雷鸣般的声音：宇文黑獭，你的死期到了，往哪里逃？

他大吃一惊，惊得胆囊似乎都要飞出去了。

回头一看，不是别人，正是东魏猛将彭乐！

杀气，扑面而来的杀气！

然而宇文泰同时还看到了另外一样东西。

傻气，扑面而来的傻气！

他心里一下子安定了，仿佛风雨飘摇中的小船一下子找到了避风港。

因为他知道彭乐的底细，这个肌肉男是出了名的有勇无谋之徒，漫漫人生旅途，一直糊里糊涂。

他对彭乐的愚蠢程度还是很有信心的，这个人的智商和自己比起来，就好像猪八戒比诸葛亮，根本就不值一提。

总而言之，彭乐这傻小子特别容易被忽悠——据笔者估计，如果生活在现代，这家伙肯定是广大低水平骗子最理想的黄金客户。

宇文泰的反应很快，眼睛一眨，就想好了说法。

他勒住马，停了下来，回头大声说道：亲，你好傻，真的。你应该放了我。

彭乐一愣，忍不住脱口而出：为什么？

宇文泰不慌不忙地说道：如果没有了我，你肯定也没命了。狡兔死，走狗烹，你听说过这句话吗？"彭乐"和"烹了"，听起来是不是差不多啊。

看见彭乐若有所动，宇文泰连忙继续趁热打铁：抓了我对你没好处的。你还不如多拿点金银财宝，那个多实惠啊。

随后宇文泰把自己的金腰带递给了彭乐：纯金的，999克重，纯度达到8个9，快拿着这个回去吧。

"兔死狗烹"的说法，彭乐似乎也曾听说过。

这一瞬间，他觉得宇文泰讲的真是非常有道理，到底是领导，想的就是远啊。

是啊，抓什么宇文泰，关我什么事，我是来打酱油的。

他掉转马头，兴冲冲地拿着金腰带回营请功去了。

此时高欢正坐在大营中，憧憬着抓到宇文泰，随后再一统天下的美好蓝图。

天下英雄谁敌手？没有。三百年来我最牛……

见到彭乐回来，他赶紧问道：老彭啊，你追到宇文黑獭了吗？

彭乐得意扬扬地回答：当然追到了。我老彭出马，怎么可能追不到……

高欢非常激动，讲话都变成了海豚音：人，呃，人呢？

彭乐兴高采烈地说：黑獭从我的刀刃下漏网了，不过这小子已经吓得屁滚尿流了。

希望越大，失望也越大，高欢实在难以接受这个现实，忍不住骂了几句粗口，问候了他的女性亲属。

彭乐觉得挺委屈，便开始为自己辩解，他详细地讲了事情的经过，而且这个傻大个居然把宇文泰跟他讲的话全都一字不漏地说了出来——这是怎样的一种智商啊！

不过说完了这些，彭乐似乎也觉得有些不妥，又画蛇添足地加了一句：不为此语放之——我放他，可不是因为他讲的这些话啊。

这样一来，高欢彻底愤怒了，这么千载难逢的机会就被你给葬送了！

但他很快就冷静了下来，当务之急是怎么处置彭乐。

一方面，临阵放敌，应该严惩，以儆效尤；另一方面，他战功赫赫，应该重赏，以资鼓励。

很快高欢就有了办法。

他一把揪住彭乐的头发，摁着他的头往地上猛磕，连续磕了好几下，嘴里还厉声数落他在沙苑之战时的过失，同时他拔出刀，在彭乐的头顶上晃来晃去，连续三次做出要砍的样子，却始终没有砍。

彭乐被高欢撞得满脸是血，眼冒金星，脑袋嗡嗡直响，他这时也开始后悔了：高王，给我五千骑兵，我一定把黑獭给重新抓回来。

高欢被他弄得哭笑不得。

他知道，彭乐这人是真的缺心眼，当之无愧的天下混球第一名。

他的世界你永远不懂。

上天给了他虎一样的武力，同时也给了他猪一样的智力。

他就是把神经刀，要么取得正常人难以想象的超级战绩，要么犯下正常人难以想象的低级错误，要他运行在正常人的轨道上简直比笔者获得选美冠军的可能性还小。

吃鱼时被鱼刺卡到,你不能怪鱼,只能怪自己不小心,这次没有抓到宇文泰也不能怪彭乐,只能怪自己太大意——他其实根本就不应该派彭乐去执行这个至关重要的任务。

他用错人了,让彭乐去干这件事相当于让东方不败去泡妞,实在是太不合适了。

于是,高欢只好长叹了一口气:失去了如此难得的良机,再要抓住他除非出现奇迹。也许这都是天意,非人力所及,你也不必这样追悔莫及。

彭乐知道高欢的气已经消了,开始呵呵地傻笑。

高欢觉得惩罚也差不多了,无论如何,彭乐毕竟是功大于过,便说道:彭乐,你养寇自重,按律当斩。但念你立有大功,暂且赦免你。不过惩罚还是有的,我要用绢把你给压扁。哈哈。

随即高欢让人拿来三千匹绢压在彭乐身上,算是给他的封赏。作为一个作风严谨的理科男,笔者特意查了一下资料,一匹绢有447.6克重,三千匹绢的重量足有1.3428吨,比大众神车捷达还重345斤零6两。这也只有彭乐这样的大力士能承受得起,如果是普通人的话,只怕早就被压成了肉饼!

九死一生

再看宇文泰。

虽然遭到了一次惨败,部队伤亡过半,但他并不甘心,他从来只相信一句话:在绝望中寻找希望。不抛弃,不放弃。放弃是懦夫的标志,放弃是弱者的专利!

而他,绝不放弃!

他决定明天与高欢整军再战。

第二天一早,宇文泰召开战前动员会议,他斩钉截铁地说:顽强是胜利者的通行证,怯懦是失败者的墓志铭。虽然我军昨天遭到重创,但塞翁失马,焉知非福,东魏军一定想不到我们这么快就卷土重来。这次我们出其不意,攻其不备,定能一战成功,一雪前耻!

部队损失过半、自己死里逃生,依然毫不气馁全力争胜,依然保持着冷静的头脑,做出了正确的判断。

宇文泰的胆略和勇气，让人不得不服气！

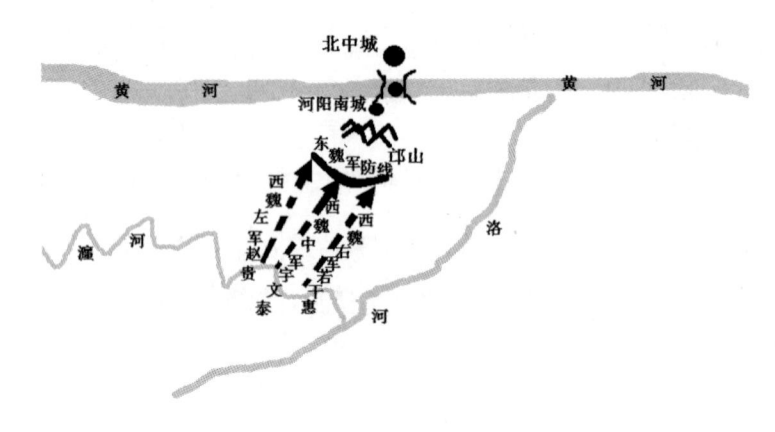

两魏邙山之战示意图

随后，宇文泰率领西魏军再次向邙山进发，他自己亲率中军，赵贵统左军，若干惠领右军。

这次他采取的策略是擒贼先擒王，集中全部兵力，猛攻高欢所在的中军。

西魏大将蔡佑一马当先，率先冲入敌阵，所向披靡，如入无人之境。由于他浑身穿着明光铁甲，在阳光下熠熠生辉，令人生畏，东魏军闻风丧胆，称他为"铁猛兽"。

果然如宇文泰所料，东魏军昨天刚取得一场大胜，以为西魏军元气大伤，士气受损，应该像刚受过重伤的伤员一样虚弱无力，甚至失去了行动能力，完全没想到他们竟然敢在战败的第二天就主动进攻，而且是如此猛烈的进攻。

因此东魏军毫无防备，只好仓促应战，但他们根本抵挡不住西魏军如狂风暴雨般的攻势。

高欢所在的中军被彻底击溃，他胯下的坐骑也中了流箭倒地，只好下马步行，西魏军立刻蜂拥而至。

千钧一发之际，东魏将领赫连阳顺把自己的马让给高欢，高欢慌忙打马夺路而逃，此时身边仅有七名部下跟随。

然而大批西魏军仍然紧追不放。

就像鲜花旁边少不了蜜蜂，美女身边少不了追求者，每个成功的老大身边也少不了愿意为他出生入死的小弟，高欢自然不会例外。

第十七章 瞬息万变，决战邙山

在高欢最危险的时候，亲信都督尉兴庆挺身而出了。

他对高欢说，大王，您快走，我留下来断后。我这里还有一百支箭，足以抵挡一阵。

高欢知道尉兴庆此次凶多吉少，便向他许愿：回去后我一定封你为怀州（今河南沁阳）刺史，万一你不幸为国捐躯，我就把这个职位给你的儿子，决不食言。高欢一向善于收买人心，对于下属，他很实际，从来不说那些像雾像雨又像风的空话。

尉兴庆的回答也很实际：要让您安全转移，这次我必死无疑。只是我儿子年纪尚小当不了刺史，我觉得您还是封我的哥哥更合适。

最终尉兴庆兑现了自己的诺言。

他死战到底，在箭全部射完后被西魏军所杀，但他的拼死抵抗，为高欢脱险赢得了宝贵的时间。

就这样在尉兴庆的帮助下，高欢终于暂时摆脱了追兵。

然而他并没有摆脱险境。

他即将面临更严重的危机——这次他的运气实在是太差了，在好不容易喝下了一瓶让他九死一生的苦酒之后，发现瓶盖上赫然写着：开盖有喜，再来一瓶。

这是因为，有人把他的位置信息告诉了宇文泰。

此人是个东魏士兵，他在前一天偷了头驴，依法当斩，但高欢因大敌当前，手头事情太多，没有来得及处理他，便把他关了起来，准备打完仗再说。没想到他在这时趁乱脱逃并投奔了西魏军，把高欢的藏身之处告诉了宇文泰。

宇文泰闻之大喜，立即派大都督贺拔胜执行这个斩首任务——率三千精锐前往捉拿高欢。

他相信，贺拔胜是最合适的人选。

首先，贺拔胜与高欢有深仇大恨。

他的两个兄弟都死于高欢之手。大哥贺拔允对高欢忠心耿耿，当年就是他用苦肉计帮高欢取得了六镇鲜卑的领导权，在高欢起家时立下大功，但高欢对贺拔允还是不放心，在东西魏分裂后不久就把他杀了；弟弟贺拔岳则是死于高欢的借刀杀人之计；而贺拔胜自己的根据地荆州也是被高欢抢走的。

高欢杀了他的兄弟,夺了他的土地,让他怎么能不死心塌地和高欢为敌!

其次,贺拔胜胆识过人,勇冠三军。

宇文泰曾经对将领们说过,诸将对敌,神色皆动,唯贺拔公临阵如平常,真大勇也——其他将领在打仗时多少会有些惊慌,只有贺拔胜始终面不改色。

最后,贺拔胜认识高欢,绝不可能认错人。

总而言之,如果说地心引力是丰满美女的天敌,那么贺拔胜就是高欢的天敌。

贺拔胜领命后立即出发,很快就找到了逃亡路上的高欢。

此时喘息未定的高欢正和少数几个随从聚在一起,商讨下一步行动方案。

突然看见来势汹汹的贺拔胜和西魏军的大队人马,高欢知道自己寡不敌众,不敢应战,拨马就逃。

高欢拼命策马狂奔,贺拔胜则率领十三名铁骑紧紧追赶。

追了几里地后,两人的距离越来越近,他手里的大槊几乎碰到高欢的后背了。

贺拔胜大声怒喝:贺六浑,贺拔破胡必杀汝——高欢,我贺拔胜今天一定要杀掉你!为我的兄弟报仇!

高欢已经嗅到了死亡的气息。

昨天是宇文泰大难不死,今天又轮到自己大难临头!

仅仅一天的时间就让人从天堂掉到了地狱,这缥缈而古怪的命运啊,你比世界上最难以追求的女子还难以捉摸,比世界上最翻脸无情的小人更翻脸无情,比世界上最不可思议的戏剧还要不可思议!

危急时刻,东魏河州刺史刘洪徽连发两箭,但都被身手矫健的贺拔胜一一躲过,只是射中了他身后的两名西魏骑兵。

随后贺拔胜再次举起大槊向高欢猛地刺去。

然而就在此时,他胯下的坐骑却突然马失前蹄,把他掀翻在地。

原来他的马已经中箭身亡!

射箭的是高欢的外甥——武卫将军段韶,他的头脑显然比刘洪徽更好使,他知道贺拔胜武功盖世,身手不凡,要射中他绝非易事,不过,人会躲箭算你能,马会躲箭不可能。

因此他瞄准了贺拔胜的战马。

关键时刻,头脑如此冷静,段韶后来成为一代名将绝非偶然。

等到贺拔胜从地上爬起,随从给他牵来备用马,高欢等人早已经消失得无影无踪。

贺拔胜忍不住长叹一声:今天我没带弓箭,这真是天意啊!

的确,以贺拔胜那举世无双的箭术,如果他有弓箭在手,高欢肯定是在劫难逃!

这一次追杀高欢未果,也让贺拔胜付出了惨重的代价。

因为他的家属此时尚在东魏,战后高欢为了报复,把他的几个儿子全都杀掉,贺拔胜听说后,愤恨交加,一代骁将不久就郁郁而终。

曾经叱咤风云的贺拔三兄弟从此彻底退出了历史舞台,让人唏嘘不已。

尘埃落定

战场的形势就像女人的心情一样瞬息万变。

虽然高欢的中军被西魏军击溃,但东魏军毕竟人多势众,在经历了一段时间的惊慌后,逐渐稳住了阵脚,随后他们在斛律金等人的指挥下开始反扑,猛攻西魏的左军,赵贵等人抵挡不住,竟然选择了三十六计的最后一计——走为上。

赵贵的这一撤退,导致了战局的逆转。

由于西魏军在前一天刚刚受到重创,损失了好几万人,现在左军再一撤,人数上的劣势就更为明显,对军心的影响更是不可估量。

而东魏军则因此士气大振,刚刚逃过一劫的高欢立即下令全线反攻。

宇文泰不是个轻易认输的人,不到最后关头,他绝不轻言放弃,他依然指挥西魏军的中军和右军顽强抵抗东魏军的反扑。

但有句话是这么说的:功夫再高,也怕菜刀;斗志再强,也怕人少。

西魏军毕竟兵少将寡,毕竟不是钢筋铁骨,毕竟也会感到疲劳,因此到了傍晚时分,整整厮杀了一天的西魏军在体力上已经到了极限。

此时他们搏斗基本靠手——刀箭没了;行动基本靠腿——马没了;呼吸基本靠喘——太累了;精神基本崩溃——信心没了。

他们再也无法坚持下去了,终于开始全军溃败,并且很快就一发不可收拾。

宇文泰不仅有理想,也有理智,在这种情况下,他再顽强也不能勉强,再不甘心也只能死心。

他知道事已不可为，只好无奈地下令撤兵。

高欢当然不会放过这个好机会，他立即下令东魏军全军出动，追击宇文泰。

西魏大将于谨和独孤信收集残兵，在路边举起白旗向东魏军投降。

沉浸在胜利中的东魏军不疑有诈，加上此时正忙于追击西魏军残部，自然来不及举行受降仪式，更来不及解除于谨等人的武装。

等他们过去后，于谨和独孤信突然率军从后面杀出，东魏军猝不及防，顿时一片混乱，宇文泰等人这才得以趁乱全身而退。

西魏大将若干惠所部此时已经脱离了大部队，成了一支孤军，大批东魏军紧紧追赶。

若干惠看到难以摆脱追兵，便干脆不跑了，他竖起大旗，吹响号角，同时命令炊事兵埋锅造饭，说：长安死，此中死，异乎？——死在长安还不如死在这里，不管他，吃饱了再说。

东魏军看到敌方这种架势，怀疑有伏兵，反而不敢追了。

若干惠因此得以率军安全返回。

高欢连夜率军一鼓作气一直追到陕州一带（今河南陕县），此时部队已经人困马乏，便暂时在此地宿营。

行台郎中封子绘（封隆之之子）对高欢说，当年魏武帝曹操平定汉中后没有趁势进军巴蜀，以至于抱憾终生。现在正是我们完成统一大业的最好机会。大王切莫迟疑，否则将后悔莫及。

高欢对此深表赞同，于是马上召集诸将开会商议。

然而将领们却纷纷对此投了反对票：我军连续作战，人马疲惫，不可远追。

深受高欢父子信赖的相府功曹（丞相府秘书长）陈元康则力排众议：这是灭掉西魏的天赐良机。机不可失，咱们一定要乘胜追击。

武将们还是反对：你们文人怎么知道打仗的辛苦？你们在后方啃着香肠，我们却在前线血洒疆场。我们实在是太累了……

而一向小心谨慎的高欢这时也有了新的顾虑：如果我军在追击的时候遇到西魏的伏兵，那麻烦可就大了。

不过，陈元康还是胸有成竹：咱们上次在沙苑吃了败仗，他们尚且没有埋伏。更何况这次他们是惨败，逃命还来不及呢，怎么可能设有埋伏？如果这次咱们不穷追猛打而是放虎归山的话，肯定是后患无穷啊。

高欢沉思了很久，考虑到武将们的态度，向来体恤将士的他最终还是没有采纳陈元康的建议，只是派大将刘丰率几千人继续追击西魏军——这么少的兵力，显然只不过是做做样子罢了。

他自己则率大部队向东返回休整。

高欢就这样失去了彻底灭掉西魏的最好机会，这让他后悔不已，甚至至死都耿耿于怀。

与敢于冒险的宇文泰相比，高欢的优点是谨慎和稳重，缺点是过于谨慎和稳重，少了那种虽千万人吾往矣的放手一搏的霸气！

奉命追击的刘丰很快就来到了弘农（今河南灵宝）。

驻守弘农的是西魏大将王思政。

他本是奉命前往接收虎牢的——去年死守玉壁的成功让他名震天下，因此宇文泰让他去镇守虎牢这个战略要地。没想到他刚赶到弘农，西魏军就已经败退回来了，宇文泰便让他守卫弘农，以掩护自己撤退。

但弘农城地势并不险要，而且缺兵少将，要守住谈何容易。

王思政向来胆大，他决定赌一把：他让人把城门打开，同时对将士们许诺：有我在，没什么好怕的。

他相信一个原则：爱露就别怕走光，爱赌就别怕输光。

因此他只是解衣而卧，除此之外什么也没做。

手下人急了：敌人马上要来了，您倒好，一天到晚睡觉，床倒是吃得消，咱们可吃不消啊。

王思政却只是笑而不答。

而来到城下的刘丰看到弘农城四门大开的情形，又听说守城的是诡计多端的王思政，加上高欢一再提醒他要小心行事，所以他不敢再往前进，犹豫了一番后便匆忙撤兵。

王思政这个赌徒又赌赢了一次。

此后，他还会一赌再赌，直到赌无可赌。

宇文泰也因此得以安全返回关中。

但因为这一战损兵折将，便上疏西魏文帝元宝炬请求降职，元宝炬是个明白人，哪有员工给老板降工资的道理，自然是坚决不许。

这一战便是历史上著名的"邙山之战"。

战役的过程可谓波澜起伏，高潮迭起。在短短的两天时间，戏剧性的转折多次出现，宇文泰和高欢相继遇险，两人都曾命悬一线，但都幸运地逃过一劫。

这一战的结果是宇文泰遭受了他一生中最惨重的一次失败，而高欢虽然最后获胜，但也付出了很大的代价。

至此东西魏之间四次大战，双方各胜两场，二比二，打成平手。用评书来形容，那就是：棋逢对手，将遇良才。用成语来形容，就是：旗鼓相当，势均力敌。

而这次邙山大战也是两位绝代枭雄的最后一次正面交锋。

此时虎牢城还在西魏军手中，宇文泰派使者给守将魏光送信，要求他坚守虎牢。

没想到这使者居然在路上被侯景截获。

机灵的侯景将计就计，把信的内容改为"请马上撤离虎牢"，再让人假冒西魏使者送进城内。

由于宇文泰在邙山落败，城内的西魏守军早已人心惶惶，接到这封信，守将魏光和高仲密等人如蒙大赦，连夜逃回西魏境内。

侯景就这样不费一兵一卒，兵不血刃地夺回了虎牢。

由于高仲密逃得极其狼狈和仓促，导致他的家人还都留在城内，最后他的妻子儿女一个不漏地全部被擒。

高欢考虑到渤海高家对自己贡献巨大，因此并没有牵连高家的其他人，只把高仲密一家问了死罪，但不包括他的妻子李昌仪。

因为高澄出手救了她。

听说李昌仪被抓后，高澄特意打扮一番穿戴一新，骑着一匹白马，以胜利者的姿态来到监狱，这个白马王子（高澄早就被封为渤海王）得意扬扬地对灰姑娘（灰头土脸的李姑娘昌仪）说：今日何如？——现在你还有什么打算？

丈夫逃亡、家破人亡，到了这个地步，李昌仪这样一个孤苦伶仃的弱女子还能有什么办法，显然摆在她面前的只有两个选择，要么做高澄的妾，要么被高澄屠灭；或者说要么出台，要么上断头台。

求生欲和性欲一样，是每个人与生俱来的本能。

为了求生，她只能无奈地低下了自己曾经高傲的头，拜倒在高澄的"石榴裙"下。

然而在得到李昌仪以后，高澄似乎并不是很宠幸她。对他这样的花花公子来说，得不到的才是最好的，得到了就不会珍惜——这似乎也是除笔者以外很多男人的通病。也许高澄所追求的只是外遇和艳遇，只是新鲜感和征服感。对他来说，最让他迷恋的女人总是下一个。

而李昌仪这个大美女兼大霉女，我觉得她的资历足可以担任"红颜祸水"协会的会长，用"乱世佳人"（祸乱世界的佳人）来形容她是再恰当不过了，在十几年以后，她还会在北齐的宫廷里引起一场君废臣死的轩然大波（参见笔者的另一本书《彪悍南北朝之铁血后三国》）。

为了得到一个女人引起了一次惨烈的大战，无数的士兵肝脑涂地，自己的父亲也差点就义，这个坑爹的高澄却没有一丝一毫的悔意，他有的只是快意。

在他看来，只要是他想要的，他就一定要得到。

不管是采用什么手段，也不管付出多大的代价。

他就有这么一股狠劲。

第十八章 改变中国历史的关陇集团

高澄打老虎

邙山之战后,高澄把这股狠劲用在了打击贪腐方面。

毫无疑问,他这么做肯定得到了高欢的授意和支持。

而高欢之所以这样安排显然是经过深思熟虑的。

一方面是因为东魏官场贪污腐化的风气愈演愈烈,民愤越来越大,再不反腐就会影响到社会的稳定,不反不行。

另一方面是他自己一向以宽宏大量的形象示人,对这些老朋友老部下有点拉不下脸面;而高澄则没有这些顾忌,可以放开手脚干。父子两人可以一个唱红脸,一个唱白脸,一打一拉,遇事也可以有转圜的余地,不至于闹得不可收拾。

此外还能借此树立高澄的威信,以便将来顺利接自己的班。

一石三鸟,这正是高欢的高明之处。

公元544年三月,二十四岁的高澄被加封为大将军、领中书监,总揽东魏朝廷的军政大权,开始整顿吏治。

一场轰轰烈烈的反腐行动就此拉开了序幕。

高澄这个小帅哥看上去挺阳光,做事也挺阳光,不过是盛夏40℃桑拿天里中午一点的阳光——无比毒辣。

太保孙腾倚仗着自己是老资格,对子侄辈的高澄颇有些不敬,高澄马上让人把孙腾拉下去,用刀柄揍了一通,还让他在门外罚站,使其丢尽了面子。

就连高欢的妹夫库狄干有事求见侄子高澄,也受到了极大的冷遇。

高澄让他的姑父在外面等了整整三天才允许他进来。

第十八章 改变中国历史的关陇集团

这一切当然离不开高欢的支持。

高欢之前曾特意向大臣们打招呼：儿子浸长，公宜避之——我儿子已经成年了，大家要避免和他发生冲突。

高澄就这样树立起了一个高高在上、铁面无情的形象。

他这种蛮横霸道的风格与性情宽厚的高欢截然不同——不过我个人认为他的做法似乎有些太过强硬和不近人情，对元老派缺乏必要的尊重，难免让这些元老感到愤愤不平，这恐怕也是后来高欢死后侯景不服他而造反的重要原因吧。

一个好汉三个帮，高澄也为自己找了几个好帮手。

他任命崔暹为御史中尉（监察部部长），宋游道为尚书左丞（宰相助理），对他们两人极为倚重，尤其是崔暹。

为了抬高崔暹的地位，高澄可是费了不少脑筋。

有一次在宴请文武百官的时候，高澄特意安排崔暹最后一个到场，并且亲自到门口迎接他，随后两人互相作揖，相对而坐。

不料屁股还没坐热，刚喝了几口酒，崔暹就要提前先走。

高澄则再三挽留，甚至有点谄媚：下官薄有蔬食，愿公少留——下官备有酒菜，请大人赏点面子。

而崔暹对此却根本不买账，连句客气话都没有：适受敕在台检校——刚才皇上要我在御史台查阅文书。

随后他虎躯一震，头也不回地走了。

高澄只好毕恭毕敬地把他送到门外，在场的所有人都看得目瞪口呆。

连高澄都对他这样低声下气，崔暹的形象顿时高大起来。

官员们的感觉就好像自己是郭敬明，而崔暹则是姚明，明显高出自己不止一头。

还有一次，高澄带着文武百官出游，正好在路上碰到了崔暹带着一大帮人出巡。

那些随从根本不管是谁，举起大棒就打，高澄则赶紧回马避让。

其实高澄的目的很明显，那就是要让官员们知道，崔暹这个人是连我高澄也得罪不起的，如果被他这个监察部部长盯上了，你们就只有死路一条。

高澄对崔暹等人如此看重，他们自然要好好地表现一番。

崔暹首次出手就是大手笔，他弹劾了尚书令司马子如、咸阳王元坦、并州刺史可朱浑道元等一大批省部级以上的高级官员，而宋游道的打击范围则更广，他一下子把司马子如、元坦以及太保孙腾、司徒高隆之、司空侯景、尚书元羡等人全部参了一遍。

高澄觉得，如果打击面太大，会影响到和谐和稳定，且缺乏可行性。

正所谓：捶腰要对准腰眼，反腐要抓住重点。要起到威慑作用，就得挑其中最有代表性的下手。

尚书令司马子如不幸中枪。

从个人关系来看，司马子如是高欢当年在怀朔时的旧友，又曾凭借三寸不烂之舌救过高澄，与高家父子的关系非同一般；

从职位来看，司马子如担任尚书令，位高权重，相当于首辅，与孙腾、高岳、高隆之并称为"邺城四贵"；

从表现来看，他这个首辅其实堪称首腐，滥用职权，公然大肆纳贿，毫无顾忌，聚敛不息。

要警示大家，表示自己专啃硬骨头，不捏软柿子，司马子如无疑是高澄最好的靶子。

因此崔暹的弹劾奏章刚出来，高澄便立即采取行动，直接把司马子如给关进了监狱。

昨天还在表彰模范，今天自己却成了囚犯；昨天还呼风唤雨，今天却身陷囹圄；昨天还左拥右抱，今天却担心小命不保。

这个反差实在是太大了，让向来养尊处优的司马子如怎么能接受得了！

仅仅一夜之间，他的头发就全白了。

无奈之下，他只好写信给高欢，追忆旧情，低声下气地乞求宽恕。

高欢负责唱红脸，便给高澄授意：司马令，吾之故旧，汝宜宽之——尚书令司马子如，是我相知多年的老朋友，你还是饶了他吧。

得到这个命令后，高澄却并没有直接放人，而是耍了个花招。

他故意让人把司马子如用囚车拉到大街上，随后打开其枷锁，把已经吓得面色煞白、腿脚都不听使唤的司马子如拖下了车。

司马子如一边哆嗦，一边战战兢兢地说：你这，这不是要杀了我吧。

当然不会杀他。

毕竟高欢是个念旧的人，这只不过是吓吓他而已。

对他的惩罚是免去一切职务，一降到底，贬为平民。

第十八章 改变中国历史的关陇集团

过了一段时间，高欢来到司马子如家里看望他，眼前的景象让高欢大吃一惊。

司马子如看上去憔悴不堪，穿的衣服像是垃圾堆里捡来的，头发乱得像刚拖过地的拖把，而且上面还满是虱子，和以前比像是完全换了一个人。

短短几个月时间，司马子如就从一个万丈豪情的高干变成了万念俱灰的乞丐，从一个意气风发的风流才子变成了意志消沉的糟老头子。

他看上去十分颓废，甚至接近报废。

看到高欢，司马子如忍不住大哭起来：高王啊，我早就不想活了，我用豆腐撞头，用白菜割喉，用面条上吊，都没死成。你还是杀了我吧！呜呜呜……

看到老朋友现在这个样子，高欢不免感到心里有些不忍，便亲自为他捉虱子，还送给他一些米和酒，当然也乘机做了不少耐心细致的思想政治工作。

先是开导他，受苦别怨政府，点背别怪社会，要从自己身上找原因；接着再给他承诺，只要他肯悔改，就会重新起用他。

司马子如当然是连连点头。

不久之后，司马子如被重新起用，担任行冀州事（代理冀州刺史），他果然痛改前非，在当地声誉很好，深受百姓爱戴。

处理了司马子如以后，高澄又开始大义灭亲，把矛头对准了自己的姑父——高欢的姐夫尉景。

尉景这个人打仗非常不行——韩陵之战时高欢的所有下属中就他一个人败了；贪污受贿倒是非常在行，贪财好货，贪得无厌。

此外，他还极其残暴，草菅人命，据说一次打猎就搞死了三百人——这到底是打猎还是打人？

因此尉景在当时名声很坏，臭名远扬。

也许是他做得实在是太过分了，甚至连他的连襟——时任太保的厍狄干也看不下去了。

有一次厍狄干和尉景一起在小舅子高欢府里做客，厍狄干对高欢说他想要当御史中尉。

高欢很奇怪：人往高处走。你怎么主动申请降职？

厍狄干一本正经地回答：要捉尉景。

高欢听了很受触动，但他对姐夫尉景感情还是很深的，不好意思直说，便安排了一场戏。

高欢让伶人石董桶去捉弄尉景。

石董桶是当时的著名笑星，深受高欢的宠爱。

得到高欢的授意后，他直接走过去就脱尉景的衣服，尉景自然不从，但毕竟岁数大了，体力不支，挣扎一番后，也就只好从了，不过嘴里还在大叫：石董桶，你个臭流氓，大庭广众之下，你居然脱我衣服，你想干吗？不会是想……

石董桶回答得非常干脆：你可以盘剥百姓，我董桶为什么不可以剥你！

看到火候差不多了，高欢赶紧叫停了石董桶，同时趁机劝诫尉景：姐夫啊，以后不要再贪了。如果老是想着坐以待币，迟早会变成坐以待毙。你看连演戏的都对你有意见了，往后你还是改改吧。

没想到尉景居然振振有词地回答，当官不以钱为主，不如回家卖红薯。今宵有酒，难道不醉吗？对着打开的酒瓶，难道不喝吗？贪污不是很正常的事嘛。更何况，我只不过是拿老百姓的东西，你却连天子的东西都拿。和你比，我根本就是小巫见大巫。说我贪污，我才刚上路呢！

看着这个不成器却对他有着养育之恩的姐夫，高欢也无可奈何，只好苦笑而已。

这次，高澄和崔暹等人大搞廉政风暴，臭名远扬的尉景自然也成了他们的重点关注对象，很快就被抓住关了起来。

尉景让人转告高欢：小儿富贵了要杀我！——当年高欢小的时候可是在他姐夫尉景家里长大的。

高欢当然不会杀尉景，只是想借此警告一下他而已。

于是他做足了戏份，亲自跑到邺城，向皇帝请求宽恕尉景，连续请求了三次，孝静帝才勉强答应。

其实他这样做的目的是让尉景知道，你的民愤有多大，我为你求情有多么不容易，如果下次再不改，恐怕连我高欢也救不了你了。

尉景回家后，高欢再次登门安抚，对他做了深刻细致的思想工作。

不知道是因为被高欢所感动，还是因为害怕所以不敢动，反正后来尉景变了——他不久被重新起用为青州刺史后，所作所为和以前大不相同，史称其"操行颇改，百姓安之"。

尉景是高欢的至亲，司马子如是高欢的好友，这两人尚且先后入狱，对于其他人，高澄当然更不会客气。

咸阳王元坦、尚书元羡等王公贵族先后被免职，而被贬被杀的东魏官员更是不计其数。

官员们对崔暹等人畏之如虎，现在他们都知道一个道理：茶叶被雨淋到，不一定会发霉；谁被崔暹盯上，就一定会倒霉。

高欢对崔暹的工作也十分满意。

他当着文武百官的面，握着崔暹的手激动地说：你干得太好了，高欢父子感激涕零，无以为报。

随后他赏给崔暹一匹名马。

崔暹慌忙拜谢。

不料那马突然受惊而走，高欢马上亲自前去把马牵了回来，再亲手把缰绳递给崔暹。

受到如此的礼遇，崔暹等人自然干得更加卖力。

这边是高澄指使崔暹等人查办贪腐毫不留情，那边是高欢对官员们晓之以理，动之以情：咸阳王元坦、尚书令司马子如等人都是我多年的老朋友，要论尊贵，论关系，你们谁也超不过他们。但是如今御史崔暹秉公执法，我也没有办法救他们。各位都要引以为戒！

高欢父子两人一刚一柔，一打一拉，在他们的默契配合下，东魏的官场风气为之一振，贪污腐败的现象得到了明显的遏制。

八柱国十二大将军

在东魏反贪的同时，三十七岁的宇文泰也在为巩固自己控制的政权而殚精竭虑。

在河桥和邙山的连续两场硬仗都告失败，他现在终于清醒地认识到：凭借自己的实力，要想一下子消灭强大的东魏是不太现实的。

他绝不能再急于求成，宁愿等水到渠成。

他必须学会为获得而放弃，为飞奔而缓行。

他要厚积薄发，蹲下是为了起跑更快，蓄水是为了水流更猛。

此后的他将会变得更加从容，不再会冲动；也更加稳健，不轻易亮剑。

然而这两次战败也让宇文泰麾下的西魏军元气大伤,尤其是邙山一战,一下子损失了六万多精锐兵士,与东魏的实力差距一下子就被拉大,宇文泰的危机感也越来越强。

怎么办?

难道就这样认输?

不,这不是宇文泰的性格。

有人把失败视为结果,有人把失败视为过程。

毫无疑问,宇文泰属于后者。

他认为,人生道路如果没有曲折,正如女人没有曲线一样,是不完美的。

他相信最后的胜利一定属于他。

他从来没有失去信心。

不在危机中图强,就在危机中灭亡。他必须在绝望中找到希望,成为浴火重生的凤凰!

要发愤图强,他就必须要找到新的有生力量。

然而西魏除了关中和陇右地区,其余大多数地区的人口比大熊猫还稀少,有些地方甚至达到了传说中那种"千山鸟飞绝,万径人踪灭"的最高境界。

要增补兵员,显然只有从关陇地区着手。

不过,这一带向来是汉人聚居之地,而中国北方自从少数民族南下以来,数百年来的规矩一直是鲜卑人当兵,汉人耕作。

但此时的宇文泰已经别无选择。

日子想要过,规矩就要破。

只是,让汉人打仗,能行吗?

宇文泰觉得能行,他相信,实践出真知,一个汉人如果不接触战事当然体现不出军事才能。

于是他果断发布命令,打开大门让汉人从军,按照史书的记载就是:广募关陇豪右以增军旅。

这是一个历史性的转变,这也是一个伟大的开始。

虽然此前汉人也有拿起武器的,但那大多是属于某一个大家族的私人武装——乡兵,主要用于自保,而这次则有根本性的不同,因为他们加入的是有正规编制的政府军。

但摆在宇文泰面前还有一个棘手的问题：

如何调和军队中鲜卑人和汉人之间的矛盾？

如何恢复汉人的尚武之风？

如何把鲜卑人和汉人的文化彻底融合在一起？

经过反复思考，以及与他最信任的汉族智囊苏绰、卢辩等人的反复讨论，宇文泰终于有了自己的应对策略，那就是使鲜卑化和汉化相结合。

这其实也是不得已而为之。

包括宇文泰本人在内，西魏军方的高层大多是出身于代北武川等地的鲜卑人，他们本能地反对汉化，要取得他们的支持，就必须鲜卑化；而西魏的核心地区关陇一带又向来是汉人大族的地盘，如今汉人在军队中的比例也越来越高，因此考虑到汉人的诉求，他又必须同时有汉化的政策。

既要鲜卑化，又要汉化，相当于在同一时间既要唱歌又要吹口琴，看上去似乎自相矛盾，似乎是个无解的难题。

但宇文泰此时已经别无选择，除此之外他已无路可走。

没有什么东西比无路可走更能激发人的创造力，正如没有什么东西比饥饿更能激发人的食欲一样。

在无路可走的压力下，在苏绰等人的帮助下，宇文泰创造性地找到了两个法宝。

一个是周礼，这是针对汉人的。

关中是周文化的发源地，因此周礼在关中汉人中有很深的群众基础。

另一个是鲜卑部落军制，这是鲜卑人最想要的。

当年鲜卑拓跋部的首领拓跋邻把管辖的大大小小的部族分为七个大部落，分给七个兄弟统领，连同帝室，合称鲜卑八部。正是八部鲜卑的制度造就了北魏帝国的辉煌，所有的鲜卑人都对此引以为豪，就像如今所有的中国人都对强汉盛唐引以为豪一样。

这两个法宝结合在一起，一种历史上影响深远的新的军制——府兵制就此诞生。

宇文泰的构想十分巧妙，他先是设置六军，恰好与周礼相合；再仿照鲜卑早期部落兵制的八部制，设置八名柱国大将军，相当于八大部落的首领。

柱国大将军之名始于孝庄帝时期的尔朱荣。

这个孝庄帝是个标题党，喜欢在封号上做文章。当时他觉得尔朱荣功劳太大，实在是赏无可赏，便发明了柱国这个封号并把它授予了尔朱荣，意为国之柱石。

现在宇文泰觉得这个名字挺顺耳，便抄袭了孝庄帝的创意，重新启用了这个封号。

但是这就导致了一个问题：总共只有六军却要配八大柱国，相当于六个美女配八个猛男，怎么分配？

事实上，八大柱国中间确实有两个柱国是不直接统军的。

一个是宇文泰本人，作为西魏的实际统治者，事实上的最高领袖，他自然不会只统一军；

另一个是元氏皇族的代表——广陵王元欣，安排他当柱国大将军只是用于装点门面，表示尊崇皇室，当然不可能让他实际统率军队，最多只能统领皇宫里那九百九十九朵玫瑰。

其余的六大柱国，则每人各统一军。

这六大柱国分别是：

李虎、李弼、独孤信、赵贵、于谨、侯莫陈崇。

六人中间，李虎、赵贵、侯莫陈崇三个武川老乡都是随贺拔岳一起出征关中的，当时他们与宇文泰的地位相当，甚至更高一筹（与他们几个齐名的寇洛在此前的公元539年已经去世），因此他们三人的入选可谓毫无争议；

李弼原是侯莫陈悦的副手，且自从率部投诚以来一直战功赫赫，威望很高，入选堪称实至名归；

独孤信代表着贺拔胜的荆州势力，又和宇文泰是武川同乡，现在贺拔胜已死，他自然要占据一个名额；

于谨是宇文泰最早的追随者之一，这个战略大师一直在为宇文泰出谋划策，相当于他的总参谋长，是宇文泰亲信中的亲信，加上他本人的资历又很老，当然也要占有一席之地。

这六大柱国每人督率两位大将军，共有十二位大将军。

十二大将军分别是：

元赞、元育、元廓、宇文导、侯莫陈顺、达奚武、李远、豆卢宁、宇文贵、贺兰祥、杨忠、王雄。

这其中，元赞、元育、元廓是元氏皇族的三个代表人物。投胎是门技术活，投在末代皇家还想统兵打仗除非是他自己不想活，因此他们三人只是徒有其名而已。

这"三元"就和现在的三元人民币差不多，作用微乎其微，几乎可以忽略不计；

另外的九人中，侯莫陈顺是侯莫陈崇之兄，豆卢宁和李弼一样都是侯莫陈悦的降将，杨忠和独孤信一样都曾是贺拔胜的部下；宇文导是宇文泰的侄子，贺兰祥是宇文泰的外甥，宇文贵是宇文泰的宗亲，达奚武、李远、王雄三人都是宇文泰的亲信爱将。

由此可见，对于八柱国和十二大将军的人选，宇文泰可谓煞费苦心，充分考虑到了各方面的因素和各派系各山头的平衡。

这十二大将军，每人又各领开府二人，每一开府各领一军，是为二十四军。八柱国、十二大将军、二十四开府，由此构成了府兵制的完整组织系统。通过设置八柱国和十二大将军，宇文泰将各派系的首领由单纯的军事将领变成了西魏朝廷的政治贵族，大大提高了他们的政治地位，实现了他们由边疆镇将到开国元勋的政治野心。

从此以后，你们不仅是将军，还是元勋；不仅是功臣，还是豪门。

你们将和我一起，共同开创一个新的时代！

与初成雏形的府兵制相配合，宇文泰还推行了另外两个重要措施。

一是改籍贯。

由于宇文泰和他手下的高级将领大多不是关中人，而是外地移民。他们不是出身于六镇，就是来自中原，这些地区目前大多是东魏的地盘，而且很多将领的家属依然滞留在东魏境内。为了解决大家的思乡之苦，也为了让大家死心塌地地留在大西北，宇文泰大笔一挥，把大伙的籍贯全部改为关中。

据某些史学家考证——注意，不是笔者说的。大批本来出身寒微的汉族将领，纷纷借此机会，名正言顺地将家世改为关陇一带的士族高门，如李虎改称陇西李氏，杨忠改为弘农杨氏等。

二是让鲜卑人恢复鲜卑旧姓和对部分汉人赐鲜卑姓。

恢复鲜卑旧姓是为了迎合鲜卑贵族反汉化的思潮，因此易于推行。但赐汉人以鲜卑姓就不那么容易了。

对重视姓氏、崇奉祖宗、家族观念极强的汉人来说，改姓一时很难被接受，但宇文泰采取的赐姓措施是十分巧妙和含蓄的，让人难以拒绝。

因为他在赐姓时往往伴随官职升迁，而且大部分情况下与爵位和食邑的增封同时进行。官位的升迁是光宗耀祖的事，这减轻了汉人心中"不敬祖""不孝"的心理压力，经济上的实惠也使他们得到了可观的好处，加强了家族的经济实力。

这样一来，赐姓对汉人来讲，不再是强加的灾难，而成为一种奖赏和荣誉。

正所谓：理论联系实惠，肯定没人反对。

当然宇文泰赐姓也并不滥，西魏被赐姓者，大多是功勋卓著的功臣勋贵，或者财雄势大的名门豪族。

举几个比较有名的例子。

李虎赐姓大野氏，名字自然也就成了大野虎——幸亏名字不是李基或者李柱，否则叫成大野鸡或者大野猪就更加难听了。他的孙子唐高祖李渊读起来倒是很有气魄——大演员（大野渊）。

李弼赐姓徒河氏，名字可读成图和笔（徒河弼）。

赵贵赐姓为乙弗氏，名字可读成衣服贵（乙弗贵）。

杨忠赐姓普六茹氏，名字是普六茹忠，他儿子隋文帝杨坚，则名为普六茹坚，笔者觉得这父子俩的名字倒是绝配。

王雄赐姓可频氏，读为可平胸（可频雄）。

蔡佑赐姓大利稽，读起来就是大力机油（大利稽佑）……

通过复姓和赐姓，宇文泰的目的是希望鲜卑族和汉族成为一体，减弱胡汉双方的矛盾。不过笔者认为，改姓是否真的起到了他所期待的作用，似乎值得商榷。

我个人感觉这一点似乎并没有得到汉人的真正认同，比如三十几年后，汉人杨坚执掌北周政权后的第一条命令，就是让所有被改成鲜卑姓的汉人恢复汉姓。

当然总的来说，宇文泰的这一系列政策还是非常成功的。

如果说汉人是水泥，鲜卑人是黄沙，那么宇文泰的这些政策就是水，最终把他们混合在了一起，不分彼此，成为坚不可摧的混凝土。

一个融合胡汉双方文化的新集团就此横空出世！

这个集团以西魏的八大柱国、十二大将军为核心，被后来的史学家称为"关陇军事贵族集团"，并在短短几十年内就成为北方地区乃至整个华夏大地的主宰者。

正是他们及其后代先后建立了西魏、北周、隋、唐四个朝代，带领中华民族走出了东汉末年以来近四百年四分五裂的漫漫长夜，开创了三百多年统一繁荣的隋唐盛世，把历尽沧桑的古老中国推上了历史的巅峰！

第十九章　应变无穷，巧战玉壁

孤注一掷

转眼到了公元545年。

高欢觉得自己老了。

岁月是把杀猪刀，谁也挡不住它催人老。

再傲人的胸围，也有下垂的时候；再厉害的英雄，也有老去的一天。

此时的高欢已经年近半百，按照当时的平均寿命，应该算是步入老年了，当年与他一起并肩作战的老战友如封隆之、李元忠、蔡俊、段荣等人都已先后离开人世，而他年轻时立下的"澄清天下"的壮志依然没有完全实现。

他隐隐地感觉到留给自己的时间不多了。

如果不能在有生之年实现这个梦想，他无论如何也不甘心。

时不我待，只争朝夕。

他决定再次发起对西魏的战争。

这次他必须要直捣长安，一举灭掉西魏，只许成功，不许失败。

因为这也许是他人生的最后一次机会。

高欢为此做了周密的策划和充分的准备。

先从他擅长的外交入手。

他让孝静帝迎娶吐谷浑（今青海、四川西北一带的少数民族政权）可汗的堂妹为妃，与吐谷浑搞好了关系，以便让他们在后方骚扰西魏军。

为了得到柔然的支持，高欢又派使者到柔然，为他的世子高澄向柔然可汗的公主求婚。

没想到头兵可汗狮子大开口：除非你高王自己娶才可以，而且必须是正妻——不知道他是怎么想的，难道柔然公主有恋父情结？

第十九章　应变无穷，巧战玉壁

这个要求让高欢感到非常为难。

他开始犹豫不决。

没想到深明大义的妻子娄昭君却主动劝他：国家大计，切勿迟疑。

高欢如释重负，随后他亲自前往边境，迎娶柔然公主为妻。

柔然公主一到晋阳，娄昭君就把自己所居住的正室让给她住，还对高欢说，我们断了往来吧，以免公主看到了心里不舒服。忘了我吧，亲爱的贺六浑。曾经的一切，放在心里；过去的感情，留作回忆。

娶了柔然公主，高欢非常辛苦。

这个公主性格倔强，终生不肯学说汉语和鲜卑话，高欢和她之间除了肉体的交流，根本就没有任何语言的交流，更没有情感的交流。

这倒也算了，关键是她还要求高欢每天晚上都必须到她房间过夜，尽丈夫的义务。即使高欢病了也不行，必须带病坚持工作，总之是全年无休。

这样的工作强度，对于五十岁的高欢来说，实在是勉为其难。

他根本就不可能感到受用，只会感到受累和受罪，以至于后来一到晚上，他就恨不得自己是太监才好。

写到这里，笔者不禁感到有点同情高欢了——不知怎的，他居然让我联想到"笑傲江湖"里面那个"欲练神功，必先自宫"的东方不败。

为了自己的理想，高欢可谓不惜一切代价。

老婆可以换掉，感情可以舍去，身体可以不管，幸福可以不要，无论什么东西他都可以抛弃。

而他想要的不多，只有一个。

那就是"澄清天下"。

可是，付出了这么多，他能如愿以偿吗？

他不知道，也没人知道。

他所能做的，只是把能做的做到极致，至于结果如何，那只能交给命运。

也许，在人生的舞台上，所有的人都只不过是演员，命运才是编剧。

经过长时间的准备和精心部署，公元546年八月二十三日，高欢终于开始行动了。

他征召了山东（崤山以东）地区的二十万大军，从晋阳出兵讨伐西魏。

首当其冲的依然是河东的军事要塞——玉壁。

九月初，高欢率军抵达玉壁城下，把玉壁城团团围住。

高欢此举的战略意图本是围城打援，即包围玉壁，吸引宇文泰和西魏主力前来救援，随后与他在河东一带决战。

他相信自己以逸待劳，又占有兵力上的绝对优势，一定能像三年前的邙山一样，一举击败宇文泰，随后再乘胜进军，彻底平定关中！

然而宇文泰却没有给他这个机会。

宇文泰目光如炬，一眼就看出了老对手高欢的真正用意。

高欢这次是倾国而来，来势汹汹，而自己的精锐部队在邙山一战中损失过半，如今军中多数是近期招募的新兵，要想与高欢麾下那些身经百战的鲜卑铁骑正面野战，难有必胜的把握。而玉壁城地势险要，易守难攻，不如用它作为诱饵来拖住高欢，让自己有充分的时间来组织自己的防线。

因此，他只是率军在黄河以西严阵以待，没有派出一兵一卒去救援玉壁。

玉壁就这样成了一座没人救援的孤城，像一个被人遗弃的婴儿，孤单而无助地伫立在汾河南岸的河东大地上。

四面边声连角起。

长河落日孤城闭。

一场恶战一触即发！

史上最精彩的城防战

玉壁的守将是时年三十七岁的韦孝宽。

几个月前，王思政调任荆州刺史，临行前他推荐时任晋州刺史的韦孝宽接替他担任并州刺史，驻防玉壁。

由于韦孝宽出身于关中汉人大族，在以武川籍将领为主体的西魏军中只能算是非主流的杂牌，因此他在西魏军中并不十分知名。

韦孝宽能够一步步从一个郡守成长为刺史，主要靠的是他出众的谋略。

公元538年，他在担任南兖州刺史时，东魏将领段琛、牛道恒经常率军骚扰西魏边境。韦孝宽便通过间谍找到了牛道恒的手迹，并让人模仿他的笔迹写了一封信，信里表示其愿意向西魏军投诚。随后他再让间谍把这封信遗留在段琛的军营中，段琛果然因此对牛道恒产生怀疑，不久两人就开始内讧，矛盾不断升级，军中一片混乱。

第十九章 应变无穷，巧战玉壁

韦孝宽则趁乱率军突袭东魏军，一举活捉了段琛和牛道恒。

然而对他来说，这只不过是偶露峥嵘而已。

更多的时候，他只能静静地等待机会，等待独当一面的机会和证明自己能力的机会。

对于像他这样的军事奇才，一直没有机会独立指挥作战，也许会感到非常落寞，就像笔者这样的帅哥当年独守空房一样。

如果说以前，韦孝宽只是西魏军中一颗无足轻重的棋子，在边缘之地默默无闻；那么这一次在玉壁，他终于可以在关键之处左右胜负。

被数十倍于己的敌人所包围，对别人来说，这是大难临头的绝望；对他来说，这却是大放异彩的希望。

一直都在跑龙套，突然变成男一号。这让他感到非常兴奋。

韦孝宽对自己的军事能力一直非常自信，甚至可以说是自负。

自负，对有些人来说，是后果自负；对有些人来说，是足堪自负。

毫无疑问，韦孝宽属于后者。

他想要创造奇迹，守住玉壁。

但这谈何容易？

虽然四年前王思政也曾在同一地点守城成功，但那一次主要靠的是老天——天降大雪，而如今却是秋高气爽的九月，老天不可能再帮这个忙。

他所能依靠的也许只有险要的地形和自己的头脑。

让我们再来回顾一下玉壁的地形。

按照史籍的记载，该城地势高峻，北临汾河，可以作为天然堑壕，东、西两面也都是深沟巨壑，只有南面有道路可与外界连接。

然而玉壁城地形虽然险要，但毕竟只是弹丸之地，据《元和郡县志》记载，玉壁"城周回八里"——周长仅四公里，面积大约一平方公里。

要想凭借这么一块巴掌大的地方和八千名士兵，抵御高欢二十万大军的进攻，这几乎是不可能的。

但韦孝宽却认为，一切皆有可能。

他信心十足。

凡事预则立，不预则废。

韦孝宽在自己的头脑里一遍遍地盘算着各种攻防的预案，仔细推敲着每一种可能发生的情况，不放过任何一个可能出现的细节。

与此同时，城外的高欢也在苦苦思索。

宇文泰按兵不动，自己围城打援的构想也就无法实现，怎么办？

如果不攻下玉壁而是绕过去西渡黄河直扑关中，玉壁守军便可以在后方切断自己的粮草补给。

这是高欢所万万不能接受的。

故而高欢决定先拔除玉壁这个眼中钉。

虽然上次在玉壁城下吃了一次亏，但他相信这一次，历史绝不可能重演。

因为他是有备而来的，他认为自己找到了玉壁城的命门。

玉壁城的特点是地势高峻，攻方只能仰攻。

这对预防颈椎病十分有利，对攻城却十分不利，因此称得上是易守难攻。

不过，对于守方来说，这样的地势也带来了一个问题，那就是城中难以蓄水，水往低处流嘛。故而西魏守军的生活用水全都取自城北的汾河。

高欢敏锐地注意到了这一点。

他决定把汾河改道，让城中无水可用，只能投降。

不战而屈人之兵，善之善者也。

这就是高欢的风格，他做事向来爱用巧劲，从不喜欢蛮干，即使是现在这种人数占绝对优势的情况下。

谋定而动，高欢立即组织东魏军大搞水利建设。

人多力量大，仅仅一夜之间，他们就在玉壁城的上游筑坝，堵塞了汾河故道，同时另开了一条引水干渠，硬生生地改变了汾河的流向。

不过是做了一场梦的时间，就移河成功，也许这就是所谓的梦移。

汾河断流了，玉壁城也该断水了吧。

然而这次高欢却失算了。

玉壁城内根本就没有缺水。

因为韦孝宽对此早有应对之策。

玉壁城靠近原先的河道，地下水源十分丰富，他在城里挖井，轻松地解决了水源的问题。

花了这么多的人力，搞了这么大的工程，结果却做了无用功，高欢很失望，就和现在包工头造了一幢大楼却拿不到一分钱工程款一样的失望。

但高欢并不着急。

第十九章 应变无穷，巧战玉壁

条条大路通罗马，此路不通还有别的办法。

既然移河没用，那就造山。

他命令兵士们在玉壁城的南面紧靠城墙的地方，堆起土山，以便从高处攻击城内，甚至还可以凭借土山直接冲进城。

你玉壁城的优势不就是地势高嘛，我偏要比你更高。

一边干活，一边还要防止西魏军的攻击，东魏的士兵们干得很辛苦。

为了鼓舞士气，高欢让他们边干边唱：我要堆得更高，堆得更高，铁锹卷起风暴，心生呼啸……

土山堆起来了，天天向上，越来越高。

韦孝宽一眼就看出了高欢的用意。

你堆土山我就盖楼，反正我要高你一头。

城中与土山相邻的地方原本就有两座塔楼，他命令士兵们用木头把它们连接起来，并且用木板继续加高。

由于塔楼本身的基础就比较高，可谓是赢在了起跑线上，故而它始终保持着相对于城外土山的高度优势。

同时韦孝宽让西魏军在上面用弓箭、石块等各种方式攻击在城外堆土山的东魏士兵。

按照生活常识，站得更高，尿得更远，射箭更远，扔石头自然也更远。

按照物理学常识，位置越高，其重力势能越大，转化的动能也越大，杀伤力自然也越大。

在西魏军居高临下的打击下，东魏军伤亡惨重，土山最后不得不彻底停工。

尽管攻势再次受挫，高欢却依然毫不灰心，他心机巧妙，又有了新的办法——地道。

就算你韦孝宽把楼建得像天一样高也没用，我还可以用地道来进城。嘿嘿。

随后，高欢分出一部分兵力在城北佯攻，昼夜不息，以吸引西魏军的注意力。

而在城南，大批的东魏士兵则变成了地下工作者，十条地道同时开工，齐头并进，一步步地向玉壁城内推进。

要挖地道，总共分几步，勘探地形、挖掘竖井、水平掘进……

有人说了，这不是废话吗？

没错，这确实是废话，可做起来就不是废话了，而是费神、费劲、费体力、费工夫了。

东魏的士兵们费了好大的劲，花了好几天的工夫，终于把地道挖到了玉壁城内。

抵达了地道的终点，他们总算松了一口气。

然而他们却万万没有想到，这里也将是他们人生的终点。

他们将在这里咽下最后一口气。

因为全副武装的西魏军早就在地道口等着他们了！

韦孝宽对东魏军的动向了如指掌，对于地道战他早有预案。

他派人在城内离城墙不远的地方，开挖了一条又长又深的堑壕，并派重兵在此驻守。

可怜大量的东魏士兵好不容易蜷曲着身体，通过暗无天日的地道，还没来得及伸展身体，刚一露头，就被西魏军像割韭菜一样割掉了头，一刀一个，效率极高。

总之，只要是下了地道，这些东魏士兵的命运就已经注定：他们不是被斩首，就是在被斩首的路上。

到后来，韦孝宽觉得这样做还是太麻烦，又想了一个更省力也更损的办法。

他让西魏军在堑壕里储存了大量的柴草，听到地道里有人走动的响声，便把点燃的柴草塞入地道，随后再用皮排（古代以皮革制作的鼓风器具）往里面吹气，让地道里的火越烧越旺。

现在，地道里的东魏士兵面临的命运成了一道选择题：

A.被烧死；B.被呛死；C.被熏死；D.侥幸爬出地道被砍死。

你想选哪个？

有其他选择吗？

对不起，没有。

殊途同归，反正最终的结果没有区别——都是惨死，有的只是烧焦和没烧焦的区别，全尸和碎尸的区别。

这十条地道成了东魏士兵的炼狱、火狱、地狱，惨不忍睹，惨无人道。

在付出了极大的伤亡后，高欢穿地入城的策略也只能彻底宣告失败。

第十九章 应变无穷，巧战玉壁

但高欢还是不气馁，因为他还有专用于攻城的重量级高科技武器——冲车。

这种冲车是尖顶，木质，顶上蒙有牛皮，极为坚固。

它的内部有一个用铁链挂于车顶的极为巨大的圆木，其前、后两端都有金属头，称为攻城槌。其攻击方式为依靠车内士兵们的合力，用攻城槌猛烈撞击城墙或城门。

高欢的这辆冲车堪称冲车中的巨无霸，如果说普通冲车相当于1.6排量、重1.07吨的桑塔纳，那么它就相当于6.5T排量、重3.1吨的军用悍马。

韦孝宽先试着让守军用常规的排盾来阻挡，然而这辆冲车的威力实在是太大了，这些排盾只要被它一撞就像鸡蛋碰石头、螳螂挡坦克一样，立刻粉身碎骨。

冲车横冲直撞，如入无人之境。

城墙很快就被它撞出了深深的痕迹，有的地方甚至开始有些松动。

高欢的脸上终于露出了久违的笑容，老虎不发威，你当我是病猫。现在你见识到我的厉害了吧。

韦孝宽则忧心忡忡。

这样下去，城墙迟早会被撞塌，后果不堪设想。

但他很快就想出了应对的办法。

他让人以最快的速度缝制了一张又厚又大又有弹性的布幔，东魏的冲车到哪里，韦孝宽就让人把这个布幔移到哪里。

冲车碰到这种软绵绵的布幔，就像飙射出来的水流遇到纸尿裤一样，力量全部被其吸收，顿时威力全无。

也许，这就是老子所说的：以天下之至柔，驰骋天下之至坚。

眼看冲车受阻于布幔，高欢又一次皱起了眉头，但他稍加思索，就有了新的对策。

他让人把松、麻等易燃物品绑在竹竿上，再淋上油，并将其点燃，一时间天空中火光四起，目标自然是西魏军的布幔以及玉壁城上用木头修造的塔楼。

但这依然难不倒足智多谋的韦孝宽。

你用长杆，我也用长杆，不同的是，你绑的是火把，我绑的是铁钩，极其锋利的铁钩。

只要看见东魏军的火杆伸过来，西魏军就用铁钩去割杆子顶上的火把，这些烧得正旺的松、麻纷纷脱落，不仅没有烧到西魏军的任何东西，反而烧死了很多聚集在城下的东魏士兵。

高欢的如意算盘又一次落空了。

看到韦孝宽如此地难缠，他也开始着急了，但他依然相信自己一定能攻下这座小城。

经过一番深思熟虑，高欢终于再次出手了。

东魏军又变成了地下工作者，开始挖地道了。

难道高欢还想重复上一次的失败经历？

重复同样的工作，却期待不同的结果，那是笨蛋的选择，但绝不会是以谋略著称的高欢的选择。

高欢这次用的是他的撒手锏——地道焚柱法。

十几年前，他就曾用这种方法一举攻占了高大坚固的邺城——只不过当时的对手是尔朱氏麾下的相州刺史刘诞，而这次的对手韦孝宽显然要狡猾得多。

因此，高欢不敢掉以轻心，他让东魏士兵在玉壁城的四周同时开挖了二十一条较浅的地道，边挖边用木头柱子支撑其顶部，等挖到城墙脚下，再往柱子上涂以桐油，随后用火点燃柱子。

撒手锏就是撒手锏，效果那是相当的明显。

转瞬之间，柱塌地陷，城墙失去支撑，出现了多个大缺口。

高欢随即命令部队立刻发起进攻。

这下，韦孝宽你没辙了吧？

然而韦孝宽依然有辙。

他的准备实在太充分了，他早就扎了好多木栅栏，哪里有缺口，哪里就用层层叠叠的木栅补上，虽然这些木栅栏没有城墙那么坚固，但依然是一道东魏军难以逾越的屏障。

而东魏军的人数虽多，在玉壁这个弹丸之地却根本施展不开。

在西魏军众志成城的防守下，东魏军死伤惨重，却依然难以前进半步。

东魏军越打越没脾气，西魏军却越战越勇，到后来，甚至连高欢辛辛苦苦堆起来的土山也被西魏军占领了。

不是干得不好，是对手干得太好

高欢费尽了九牛二虎之力，使尽浑身解数还是奈何不了韦孝宽。

玉壁城仍然岿然不动。

其实这并非高欢干得不好，而是韦孝宽干得太好。

他们两位都堪称绝顶高手。

高欢攻势凌厉，出手不凡，招招稳准狠，攻得精妙绝伦。

韦孝宽则见招拆招，借力打力，四两拨千斤，守得滴水不漏。

如果把高欢比作足球场上的前锋，韦孝宽比作守门员，那么可以这样说，高欢的射门每次都打在门框范围之内，每次都是势大力沉，每次都是角度刁钻，直奔死角而去，而韦孝宽则是上扑下挡，如有神助，每次都奇迹般地扑出了他的射门。

开始的时候，高欢还充满信心，你挡得住我一次射门，两次射门，三次射门，但你挡不住我总是射门。

但到后来，他悲哀地发现，他错了，大错特错。

他已经竭尽全力，韦孝宽还留有余力；他已经筋疲力尽，韦孝宽还意犹未尽；他已经使出了浑身解数，韦孝宽的对策还依然多得数不胜数！

如果说高欢的表现是优秀，那么韦孝宽的表现就是完美，比完美还完美。

如果说高欢已经做到了地球人所能达到的极限，那么韦孝宽就是个外星人。

无论高欢如何努力，玉壁，始终都是他无法逾越的铜墙铁壁。

高欢开始感到无计可施，无可奈何，但他还是不愿放弃。

既然硬攻不行，那就来软的试试看吧。

高欢派能言善辩的仓曹参军（后勤参谋）祖珽在城下喊话。

祖珽的话非常简单却切中要害：未闻救兵，何不投降？——的确，对于困守孤城的人而言，支撑他们的最大信念便是救兵，而如今玉壁已经被围一个多月之久，宇文泰却依然在黄河以西按兵不动。显然，救兵是不可能有了。

韦孝宽对祖珽的回答是：我这里兵精粮足，以逸待劳，可谓固若金汤。哪里需要什么救援？我倒是担心你们恐怕是回不了家了。

随后，他义正词严地说，孝宽关西男子，必不为降将军也。

听了这句话，祖珽知道劝降韦孝宽是不可能了，便转移了目标，大声对城里的守军说道，韦城主是受了宇文泰的恩禄，你们这些小兵何必跟着他自寻死路呢？

随后在高欢的授意下，他让人把悬赏文书射入城内，上面写着：能斩城主而降者，拜太尉，封开国郡公，赏帛万匹。

为了区区一个刺史，许下了太尉和公爵的重赏，高欢可谓不惜血本。

这个赏格的确是够高，然而西魏士兵对韦孝宽的忠诚度显然更高，城中守军没有一个人产生动摇。因为韦孝宽向来爱兵如子，极得人心。

而韦孝宽在收到悬赏文书后，便在文书的背面写下：若有斩高欢者，一依此赏——问题是，他有这个权力吗？不管了，反正他现在很牛，可以尽情吹牛。

随后他把文书又射回了东魏军营中。

高欢已经恼羞成怒了，他让人把韦孝宽的侄子韦迁押到城下，用刀架在其脖子上，对城上的韦孝宽喊话：如若再不投降，我就杀了他！

韦孝宽却依然不为所动，对他的侄子甚至连看也不看一眼。

城中士卒深受感动，人人都抱有必死的决心。

高欢恨得咬牙切齿却束手无策，他此刻的心情就像高峰时段北京三环内的路况一样，一个字，堵。

玉壁，是那么近，触手可及；

玉壁，又是那么远，遥不可及。

他终于彻底失去了信心，脑袋一片空白。

没有任何办法，甚至也没有任何想法。

这场战争已经持续了五十多天，高欢已经做出了最大的努力，累计移河一条，堆土山一座，造重型冲车一辆，挖地道三十一条，战死和病死的人数更是达到七万多。

然而付出了如此惨重的代价，玉壁城却依然稳稳地掌握在西魏军的手中。

纵横天下数十年，高欢还从来没有这样窝囊过。

二十万人攻打一个八千人镇守的小城，却始终无法得手。自己损兵折将，对方却几乎毫发无伤。

第十九章 应变无穷，巧战玉壁

实在是太丢人太没面子了。

他越想越感到耻辱，越想越感到焦急。

自己的部队损失惨重，让他心疼；如狐狸般狡猾的韦孝宽，让他头疼；郁闷烦躁食欲不振，让他胃疼。

急火攻心，忧愤成疾，他终于病倒了。

天气越来越冷，东魏的军营中也弥漫着悲凉肃杀的气氛。

这天夜里，一颗流星坠落于东魏的军营中，这显然是个不祥之兆，将士们不由得更加恐慌。

高欢决定班师。

这是个痛苦的决定，也是个无奈的决定。

因为他病得越来越重了。

尽管不服输的他还想再坚持下去，可是他的身体已经不允许他再坚持了。

公元546年十一月一日，东魏军悄悄地解除了围攻，撤离了玉壁。

灰溜溜地我躺着走了，正如我雄赳赳地骑着马来。我含泪挥一挥衣袖，作别七万将士的遗骨！

对于高欢和东魏将士来说，这是怎样的一种伤痛！

而这一切对于韦孝宽和守城将士来说，又是怎样的一种欣喜！

他们创造了一个让人难以置信的奇迹！

这一战让韦孝宽从无名变成了无敌，从平淡无奇变成了一代传奇，从微不足道变成了威震天下！

玉壁，这场中国古代历史上最经典也最精彩的城防战，从此永垂史册。

宇文泰听到高欢败退的消息自然是喜出望外，他立刻加封韦孝宽为骠骑大将军、开府仪同三司，晋爵建忠公。

同时受到好评的还有王思政，因为没有他的大力推荐，就没有韦孝宽的惊艳表现。

第二十章　壮志未酬，英雄末路

敕勒歌

在韦孝宽加官晋爵的同时，回到晋阳的高欢却不得不自请降职，他上表孝静帝要求解除自己都督中外诸军（估计相当于三军总司令）这个职务。

孝静帝破天荒地批准了他的请求——这次伤亡实在太惨重了，无论如何要有个象征性的惩罚。

高欢的病越来越重，他自感时日无多，必须安排好后事。

他让德才兼备的外甥段韶立刻赶往邺城，协助他的次子——十七岁的太原公高洋一起主持京城邺城的防务，控制禁军，以防万一。

同时他急召世子高澄，要他火速赶到晋阳与自己见面。

重病在身的高欢想要安心养病。

但韦孝宽却依然不想让他安心。

韦孝宽让间谍到东魏境内到处散布谣言，说高欢在玉壁城下被射死了，还作了一首童谣：劲弩一发，凶身自殒！

官方消息没人理，谣言一日传千里。

很快，这个石破天惊的消息就传遍了整个东魏，说得有鼻子有眼的，不由得人不信，你看看，丞相有多久没有在公开场合露过面啦？

百姓开始骚动，官员开始怀疑，军心开始不稳。

一时间，整个东魏到处人心惶惶。

躺着也中枪，高欢气得够呛。

谣言止于真相，要想维持稳定和谐的局面，高欢现在就必须亲自出面。

他只好强迫着自己，强撑着病体，强打着精神，坐在大殿上接见国内各条战线的大佬。

冠盖如云，高朋满座。谈笑皆权贵，往来无白丁。葡萄美酒夜光杯，吃的喝的一大堆。

自从生病以来，高欢一直卧床不起，好久都没有这么热闹过了。

看见这么多的老朋友，老部下，他心情很好，兴致很高，一时兴起，便点名要斛律金唱歌助兴。

一般少数民族的人大多能歌善舞，古今皆然。

斛律金是敕勒人，自然也不例外。

斛律金当场唱了一首《敕勒歌》：

敕勒川，阴山下。天似穹庐，笼盖四野。天苍苍，野茫茫。风吹草低见牛羊……

大气磅礴的歌词，粗犷豪放的曲调，配上斛律金雄浑有力的嗓音，深深地感染了高欢。

他想到了自己的家乡——塞外大草原上的怀朔镇；

他想到了自己的童年——在一望无垠的草原上自由自在地放牧；

他想到了自己的青年时代——那个一文不名却胸怀天下的穷小子；

他想到了自己的现在，他依然没有实现年轻时的梦想，而他已经没有时间去实现，这梦想将永远只是梦想……

他忍不住和着斛律金的歌声，一起唱了起来。

唱着唱着，他忍不住痛哭流涕。

男儿有泪不轻弹，只因未到伤心处。

英雄迟暮，帅哥白头。

强敌未灭，壮志未酬。

这一切怎能不令人伤感？

看到高欢如此动情，在场的所有人都深受感动，也都情不自禁地跟着唱了起来，他们大多饱含热泪，场面十分悲壮。

铺平道路

几天后，高澄终于回到了晋阳。

对于这个儿子，高欢并不放心。

如果自己不在了，高澄能掌控这个庞大而纷乱的帝国吗？那些与他一起打天下的权贵会心甘情愿地听命于这个二十六岁的年轻人吗？

高澄看起来则显得忧心忡忡，对于这么早就接班，显然他并没有足够的准备。

这种感觉有点像初学钓鱼的人钓到了一条大鱼，既想钓又怕鱼竿承受不起，既满怀期待又惴惴不安。

高欢问他：虽然我病了，可是我觉得你担心的并不是我的病。你到底在担心什么呢？

高澄低头不语。

高欢再问：你担心的是侯景吧？

高澄点了点头。

侯景领兵十万，专制河南，已有多年，而且他这人向来桀骜不驯，除了高欢，谁也不服。

他自视甚高，对于高敖曹、彭乐等猛将，他认为"此属皆如豕突"——这些人只会像野猪一样横冲直撞，完全没有技术含量。

他目空一切，曾经对高欢说，给我三万兵马，我就可以渡过长江，把萧衍老头子抓过来，让他做太平寺的方丈。这句话虽然听上去很像吹牛，但后来发生的事实足以证明他完全没有吹牛。

然而正如俗语所云：一山不容二虎，除非一公一母。侯景和高澄都是很狂的人，很强势的人，睥睨一切的人，目中无人的人，两人不可能不产生矛盾。

事实上，他们交恶已久，两年前高澄的亲信崔暹、宋游道等人对侯景的告发让他们更加水火不容。

据说侯景曾经对老朋友司马子如说过：高王在，我不敢有异心；如果高王没了，我绝不与高澄这个鲜卑小儿共事！

吓得司马子如慌忙捂住他的大嘴巴。

高欢对侯景的所作所为其实了如指掌，但他自信能驾驭侯景，如果侯景是孙悟空，那么他就是如来佛，侯景无论如何也翻不出他的手掌心。

因此，高欢依然重用侯景，毕竟人才难得，侯景的能力在东魏所有将领中首屈一指，而且河南一带紧邻西魏和南梁，两面受敌，堪称四战之地，要在这一带独立作战，防守洛阳、虎牢等战略要地，除了侯景，还有谁能

第二十章 壮志未酬，英雄末路

担此重任呢！

当然，高欢一直都很清楚，在他的手里，侯景是良药；然而在高澄的手里，侯景则毫无疑问是毒药。

该怎么为自己的儿子解决侯景这颗毒药呢？

高欢早就准备好了解药——慕容绍宗。

他躺在病床上对高澄说：侯景专制河南，已有十四年，常有飞扬跋扈之志。此人只有我能畜养，非你所能驾驭。可以与侯景相匹敌的，唯有慕容绍宗，我故意不予重用，现在你正好起用他。——慕容绍宗擅长兵法，侯景当年曾经师从于他。而到此时为止，慕容绍宗已被高欢雪藏达十三年之久，其心机之深，谋划之长远，真是让人叹为观止！

随后高欢开始对儿子交代后事：今四方未定，我死之后，不要急着发丧。——一个政治强人的死往往是新一轮权力斗争的开始，其追悼会往往就是继承者的新闻发布会，显然政权的和平交接要比披麻戴孝更为重要。

高欢接着说道：厍狄干和斛律金，性情耿直，忠贞不贰，绝对不会辜负你。——高欢确实有识人之能，这两人的忠诚度极高，尤其是斛律金，不光他本人，其整个家族都对高家忠心耿耿，他的儿子斛律光后来更是成为高家王朝的保护神，未来北齐帝国的第一名将。

高欢又说：可朱浑道元、刘丰，远来投我，必无异心。贺拔仁朴实无华。潘乐心地忠厚，这几个人都值得依靠。韩轨性格憨直，你要宽容他。彭乐勇猛但内心难测，你要提防他。——高欢看人向来极准，他的眼睛好像能发射X射线，可以看透别人的一切。他这里提到的前几个人后来都对高家的事业做出了不小的贡献，而如他所料，彭乐确实靠不住，后来也因谋反而被杀。

稍微停顿了一下，高欢继续说道，段韶忠亮仁厚，谋勇双全。亲戚之中，唯有此人，军旅大事，应多和他商量。——段韶没有辜负姨父高欢的期望，未来他将成为北齐三大名将之一。

讲完这些，高欢忍不住长长地叹了口气：邙山之战，我没有听陈元康之言，留下后患给你，死不瞑目！

是的，他死不瞑目。

青年时代立下的"澄清天下"的壮志，他再也不可能实现了。

错过了一时，也就错过了一世。

值得尊敬的男人

公元 547 年正月初七，高欢病逝于晋阳，享年五十二岁。

高澄秘不发丧，直到五个多月后才对外公布他的死讯。

高欢死后可谓备极哀荣，东魏孝静帝追封他为齐王，备九锡之礼，谥"献武"。其子高洋称帝后，追尊其为"献武帝"，庙号太祖；后来又改谥为"神武皇帝"，庙号高祖。

该怎样评价高欢的一生？

他出身底层却位极人臣。

他志向远大却壮志未酬。

他有过大胜也有过大败。

他像刘邦一样知人善任，像曹操一样狡诈多谋，像刘备一样宽宏大度，像孙权一样知人善任，但有时也会像袁绍一样优柔寡断。

他有一个势均力敌的对手——宇文泰。两人一个老谋深算，一个坚忍果决，堪称绝代双骄，并世双雄，五次大战打得惊心动魄，荡气回肠，却始终未能分出胜负。而他们两人孰强孰弱，至今仍然众说纷纭，未有定论。

他念旧、重感情，有时却翻脸无情。

他好色，但从不做第三者。

他是一个溺爱子女的父亲。

他也是一个疼爱妻妾的老公。

虽然高欢有着各种缺点，但笔者依然尊敬他。

因为任何一个为自己的梦想拼到最后一刻的男人，都值得尊敬。

（本书完）

尾 声

侯景如何以八百残兵把富庶的江南搅得天翻地覆？

宇文泰如何审时度势，趁乱攻取梁朝的益州和荆州，以最小的代价获得了最大的收益？

陈霸先如何横空出世，挡住了来自北方的疯狂进攻，为汉人守住了最后的半壁河山？

英明神武和疯狂残忍并存的高洋有着怎样让人瞠目结舌的惊人事迹？

宇文护为什么被称为史上第一屠龙刀？

"貌柔心壮，音容兼美"的兰陵王高长恭又有着怎样的传奇？

统一北方却英年早逝的北周武帝宇文邕有着怎样的雄才大略？

杨坚为什么被称为史上运气最好的开国皇帝？

所有的谜底，后文将为你一一揭开。

请看《彪悍南北朝之铁血后三国》。